Andreas Eiling

Kaufmann/Kauffrau im Groß- und Außenhandel Großhandelsgeschäfte

Prüfungstrainer Abschlussprüfung
Übungsaufgaben und erläuterte Lösungen

Lösungsteil

Bestell-Nr. 422

U-Form-Verlag Hermann Ullrich (GmbH & Co) KG

Ihre Meinung ist uns wichtig!

Bei Fragen, Anregungen oder Kritik zu diesem Produkt senden Sie bitte eine E-Mail an:

feedback@u-form.de

Wir freuen uns auf Ihre Rückmeldung.

Bitte beachten Sie:
Zu diesem Prüfungstrainer gehört auch noch ein Aufgabenteil.

COPYRIGHT

U-Form-Verlag, Hermann Ullrich (GmbH & Co) KG
Cronenberger Straße 58 · 42651 Solingen
Telefon 0212 22207-0 · Telefax 0212 208963
Internet: www.u-form.de · E-Mail: uform@u-form.de

Alle Rechte liegen beim Verlag bzw. sind der Verwertungsgesellschaft Wort, Goethestraße 49, 80336 München, Telefon 089 514120, zur treuhänderischen Wahrnehmung überlassen. Damit ist jegliche Verbreitung und Vervielfältigung dieses Werkes – durch welches Medium auch immer – untersagt.

4. Auflage 2011 · ISBN 978-3-88234-422-6

Inhaltsverzeichnis Lösungsteil

Kapitel 1 Das Ausbildungsunternehmen

Aufgaben-Nr. **Seite**

Aufgaben-Nr.	Seite
1.1 – 1.8	9 – 15
2.1 – 2.6	16 – 21

Kapitel 2 Beschaffung und Logistik

Aufgaben-Nr.	Seite
1.1 – 1.6	24 – 32
2.1 – 2.5	33 – 35
3.1 – 3.3	36 – 38
4.1 – 4.6	39 – 43
5.1 – 5.2	44
6.1 – 6.4	45 – 47
7.1 – 7.5	48 – 53
8.1 – 8.3	54 – 55
9.1 – 9.5	56 – 59
10.1 – 10.4	60 – 63
11.1 – 11.5	64 – 66
12.1 – 12.9	67 – 76

Kapitel 3 Vertrieb und Kundenorientierung

Aufgaben-Nr. **Seite**

Aufgaben	Seite
1.1 – 1.6	79 – 82
2.1 – 2.5	83 – 85
3.1 – 3.5	86 – 89
4.1 – 4.4	90 – 93
5.1 – 5.4	94 – 96
6.1 – 6.4	97 – 100
7.1 – 7.5	101 – 104
8.1 – 8.3	105 – 107
9.1 – 9.4	108 – 109
10.1 – 10.7	110 – 116
11.1 – 11.7	117 – 123
12.1 – 12.5	124 – 127
13.1 – 13.3	128
14.1 – 14.5	129 – 130
15.1 – 15.4	131 – 133
16.1 – 16.5	134 – 136

Kapitel 4 Wareneingang, Warenlagerung und Warenausgang; Warenwirtschaftssystem

Aufgaben-Nr. **Seite**

Aufgaben	Seite
1.1 – 1.6	139 – 144
2.1 – 2.6	145 – 149
3.1 – 3.6	150 – 155
4.1 – 4.6	156 – 159
5.1 – 5.6	160 – 163
6.1 – 6.6	164 – 169
7.1 – 7.5	170 – 175
8.1 – 8.10	176 – 183

Inhaltsverzeichnis Lösungsteil

Kapitel 5   Das Außenhandelsgeschäft

Aufgaben-Nr.	**Seite**
1.1 – 1.7	187 – 190
2.1 – 2.7	191 – 196
3.1 – 3.6	197 – 201
4.1 – 4.4	202 – 203
Bildnachweis	204

Das Ausbildungsunternehmen

1. Aufgabe

1.1

Handelsunternehmen bilden die Verbindung zwischen Hersteller und Verwender und übernehmen als Hauptaufgabe die Verteilung (Distributionsfunktion) von Gütern zwischen den einzelnen Wirtschaftsstufen, d. h. sie beschaffen Güter und verteilen diese an ihre Kunden weiter. Zusätzlich übernehmen die Handelsunternehmen noch weitere Aufgaben (Handelsfunktionen):

a) **Sortimentsbildung**
   Die Handelsunternehmen stellen aus den Gütern der Hersteller bzw. Lieferanten kundenspezifische Sortimente zusammen, die sie für ihre Abnehmer marktgerecht kombinieren.

b) **Raumüberbrückung**
   Die Handelsunternehmen transportieren die Güter vom Hersteller zum Verwender, d. h. sie übernehmen die Logistik der Waren.

c) **Zeitüberbrückung**
   Die Handelsunternehmen lagern die Waren der Hersteller und liefern diese bedarfsgerecht an die Verwender der Waren, d. h. sie gleichen zeitliche Differenzen zwischen Herstellung und Verwendung aus.

d) **Servicefunktion**
   Die Handelsunternehmen übernehmen Dienstleistungen für den Hersteller, wie z. B. den Kundendienst oder die Reparatur der verkauften Produkte.

e) **Finanzierungsfunktion**
   Die Handelsunternehmen bieten den Abnehmern der Güter z. B. den Kauf auf Ziel an, um diesen eine günstige Finanzierung der Waren zu ermöglichen.

f) **Beratungsfunktion**
   Die Handelsunternehmen unterstützen die Hersteller und die Abnehmer mit Beratungsleistungen, um einen Zusatznutzen zu bieten.

Fortsetzung auf der nächsten Seite.

Weitere Funktionen (über die oben aufgeführten – in der Rede ausdrücklich benannten – Funktionen hinaus):

g) **Mengengruppierung**

Die Handelsunternehmen stellen aus großen Beschaffungsmengen kleine Verkaufseinheiten zusammen oder fügen kleine Beschaffungsmengen zu größeren Einheiten zusammen.

h) **Markterschließung**

Die Handelsunternehmen unterstützen den Absatz von Waren, indem sie neue Produkte am Markt einführen oder den Markt für vorhandene Produkte ausweiten.

1.2

a) **Sortimentsbildung**

Die Folder GmbH stellt z. B. aus unterschiedlichen Stiften verschiedener Hersteller gemischte Sortimente zusammen, die dann vom Einzelhandel gekauft und direkt deren Kunden angeboten werden.

b) **Raumüberbrückung**

Die Folder GmbH holt z. B. bei verschiedenen Herstellern Büromaterial ab und liefert die Güter an ihre Kunden aus.

c) **Zeitüberbrückung**

Die Folder GmbH beschafft z. B. Büromaterial beim Hersteller, welches erst zu einem späteren Zeitpunkt vom Verwender benötigt wird.

d) **Servicefunktion**

Die Folder GmbH nimmt z. B. defekte Büromaschinen direkt vom Einzelhandel entgegen und übernimmt deren Reparatur.

e) **Finanzierungsfunktion**

Die Folder GmbH verkauft ihre Waren z. B. mit den Zahlungsbedingungen „innerhalb von 10 Tagen unter Abzug von 3 % Skonto oder innerhalb 30 Tagen netto".

f) **Beratungsfunktion**

Die Folder GmbH informiert z. B. die Abnehmer über die unterschiedlichen Einsatzmöglichkeiten von Druckerpapier oder unterstützt die Hersteller bei der Produktgestaltung von Büromaterial.

g) **Mengengruppierung**

Die Folder GmbH kauft z. B. Büroklammernhefter in Einheiten zu 1 000 Stück ein und bildet daraus bedarfsgerechte Verkaufseinheiten von 10 Stück.

h) **Markterschließung**

Die Folder GmbH führt z. B. einen neuen Drucker mit innovativer Technik am Markt ein, indem sie den Einzelhandel mit verkaufsfördernden Maßnahmen unterstützt.

1.3

Als Cash-and-Carry-Großhandel (bar bezahlen und selbst transportieren) bezeichnet man einen Selbstbedienungsgroßhandel, in dem der Kunde die benötigte Ware selbst auswählt und zusammenstellt (Kommissionierung), die ausgesuchte Ware bar bezahlt und anschließend selbst transportiert.

Der Cash-and-Carry-Großhandel bietet dem Handelsunternehmen folgende **Vorteile:**

- **Geringere Kosten für die Raumüberbrückung,** da der Verwender die Waren direkt beim Großhandel abholt und den Transport der Waren selbst übernimmt.

- **Geringere Kosten für die Kommissionierung der Waren,** da der Verwender die Waren selbst im Großhandel zusammenstellt.

- **Geringere Finanzierungskosten und kein Ausfallrisiko,** da die Waren vom Verwender direkt vor Ort und bar bezahlt werden.

Im Gegenzug bietet der Cash-and-Carry-Großhandel seinen Kunden in der Regel Einkaufs- bzw. Konditionenvorteile gegenüber anderen Betriebsformen des Großhandels.

1.4

Handelsunternehmen können verschiedene Formen der Zusammenarbeit mit Unternehmen derselben Wirtschaftsstufe (horizontale Kooperationen) oder unterschiedlicher Wirtschaftsstufen (vertikale Kooperationen) eingehen, mit denen sie gemeinsame Ziele verfolgen:

- **Absatzsteigerung,** z. B. durch gemeinsame Marketingaktivitäten oder eine Erweiterung des Sortiments.
- **Kostensenkung,** z. B. durch eine gemeinsame Logistik oder bessere Einkaufskonditionen bei größeren Bestellmengen.
- **Qualitätssicherung,** z. B. durch gemeinsame Qualitätsstandards der kooperierenden Handelsunternehmen.
- **Risikominimierung,** z. B. durch geringere Investitionskosten beim Ausbau von Vertriebskanälen.

1.5

Horizontale Handelskooperationen beschreiben die Zusammenarbeit mehrerer Unternehmen einer Wirtschaftsstufe, z. B. in den Bereichen Beschaffung, Absatz oder Verwaltung:

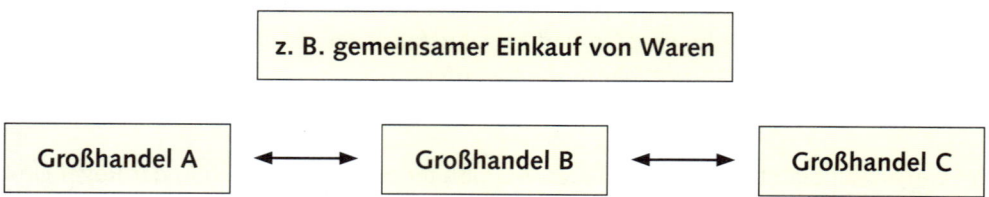

Die Folder GmbH kann z. B. im Rahmen der **horizontalen Kooperation**

- mit anderen Großhandelsunternehmen eine **Einkaufskooperation** gründen, durch die größere Stückzahlen eingekauft werden und damit die Beschaffungskosten aller beteiligten Unternehmen gesenkt werden.
- mit anderen Großhandelsunternehmen eine **Sortimentskooperation** vereinbaren, durch die den Kunden ein breiteres Warensortiment angeboten werden kann und damit eine bessere Bedarfsdeckung möglich wird.
- mit anderen Großhandelsunternehmen eine **Standortkooperation** realisieren, durch die eine kostengünstigere Verwaltung möglich ist oder gemeinsame Marketingaktivitäten durchgeführt werden.

Vertikale Handelskooperationen beschreiben die Zusammenarbeit mehrerer Unternehmen unterschiedlicher Wirtschaftsstufen, z. B. Großhandel und Hersteller oder Großhandel und Einzelhandel:

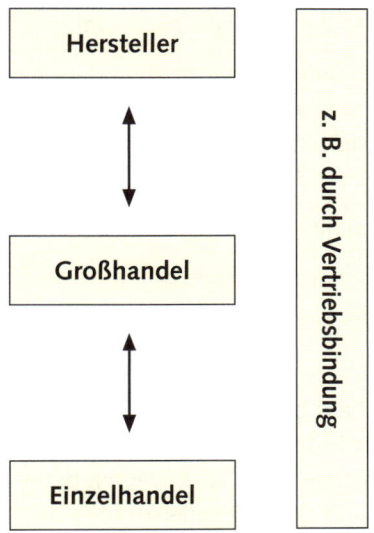

Die Folder GmbH kann z. B. im Rahmen der **vertikalen Kooperation**

- mit Einzelhandelsunternehmen oder Herstellern **Vertriebsbindungen** festlegen, in denen sie Einzelhändlern fest definierte Vertriebsgebiete garantiert oder Verträge mit Herstellern abschließt, um deren Produkte exklusiv anbieten zu können.

- mit mehreren Einzelhandelsunternehmen **freiwillige Handelsketten** bilden, in denen rechtlich selbstständige Einzelhandelsunternehmen überwiegend die Produkte der Folder GmbH anbieten und gemeinsame Marketingaktivitäten durchgeführt werden.

- als **Rack Jobber** bei Einzelhandelsunternehmen Regalflächen mieten, die sie selbstständig betreut (d. h. auffüllt, pflegt) und dafür eine Umsatzprovision erhält.

1.6

Sachziele und Formalziele bilden gemeinsam das Zielsystem eines Unternehmens. Beide Zielarten werden in der Regel von der obersten Entscheidungsebene des Unternehmens festgelegt, z. B. von der Unternehmensleitung. Üblicherweise bilden die Formalziele die Grundlage für die Sachziele eines Unternehmens.

Die **Formalziele** sind auf den unternehmerischen Erfolg eines Wirtschaftsunternehmens ausgerichtet, welcher sich unter anderem im Controlling ermitteln lässt. Die Formalziele sichern maßgeblich das Fortbestehen des Unternehmens und lassen sich folgendermaßen systematisieren:

Oberziele: Gewinn und Liquidität

Unterziele: z. B. Kostenminimierung, Produktivität, Umsatzmaximierung, Wirtschaftlichkeit

Die **Sachziele** hingegen sind auf betriebliche Aktivitäten bzw. konkretes Handeln innerhalb unternehmerischer Prozesse gerichtet, um den betrieblichen Formalzielen gerecht zu werden. Die Sachziele legen fest, wie die betriebliche Leistungserstellung erfolgt, damit die Waren, Güter und Dienstleistungen des Unternehmens in einer bestimmten Art, Quantität, Qualität und zu einem bestimmten Zeitpunkt am Markt bereitstehen.

1.7

Formalziele, z. B.:

a) **Return on Investment (ROI):** auch Gesamtkapitalrentabilität genannt, berechnet sich wie folgt: Gewinn/durchschnittliches Gesamtkapital · 100 %. Der ROI zeigt den finanziellen Erfolg, der mit dem in der Folder GmbH gebundenen Kapital erwirtschaftet wurde. Hiermit lässt sich z. B. ermitteln, wie erfolgreich eine Investition war oder wie schnell das eingesetzte Kapital wieder erwirtschaftet wurde.

b) **Marktanteil:** Der Marktanteil bestimmt den prozentualen Anteil (Umsatz oder Menge), den die Folder GmbH am gesamten Umsatz oder Absatz der Branche oder des Teilmarkts hat. Der Marktanteil ist ein Indikator für die Stellung bzw. die Marktmacht, die die Folder GmbH hat.

Sachziele, z. B.:

a) **Einführung der neuen Betriebsform Cash-and-Carry-Großhandel:** Die neue Betriebsform dient der Folder GmbH zur Ausweitung ihres Kundenkreises im Umfeld der Unternehmenszentrale. Mit der Umsetzung dieses Sachziels können gegebenenfalls neue Zielgruppen erschlossen werden und damit kann auch das Formalziel „Marktanteil" in erhöhtem Maße erreicht werden.

b) **Sortimentserweiterung:** Die Erweiterung des Sortiments bietet der Folder GmbH die Möglichkeit, die Leistungserstellung zu optimieren und gegebenenfalls ihren Umsatz zu erhöhen. Setzt die Folder GmbH die finanziellen Mittel erfolgreich ein, lässt sich damit z. B. auch das Formalziel „Rentabilität" verbessern.

1.8

Ein Zielkonflikt liegt vor, wenn die Erfüllung eines Ziels (hier Sachziel) die Erfüllung eines anderen Ziels (hier Formalziel) beeinträchtigt oder sogar verhindert.

1. Das Sachziel „Ausbau der Serviceaufgaben" kann dem Formalziel „Gewinn" entgegenstehen, wenn der Ausbau der Serviceaufgaben hohe Kosten, z. B. für Personal erfordert, dem keine entsprechende Umsatzsteigerung folgt.

2. Das Sachziel „Sortimentserweiterung" kann dem Formalziel „Marktanteil" entgegenstehen, wenn die Sortimentserweiterung nicht am Bedarf der Kunden ausgerichtet ist und deshalb nicht zu einer steigenden Nachfrage führt. Diese Maßnahme kann im schlimmsten Fall auch zu einer „Überforderung" und dem „Abwandern" der Kunden führen, welches wiederum zu einer Reduzierung der Marktanteile der Folder GmbH beiträgt.

2. Aufgabe

2.1

1. **Ruhe bewahren**

2. **Brand melden**

    - **Feuermelder** betätigen oder **Notruf 112**
    - **Wer** meldet?
    - **Wo** brennt es?
    - **Was** ist geschehen?
    - **Wie viele** Menschen sind in Gefahr?
    - **Warten** auf Rückfragen!

3. **In Sicherheit bringen**

    - Gefährdete Personen warnen
    - Fenster und Türen schließen
    - Hilflose mitnehmen
    - Gekennzeichneten Rettungswegen folgen
    - Aufzug nicht benutzen
    - Sammelstelle aufsuchen
    - Auf Anweisungen achten

4. **Löschversuch unternehmen**

    - Feuerlöscher benutzen
    - Wandhydrant benutzen
    - Rauchabzüge betätigen

2.2

1. Ruhe bewahren

2. Unfall melden
- **Telefonnummer:** ....
- **Wo** geschah es?
- **Was** geschah?
- **Wie viele** Verletzte?
- **Welche** Arten von **Verletzungen**?
- **Warten** auf Rückfragen!

3. Erste Hilfe
- Absicherung des Unfallorts
- Versorgung der Verletzten
- Auf Anweisungen achten

4. Weitere Maßnahmen
- Krankenwagen oder Rettungsdienste einweisen
- Schaulustige entfernen

2.3

🟥	Brandmelder (manuell)	🟩	Rettungsweg/Notausgang
🟥	Mittel und Geräte zur Brandbekämpfung	🟩	Sammelstelle
🟥	Feuerlöscher	🟩	Erste Hilfe
🟥	Brandmeldetelefon	🟩	Arzt
🟥	Löschschlauch	🟩	Krankentrage

2.4

Die deutschen Berufsgenossenschaften sind Träger der gesetzlichen Unfallversicherung. Ihre Aufgaben sind:

1. **Prävention,** d. h. sie verfolgen das Ziel, Arbeitsunfälle, Berufskrankheiten und arbeitsbedingte Gesundheitsgefahren zu verhindern. Zu ihren Aufgaben gehören Beratung und Überwachung, Forschung, Aus- und Fortbildung sowie Information. Damit werden die Voraussetzungen für Sicherheit und Gesundheitsschutz im Betrieb geschaffen.

2. **Rehabilitation,** d. h. sie sind bei Arbeitsunfällen, Wegeunfällen und Berufskrankheiten für die gesamte Rehabilitation zuständig. Sie steuern und koordinieren die medizinische Behandlung (medizinische Rehabilitation) sowie die Wiedereingliederung in den Beruf (berufliche Rehabilitation) und in das soziale Umfeld (soziale Rehabilitation und ergänzende Leistungen). Für die Sicherung des Lebensunterhalts in der Phase der Rehabilitation zahlen sie Verletzten- bzw. Übergangsgeld.

3. **Entschädigung,** d. h. sie zahlen den Versicherten eine Rente, falls Heilbehandlung und Reha-Maßnahmen nicht so erfolgreich sind, dass die Versicherten wieder uneingeschränkt am Erwerbsleben teilnehmen können. Voraussetzung ist eine andauernde Minderung der Erwerbsfähigkeit (MdE) durch einen Arbeitsunfall, einen Wegeunfall oder eine Berufskrankheit.

vgl. Deutsche Gesetzliche Unfallversicherung (DGUV)

Im Gegensatz zu anderen Beiträgen der Sozialversicherung werden die Beiträge zur gesetzlichen Unfallversicherung ausschließlich von den Arbeitgebern finanziert. Die versicherten Arbeitnehmer zahlen keine Beiträge an die Berufsgenossenschaften. Die Höhe der Beiträge richtet sich nach Gefahrentarifen bzw. –klassen, die sich aus dem durchschnittlichen Unfallrisiko in den jeweiligen Branchen bzw. Tätigkeitsbereichen der einzuordnenden Unternehmen ergibt.

2.5

Unfallanzeige: Ein Arbeitsunfall oder ein Wegeunfall (z. B. Unfall auf dem Weg zwischen Wohnung und Arbeitsstätte), der eine Arbeitsunfähigkeit von mehr als drei Kalendertagen oder den Tod eines Versicherten zur Folge hat, muss vom Unternehmer oder seinem Bevollmächtigten innerhalb von drei Tagen nach Kenntnisnahme beim zuständigen Träger der Unfallversicherung (z. B. Berufsgenossenschaft) angezeigt werden. Die Unfallanzeige erfolgt auf einen Formular des zuständigen Unfallversicherungsträgers.

Verbandbuch: Alle Vorkommnisse im Betrieb, bei denen es zu Verletzungen (auch kleine Blessuren) gekommen ist oder Erste Hilfe geleistet werden musste, müssen schriftlich dokumentiert werden, z. B. in einem Verbandbuch. Die Unterlagen sind vertraulich zu behandeln und für einen Zeitraum von mindestens fünf Jahren aufzubewahren. Festzuhalten sind Zeit, Ort, Hergang des Unfalls/Gesundheitsschadens, Art und Umfang der Verletzung/Erkrankung, Zeitpunkt, Art und Weise der Erste Hilfe-Maßnahmen, Namen der Versicherten, Zeugen und der Erste Hilfe leistenden Person.

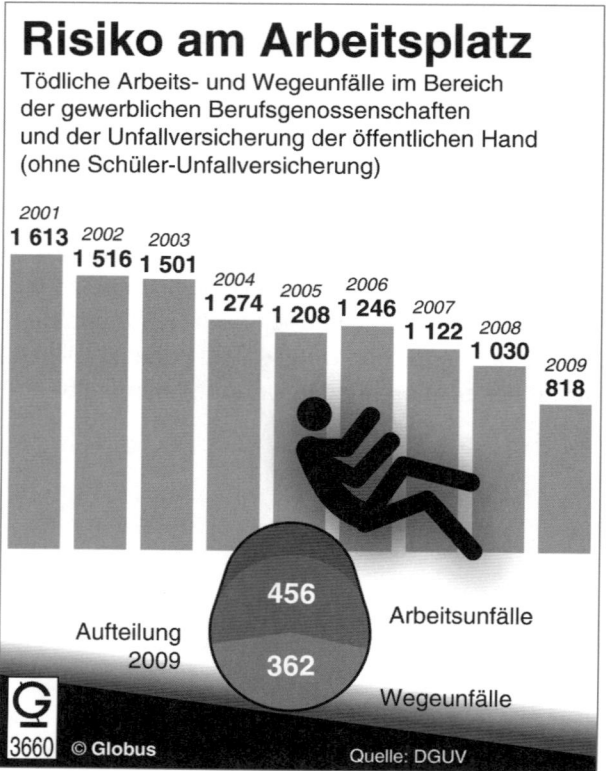

2.6

a) **Vermeidung von Abfall**

Einkauf	Lieferantenauswahl auch unter Berücksichtigung von umweltschonenden Herstellungsverfahren vornehmen
Lager	Wiederverwendbare Förderhilfsmittel nutzen
Marketing/Versand	Mehrwegverpackungen einsetzen
Verwaltung	Möglichst „papierlose" Dokumentation nutzen

b) **Verwertung/Beseitigung von Abfall**

Einkauf	Umverpackungen zum Recycling an den Hersteller zurückgeben
Lager	Abfälle nach Verwertungs- bzw. Entsorgungsarten getrennt sammeln
Marketing/Versand	Transportverpackungen zwecks Recycling zurücknehmen
Verwaltung	Leere Tonerkartuschen zum mehrfachen Wiederbefüllen an den Hersteller zurückgeben

c) **Effiziente Nutzung von Energie**

Einkauf	Kurze Beschaffungswege bei der Lieferantenauswahl berücksichtigen
Lager	Energiesparende Isolierungen oder Beleuchtungen einsetzen
Marketing/Versand	Umweltschonende Verkehrsträger auswählen
Verwaltung	Energiesparende Bürotechnik einsetzen

2 Beschaffung und Logistik

Flurförderzeuge

Gabelstapler

Hubwagen

1. Aufgabe

1.1

Der Warenfluss im Großhandel ist wesentlich vom Aufbau des Lagers, der verwendeten Lagertechnik, den Lagerhilfsmitteln sowie der Lagereinrichtung abhängig. Im Idealfall orientiert sich der Lageraufbau an den logistischen Prozessen des Unternehmens. Grundsätzlich kann der Lageraufbau nach zwei Prinzipien gestaltet sein:

Die räumliche Trennung von Wareneingang und Warenausgang

a) ermöglicht eine klare Aufgabenzuordnung des Personals

b) bietet einen klaren Materialfluss und eindeutige logistische Prozesse

c) vermindert Reibungsverluste zwischen Wareneingang und -ausgang.

Die räumliche Zusammenlegung von Wareneingang und Warenausgang

a) erfordert weniger Lagerfläche

b) führt zu einer besseren Auslastung von Arbeitsmitteln und Personal

c) reduziert Wegezeiten.

Das folgende Flussdiagramm (siehe nächste Seite) zeigt den Warenfluss bei einer räumlichen Trennung von Wareneingang und Warenausgang.

1.1

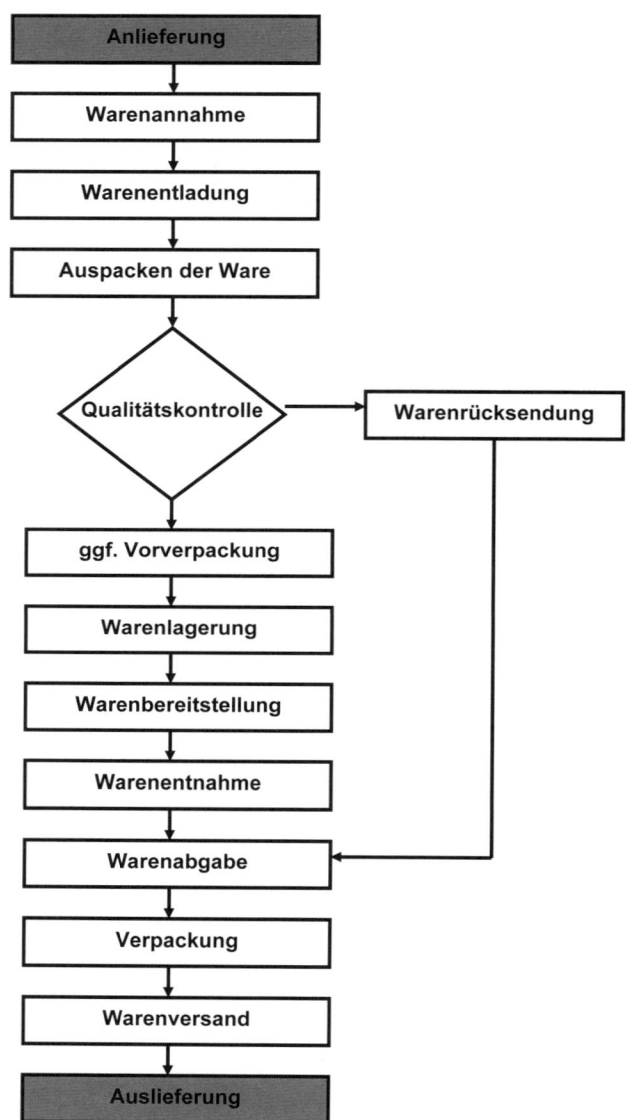

1.2

Flurförderzeuge werden entweder manuell oder maschinell betrieben und dienen dem Transport von Gütern auf dem Boden. Die Flurförderzeuge lassen sich unterscheiden in:

a) Gleis- und spurlose Flurförderzeuge

b) Gleisgebundene Flurförderzeuge

c) Spurgeführte Flurförderzeuge

Die Etiketten werden in Kartons auf Europaletten angeliefert und in einzelnen Kartons an die Kunden ausgeliefert. Die Lagerung der angelieferten Ware erfolgt entweder in den Paletten- oder Fachbodenregalen. Deshalb bieten sich z. B. folgende Flurförderzeuge an:

Gabelstapler sind in vielfältigen Ausführungen erhältlich. Die Auswahl richtet u. a. nach:

- Ladegewicht
- Antrieb
- Hubhöhe
- Kosten

Gabelstapler lassen sich z. B. für das Entladen der angelieferten Etiketten, den Transport zum Lager oder zum Einlagern der Waren einsetzen (siehe Abb. S. 24).

Hubwagen sind in der Regel manuell bedienbar und für unterschiedlichste Einsatzmöglichkeiten erhältlich. Die Auswahl richtet u. a. nach:

- Ladegewicht
- Unterfahrbarkeit
- Transportart
- Kosten

Hubwagen lassen sich z. B. für den Transport der Etiketten auf kurzen Strecken, für das Entladen der Paletten aus dem LKW oder für den Transport von geringeren Gewichten einsetzen (siehe Abb. S. 24).

1.3

Für den Transport der Etiketten zu den Nordwelt Werken in Bremen bietet sich der LKW als geeignetes Transportmittel an. Folgende Gründe sprechen für diese Auswahl:

- Schnelles Transportmittel auf kurzen Strecken (Hamburg – Bremen)
- Geringe Kosten im Vergleich zu den alternativen Verkehrsmitteln
- Hohe Flexibilität, da Haus-zu-Haus Verkehr möglich ist
- Geringe Stückzahl und geringes Gewicht der Waren

Die Bahn könnte auch eine mögliche Alternative darstellen, falls die Nordwelt Werke und/oder die Folder GmbH über einen direkten Gleisanschluss verfügen würden.

	LKW	Bahn	Flugzeug
Geschwindigkeit	relativ schnelles Transportmittel, da Direktverkehr möglich ist	schnelles Transportmittel auf langen Strecken	Sehr schnelles Transportmittel auf langen Strecken, allerdings Transport zum Flughafen notwendig
Zuverlässigkeit	abhängig von Verkehrssituation und Wetter	hohe Zuverlässigkeit, da relativ unabhängige Verkehrswege nutzbar sind	hohe Zuverlässigkeit, da relativ unabhängige Verkehrswege nutzbar sind
Kosten	relativ kostengünstig, allerdings hohe Personal- und Energiekosten	relativ kostengünstig bei großen Stückzahlen und langen Strecken	hohe Kosten bei geringen Stückzahlen
Umweltfreundlichkeit	relativ starke Umweltbelastung durch Abgase und Lärm	gute Umweltbilanz	relativ starke Umweltbelastung durch Lärm und Abgase
Flexibilität	hohe Flexibilität durch unabhängige Verkehrswege und einfache Behandlung der Ladung	geringere Flexibilität durch Bindung an das Schienennetz und den Fahrplan	geringe Flexibilität durch Bindung an Flugplätze

1.4

Lean Management beschreibt einen Managementansatz, der durch flache Hierarchien, die Konzentration auf wesentliche Prozesse sowie die Vermeidung von Verschwendung gekennzeichnet ist. Dabei werden alle Prozesse auf ihren Beitrag zur Wertschöpfung des Unternehmens untersucht und kontinuierlich optimiert. Die betrieblichen Ressourcen sollen dabei nicht innerhalb betrieblicher Prozesse verschwendet werden, sondern einzig darauf zielen, dem Kunden die richtige Leistung, in der richtigen Qualität, zum richtigen Zeitpunkt und am richtigen Ort zur Verfügung zu stellen. Orientiert sich ein Unternehmen an diesen Gedanken, so kann es den Erfolg und die Wettbewerbsfähigkeit stärken.

Wichtige Prinzipien des Lean Management sind:

- Orientierung der betrieblichen Leistungsprozesse am Kunden
- Kontinuierliche Verbesserungen der Prozesse und der Qualität
- Vollständige Fehlerfreiheit aller Prozesse
- Kundenorientierte Unternehmenskultur
- Eigenverantwortlichkeit aller Mitarbeiter
- Flexible Anpassung der Prozesse auf veränderte Gegebenheiten
- Hochqualifiziertes Personal, um die oben genannten Forderungen zu erfüllen

Die Umsetzung einer Qualitätsverbesserung der logistischen Prozesse der Folder GmbH könnte z. B. durch die folgenden zwei Prinzipien erreicht werden.

Total Quality Management (TQM) ist gekennzeichnet durch:

- Alle Mitarbeiter sind gemeinsam verantwortlich, falls es zu Fehlern kommt, d. h. nicht ein Mitarbeiter ist an einem Fehler schuld, sondern es wird gemeinsam nach Lösungen gesucht.
- Absolute Fehlerfreiheit wird angestrebt, d. h. Fehler werden sofort behoben, nicht erst bei der Warenausgangskontrolle.
- Nicht der einzelne Mitarbeiter macht Fehler, sondern mangelhafte Prozesse führen zu Fehlern, d. h. es müssen Abläufe auf Fehlerhäufigkeit untersucht werden.
- Viele Lieferanten erschweren die Optimierung der Prozesse, d. h. intensive Zusammenarbeit und Abstimmung mit wenigen Lieferanten erhöht die Qualität.

Fortsetzung siehe nächste Seite.

1.4

- Es gibt keine vollkommene endgültige Qualität, sondern es muss ständig an der Verbesserung der Qualität gearbeitet werden.
- Ständige Kommunikation mit Kunden und Lieferanten ist notwendig, um veränderten Qualitätsansprüchen gerecht zu werden, d. h. es müssen Informationsflüsse innerhalb des Unternehmens sowie zu Kunden und Lieferanten laufend angepasst werden.
- Qualität beginnt schon bei der Beschaffung, d. h. die Qualitätsanforderungen müssen schon beim Lieferanten geprüft werden, z. B. durch Zertifizierungen.
- Kontinuierliche Qualitätssicherung im Prozess, d. h. keine Ware, die nicht den Qualitätsanforderungen entspricht, darf in das Lager oder aus dem Lager gelangen.

Kontinuierlicher Verbesserungsprozess (KVP) oder **Kaizen** ist gekennzeichnet durch:

- Kontinuierliche Verbesserungen in kleinen Schritten, d. h. nicht komplette Abläufe verändern, sondern immer wieder einzelne kleine Verbesserungen vornehmen.
- Entscheidungskompetenz der einzelnen Mitarbeiter, d. h. die Mitarbeiter dürfen und müssen in ihrem Entscheidungsbereich Verbesserungen selbstständig umsetzen bzw. vornehmen und die Informationen weitergeben.
- Einführung eines funktionierenden Vorschlagswesens, d. h. die Mitarbeiter müssen den Sinn und den Nutzen von Verbesserungsvorschlägen verinnerlichen.
- Vermeidung von Verschwendungen, d. h. fortwährende Prüfung von Abläufen und Tätigkeiten, ob sie den Zielen der Kundenorientierung dienen.
- Raum für Verbesserungen geben, d. h. Zeiten einzuplanen, in denen die Mitarbeiter Ideen entwickeln und umsetzen können.
- Unternehmenskultur anpassen, d. h. ein Unternehmensklima schaffen, in dem Verbesserungen und Veränderungen belohnt und nicht bestraft werden.
- Gemeinsam an den Zielen arbeiten, d. h. Teamarbeit anstatt Einzelkämpfer.

1.5

Mit der Optimierung der Wertschöpfungsketten bzw. der Versorgungsketten (Supply Chain) beschäftigt sich das **Supply Chain Management.** Hier werden nicht mehr einzelne Prozesse betrachtet, sondern alle Beteiligten in einen Wertschöpfungsprozess eingebunden und harmonisiert. Für den Großhandel bedeutet dies, dass nicht mehr die Prozesse der Hersteller, des Großhandels und der Abnehmer getrennt betrachtet werden, sondern dass versucht wird, diese zu einem unternehmensübergreifenden Netzwerk zusammenzufassen. Ziel ist es, einen effizienten und effektiven Prozess zu gestalten, in dem die Schnittstellen nicht störend wirken.

Folgende **Maßnahmen** kann die Folder GmbH in diesem Zusammenhang umsetzen:

- Einführung eines einheitlichen IT-Systems vom Lieferanten bis zum Abnehmer
- Online Koordination der Prozesse vom Lieferanten bis zum Abnehmer mithilfe eines einheitlichen IT-Systems
- Reduzierung der Schnittstellen durch direkte Lieferung vom Hersteller zum Abnehmer
- Direkte Belieferung des Außenlagers durch den Hersteller
- Einsatz von Warenwirtschaftssystemen, auf die alle Beteiligten Zugriff haben
- Einsatz von eindeutigen und einheitlichen Identifikationsmöglichkeiten der Ware, z. B. durch Strichcodes oder RFID Technik
- Definition von Standardprozessen, die sich häufig wiederholen
- Vorausschauende Planung bei Beschaffung, Produktion und Absatz durch eine sorgfältige und intensive Analyse von Daten
- Flexibilität und Transparenz aller Abläufe, damit eine Just-in-time Belieferung realisiert werden kann

Die konsequente Optimierung der Supply Chain (Versorgungskette) führt u. a. zu:

- Reduzierung der Lieferzeiten
- Steigerung der Kundenzufriedenheit
- Senkung der Lagerbestände
- Hoher Lieferfähigkeit
- Hoher Lieferflexibilität
- Geringeren Lagerkosten

1.6

Die Entscheidung für oder gegen ein dezentrales Lager orientiert sich in der Regel an folgenden **Kriterien:**

- Raumkosten
- Lagerverwaltungskosten
- Lagerpersonalkosten
- Kosten für die Koordination der Läger
- Transportkosten
- Liefergeschwindigkeit
- Servicegrad
- Kundenstruktur
- Güterstruktur

Das Außenlager in Hamburg ermöglicht eine flexiblere und schnellere Belieferung der Kunden im Norden durch kurze Transportwege. Allerdings fallen durch das Außenlager höhere Kosten für Lagerräume, Organisation und geringere Stückzahlen an. Diese Faktoren müssen gegeneinander abgewogen werden, bevor eine zielorientierte Entscheidung möglich ist.

2. Aufgabe

2.1

2.2

Die 123Blitz Spedition hat als Absender gemäß §454 HGB die Hauptpflicht, die Organisation der Beförderung zu besorgen, d. h.

- die Beförderungsmittel und -wege festzulegen
- die Unternehmer für die Beförderung auszuwählen
- die notwendigen Verträge abzuschließen
- Weisungen und Informationen an die ausführenden Unternehmer zu erteilen und
- Schadensersatzansprüche des Versenders zu sichern.

---

§ 454 Besorgung der Versendung

(1) Die Pflicht, die Versendung zu besorgen, umfasst die Organisation der Beförderung, insbesondere

1. die Bestimmung des Beförderungsmittels und des Beförderungsweges,
2. die Auswahl ausführender Unternehmer, den Abschluss der für die Versendung erforderlichen Fracht-, Lager- und Speditionsverträge sowie die Erteilung von Informationen und Weisungen an die ausführenden Unternehmer und
3. die Sicherung von Schadensersatzansprüchen des Versenders.

(2) Zu den Pflichten des Spediteurs zählt ferner die Ausführung sonstiger vereinbarter auf die Beförderung bezogener Leistungen wie die Versicherung und Verpackung des Gutes, seine Kennzeichnung und die Zollbehandlung. Der Spediteur schuldet jedoch nur den Abschluss der zur Erbringung dieser Leistungen erforderlichen Verträge, wenn sich dies aus der Vereinbarung ergibt.

(3) Der Spediteur schließt die erforderlichen Verträge im eigenen Namen oder, sofern er hierzu bevollmächtigt ist, im Namen des Versenders ab.

(4) Der Spediteur hat bei Erfüllung seiner Pflichten das Interesse des Versenders wahrzunehmen und dessen Weisungen zu befolgen.

Handelsgesetzbuch (Auszug)

2.3

Die 123Blitz Spedition ist gemäß HGB nur zur Verpackung und Gestellung der Packmittel verpflichtet, wenn dies im Speditionsvertrag vereinbart wurde. Gemäß Punkt 4 der Allgemeinen Deutschen Spediteurbedingungen, die in diesem Fall gültig sind, muss die Folder GmbH die Verpackung der Messedisplays vornehmen und die notwendigen Packmittel stellen, da nichts Gegenteiliges vereinbart wurde.

2.4

Gemäß § 461 HGB haftet die 123Blitz Spedition für den Verlust der Messedisplays, soweit nicht die in Punkt 22 der Allgemeinen Deutschen Spediteurbedingungen (ADSp) festgelegten Gegebenheiten vorliegen. D. h. die Spedition muss für Schäden an den in ihrer Obhut befindlichen Gütern haften, die durch Verlust oder Beschädigung entstanden sind. Die Haftung für den Schaden könnte ausscheiden, falls der Versender (hier die Folder GmbH) an der Entstehung des Schadens mitgewirkt hat, z. B. durch eine unzureichende Verpackung der Waren. In diesem Fall ergibt sich hierfür kein Verdacht, so dass man davon ausgehen muss, dass die 123Blitz Spedition für die verlorenen Messedisplays haften muss.

Die Haftung ist auf die in den §§ 429 bis 431 HGB sowie auf die in Punkt 23 ADSp festgelegten Höchstgrenzen beschränkt, soweit nichts Anderweitiges vereinbart wurde. In den genannten Paragrafen wird festgelegt, dass

- beim Verlust der Ware der Wert zum Zeitpunkt der Übernahme zur Beförderung zu ersetzen ist
- der Wert sich nach dem Marktpreis bestimmt, sonst nach dem Wert von Gütern gleicher Art und Beschaffenheit
- die Haftung auf 8,33 Rechnungseinheiten für jedes Kilogramm des Rohgewichts der gesamten Sendung oder den entsprechenden Höchstgrenzen in den angegebenen ADSp begrenzt ist.

2.5

Gemäß § 461 HGB haftet die 123Blitz Spedition auch für die Beschädigung der Messedisplays, es sei denn, dass bei der Entstehung des Schadens das Verhalten des Versenders mitgewirkt hat. Dabei ist maßgeblich, inwieweit der Versender für den Schaden verantwortlich ist. Sollte z. B. die Folder GmbH trotz Hinweis der Spedition auf eine angemessene Verpackung oder einen entsprechenden Schutz der Ware verzichtet haben, so könnte ein maßgebliches Mitverschulden vorliegen, welches zu einem Haftungsausschluss der 123Blitz Spedition führen kann.

3. Aufgabe

3.1

Für den Kostenvergleich zwischen dem Eigentransport und dem Fremdtransport müssen zunächst die Kosten je Bezugsgröße, in diesem Fall pro Monat, ermittelt werden.

Kosten Eigentransport:

a) fixe Kostenanteile

Abschreibung auf den LKW (216.000 € / 9 Jahre / 12 Monate)	2.000,00 €
Steuer, Versicherung (3.360 € / 12 Monate)	280,00 €
Personalkosten (43.200 € / 12 Monate)	3.600,00 €
Zinsen (1.800 € / 12 Monate)	150,00 €
Summe fixe Kostenanteile	6.030,00 €

b) variable Kostenanteile

laufende Betriebskosten (0,4 € · 15.000 km/Monat)	6.000,00 €
Summe Kosten Eigentransport	**12.030,00 €**
oder je km (12.030 € / 15.000 km)	0,80 €

Kosten Fremdtransport:

Kosten je km   0,75 €

Kosten für 15.000 km (0,75 € · 15 000 km)   **11.250,00 €**

Der Kostenvergleich ergibt einen Vorteil von 0,05 € je Kilometer oder 780 € je Monat zugunsten des Fremdtransports mit der 123Blitz Spedition. Die rechnerische Betrachtung spricht demnach für die Beibehaltung des Fremdtransports.

3.2

Die Kostenbetrachtung ist zwar die aussagekräftigste Größe bei der Entscheidung zwischen Eigen- oder Fremdtransport, allerdings müssen auch folgende Faktoren berücksichtigt werden:

- Auslastung der Transportmittel
- Transportrisiken
- Leerfahrten
- Tourenplanung
- Lieferflexibilität
- Bindung an Transportmittel und Personal
- Auslastung des Personals
- Verhandlungsbasis am Transportmarkt

In der Regel wird die Entscheidung von Großhandelsunternehmen zugunsten des Fremdtransports fallen, allerdings können im Einzelfall z. B. die flexibleren Einsatzmöglichkeiten und der direktere Einfluss auf die Transportmöglichkeiten sowie der direktere Kontakt zum Ladungsempfänger zugunsten des Werkverkehrs sprechen.

3.3

Rechnerische Ermittlung der kritischen Kilometerzahl, ab der die Kosten des Eigentransports (ET) gleich den Kosten des Fremdtransports (FT) sind:

$$
\begin{aligned}
\text{variable Kosten (FT)} &= \text{fixe Kosten + variable Kosten (ET)} \\
0{,}75 \text{ €/km} \cdot x &= 6.030 \text{ €} + 0{,}4 \text{ €/km} \cdot x \\
0{,}75 \text{ €/km} \cdot x - 0{,}4 \text{ €/km} \cdot x &= 6.030 \text{ €} \\
0{,}35 \text{ €/km} \cdot x &= 6.030 \text{ €} \\
x &= 6.030 \text{ €} / 0{,}35 \text{ €/km} \\
x &= 17.228{,}57 \text{ km}
\end{aligned}
$$

Bei einer Transportstrecke von 17.228,57 km pro Monat ändert sich die Kostenbetrachtung zugunsten des Eigentransports, da die Fixkostenanteile dann zunehmend kompensiert werden.

Fortsetzung auf der nächsten Seite.

3.3

Grafisch ergibt sich folgendes Bild:

km	Kosten (FT)	fixe K. (ET)	variable K. (ET)	gesamte K. (ET)
5.000	3.750	6.030	2.000	8.030
10.000	7.500	6.030	4.000	10.030
15.000	11.250	6.030	6.000	12.030
17.228,57	12.921,43	6.030	6.891,43	12.921,43
20.000	15.000	6.030	8.000	14.030
25.000	18.750	6.030	10.000	16.030

(K. = Kosten; FT = Fremdtransport, ET = Eigentransport)

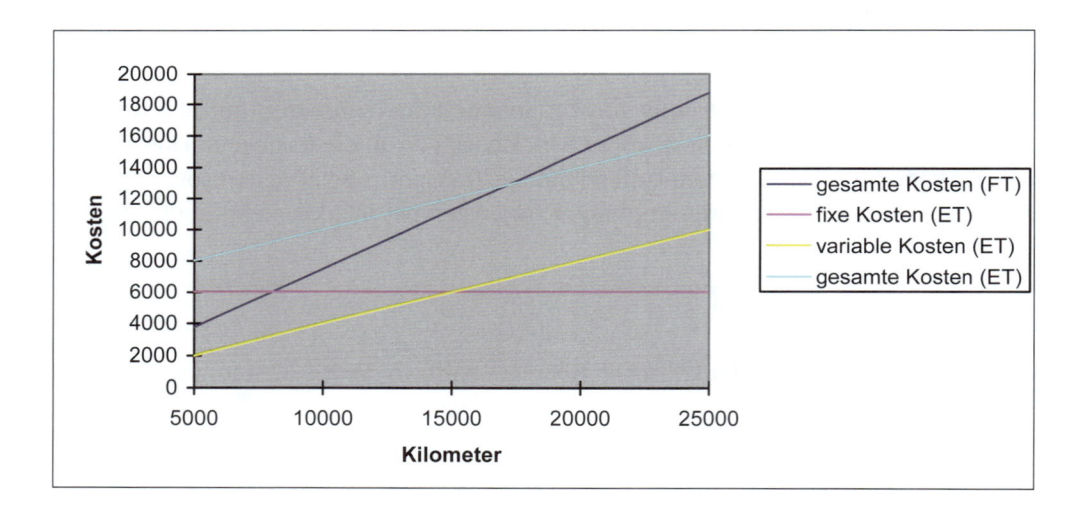

Beschaffung und Logistik — Kapitel 2

4. Aufgabe

4.1

Aus der Tourenplanung mit den geringsten Entfernungskilometern, die den vorgegebenen Anforderungen der Ausgangssituation entspricht, ergibt sich folgende Reihenfolge der Belieferung:

Kunde	Ort	Ware	Kilometer von letzter Station	Kilometer kumuliert
Sink AG	Mannheim	Toner	83	83
Steig GmbH	Saarbrücken	Kopierer	167	250
Tief KG	Trier	Kopierpapier	107	357
Hoch GmbH	Koblenz	Ordner	111	468
Außenlager	Düsseldorf	Kopierpapier	128	596
Flach AG	Mainz	Kugelschreiber	224	820
Folder GmbH	Frankfurt/Main	Leerfahrt	45	**865**

4.2

LKW vorne	Kugel-schreiber	Kopier-papier Paletten	Ordner	Kopier-papier Pakete	Kopierer	Toner

Bei der Verladung der Waren ist zu beachten, dass die Güter in einer dem Entladevorgang angepassten Reihenfolge sortiert werden müssen, d. h. die zuerst auszuladende Ware muss zuletzt eingeladen werden. Zudem muss die Ladung gemäß der Straßenverkehrsordnung mit geeigneten Hilfsmitteln verkehrssicher und gegen Herabfallen und Lärmen geschützt verladen werden.

4.3

Bei der zeitlichen Planung der Tour sind folgende Faktoren zu berücksichtigen:

a) **Gesetzliche Vorgaben für das Fahrpersonal**

   Die gesetzlichen Regelungen schreiben für das Fahrpersonal Lenkzeiten (täglich 9 Stunden, max. zweimal je Woche 10 Stunden), Lenkzeitunterbrechungen (nach 4,5 Stunden mind. 45 Minuten, auch aufzuteilen), tägliche Ruhezeiten, wöchentliche Ruhezeiten usw. vor, die bei der Tourenplanung berücksichtigt werden müssen.

b) **Anlieferzeiten des Kunden**

   Die meisten Kunden sind nicht 24 Stunden zu beliefern, sondern haben spezielle Anlieferzeiten oder Terminwünsche vorgegeben.

c) **Verkehrslage und Staubereiche**

   Der zunehmende Straßenverkehr führt zu einer starken Belastung des Streckennetzes und zu einem kontinuierlichen Reparaturbedarf der Straßen, mit der Folge von Staus und Verkehrsbehinderungen. Navigationssysteme unterstützen die kontinuierlichen Anpassungen der Routenplanung an die aktuellen Gegebenheiten und ermöglichen dem Fahrpersonal Alternativrouten zu nutzen. Die Straßenverkehrsordnung schreibt zudem für LKW Höchstgeschwindigkeiten vor, die die Liefergeschwindigkeit einschränken.

d) **Entladezeiten und Standzeiten**

   Die Einsatzplanung des Fuhrparks sollte möglichst geringe Standzeiten vorsehen, um die Kosten gering zu halten. Allerdings müssen Be- und Entladezeiten sowie gesetzlich vorgegebene Ruhezeiten bei der Tourenplanung berücksichtigt werden.

Berücksichtigt man die Entladezeiten an sechs Stationen, die maximalen Lenkzeiten und die vorgegebenen Ruhezeiten des Personals, die hohe Staugefahr im Rhein-Main-Gebiet und im Rhein-Ruhr-Gebiet, die maximale Höchstgeschwindigkeit für LKW und einen entsprechenden Zeitpuffer, dann ergibt sich eine durchschnittliche Tageskilometerzahl bei voller Auslastung und je nach Anzahl der Entladepunkte sowie der Einhaltung der gesetzlichen Vorgaben von 300 – 400 Kilometer. Dies bedeutet, dass die oben angeführte Tourenplanung nicht in dieser Form realisierbar ist, ohne den legalen Bereich zu verlassen. Als Lösung würde sich in diesem Fall anbieten, die Paletten für das Außenlager Düsseldorf aus der Planung zu nehmen und diese mit einem externen Partner zu versenden.

4.4

Die Verpackung der Kopierer für die Steig GmbH muss vor allem folgende Funktionen erfüllen:

a) **Schutzfunktion**

   Die Kopierer sind gegen Belastungen durch Fall, Schub, Druck, Stoß, Schwingungen und klimatische Beanspruchungen zu schützen.

b) **Lade- und Transportfunktion**

   Die Kopierer sollten so verpackt werden, dass die Verpackung einen effizienten Be- und Entladevorgang gewährleistet, einen geringen Raum beansprucht, zu einer geringen Belastung des Personals führt und transportsicher verstaut werden kann, ohne die Schutzfunktion zu vernachlässigen.

c) **Informationsfunktion**

   Die Kopierer sind so zu verpacken, dass eine eindeutige Zuordnung über den Inhalt möglich ist, alle notwendigen Hinweise und Warnungen zu erkennen sind und Verkaufs- und Marketingaspekte nicht vernachlässigt werden.

Für die Kopierer bieten sich Holzkisten oder stabile Boxen bzw. Kisten aus Wellpappe an, die entweder auf Paletten transportiert werden oder unterfahrbar sind. Als Packhilfsmittel eignen sich für die Kopierer Styroporformen (Schutz gegen Druck, Stoß usw.) sowie Kunststofffolie (Schutz gegen klimatische Einflüsse).

4.5

Zerbrechliches Packgut, kennzeichnet Ware, die sorgfältig zu behandeln und keineswegs zu stürzen ist.

Oben, kennzeichnet Ware, die so zu transportieren ist, dass die Pfeile jederzeit nach oben zeigen.

Vor Hitze und radioaktiven Strahlen schützen, kennzeichnet Ware, die möglichst kühl transportiert werden sollte und vor radioaktiven Strahlen zu schützen ist.

Vor Nässe schützen, kennzeichnet Ware, die vor zu hoher Luftfeuchtigkeit zu schützen ist.

Elektrostatisch gefährdetes Bauelement, kennzeichnet Ware, die vor einer Berührung ohne antistatische Maßnahmen zu schützen ist.

Die Verpackung der Kopierer ist deshalb mit den Symbolen

zu kennzeichnen.

4.6

Höhere Energiekosten haben beim Werkverkehr einen direkten Einfluss auf die gesamten Transportkosten der Folder GmbH. Zur Senkung der Transportkosten bieten sich folgende Möglichkeiten an:

- Energiesparende Fahrweise und Fahrzeugtechnik
- Transport höherer Nutzlasten oder größerer Ladevolumen
- Optimierte Tourenplanung und Kapazitätsauslastung
- Optimierung der Struktur der Lagerorte mit kürzeren Transportwegen

Um eine größere Unabhängigkeit von den steigenden Energiekosten und den damit verbundenen direkten Kostenbelastungen zu erzielen, bietet sich auch ein Wechsel zu Transportdienstleistern, verbunden mit den folgenden Möglichkeiten der Kostensenkung an:

- Zentraleinkauf von Transportdienstleistungen
- Elektronische Ausschreibungen von Transportdienstleistungen
- Einsatz von energieeffizienteren Transportmitteln, wie Schiff oder Bahn
- Intensive Preisvergleiche zwischen den Angeboten

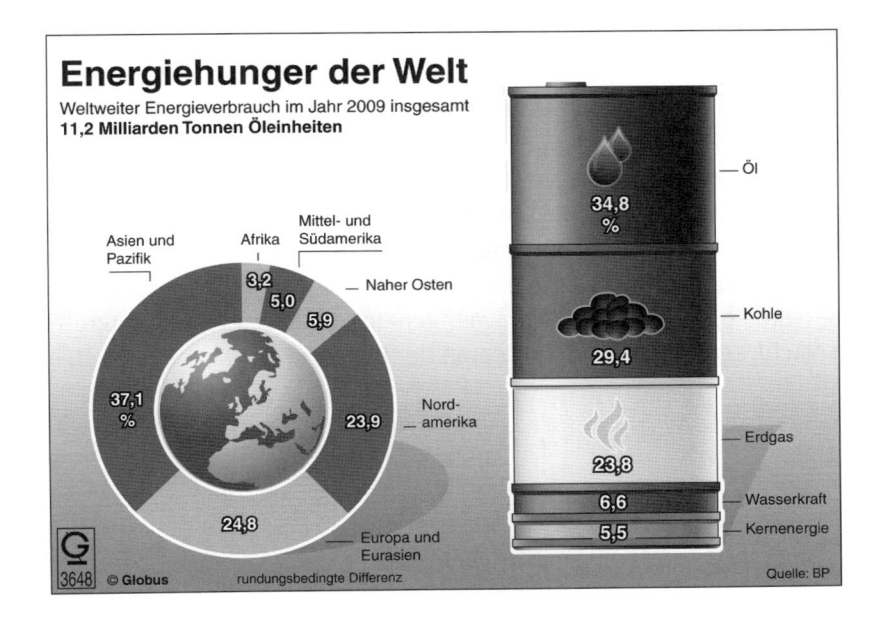

Energiehunger der Welt
Weltweiter Energieverbrauch im Jahr 2009 insgesamt
11,2 Milliarden Tonnen Öleinheiten

Asien und Pazifik: 37,1 %
Afrika: 3,2
Mittel- und Südamerika: 5,0
Naher Osten: 5,9
Nordamerika: 23,9
Europa und Eurasien: 24,8
rundungsbedingte Differenz

Öl: 34,8 %
Kohle: 29,4
Erdgas: 23,8
Wasserkraft: 6,6
Kernenergie: 5,5

Quelle: BP

5. Aufgabe

5.1

Die Grafik beschreibt u. a. das reale Wirtschaftswachstum in Deutschland in Prozent von 1999 bis 2009, d. h. die prozentuale Steigerung des Bruttoinlandsprodukts, bereinigt um die Preissteigerung. Damit lassen sich die quantitativen Änderungen der in Deutschland produzierten Waren und Dienstleistungen von einem Jahr zum nächsten Jahr messen. Das Gesetz zur Förderung der Stabilität und des Wachstums der Wirtschaft fordert unter anderem ein angemessenes und stetiges Wirtschaftswachstum in Deutschland. Aus der Grafik lässt sich erkennen, dass das Wirtschaftswachstum nach einem Rückgang ab dem Jahr 2001, mit einem Tiefpunkt im Jahr 2003, wieder bis zum Jahr 2006 auf ein Maximum angestiegen ist. Ab dem Jahr 2007 fällt das Wirtschaftswachstum wieder ab und erreicht im Jahr 2009 ein außergewöhnliches Minus von – 5,0 %.

Verschiedene Verbände und Institutionen geben Prognosen über die zukünftige Entwicklung des Wirtschaftswachstums ab. In diesem Fall geht die Deutsche Bundesbank von einem Wachstum von 1,9 % im Jahr 2010 aus. Auch der Geschäftsklimaindex des Instituts für Wirtschaftsforschung (ifo) ist für 2010 sehr positiv gestimmt, wie die monatlichen Umfragen über die Stimmung der Wirtschaft für die kommenden sechs Monate zeigt.

5.2

Die Bedarfsplanung der Officer GmbH hängt, neben Faktoren wie den vorliegenden Aufträgen und den vergangenen Daten, auch von der zukünftigen Entwicklung der Wirtschaft ab. Die Prognosen der Deutschen Bundesbank und der ifo Geschäftsklimaindex deuten für die Zukunft auf eine positive Entwicklungen hin. Dies bedeutet in der Regel, dass die Unternehmen mehr produzieren und in diesem Zusammenhang auch mehr einkaufen müssen. Zunehmend wird in der Folge die Kaufkraft steigen und mehr Güter nachgefragt werden. In der Summe kann die Officer GmbH davon ausgehen, dass die höhere Produktionsmengen und die wachsende Kaufkraft zu einer stärkeren Nachfrage führen wird und damit der Bedarf der Officer GmbH steigt.

6. Aufgabe

6.1

Unter E-Procurement versteht man die elektronische Beschaffung von Waren und Dienstleistungen mithilfe von Informations- und Telekommunikationstechnologien, die zu einer Optimierung und Unterstützung der Beschaffungsprozesse führt. Die E-Procurement-Systeme können z. B. über Internet-Marktplätze, Online-Auktionen oder Katalogbestellsysteme realisiert werden.

Die erheblichen Kosten- und Zeitersparnisse, die sich durch die Einführung eines E-Procurement-Systems ergeben, zeigen sich z. B. an den Beschaffungsprozessen der ehemaligen Flughafen Frankfurt Main AG, die im Jahr 1996 ein internetbasiertes Bestellverfahren für Büromaterial, Werkzeuge und andere geringwertige Güter realisiert haben. Durch die Umstellung der Bestellverfahren konnte ein jährliches Sparpotenzial von ca. 2,2 Millionen Euro erzielt werden. Zusätzlich ergaben sich z. B. folgende Vorteile:

- Der Zentraleinkauf konnte sich auf die Beschaffung hochwertiger Güter konzentrieren.
- Die Produktkataloge waren aktueller und schneller verfügbar.
- Die Anzahl der fehlerhaften Bestellungen konnte reduziert werden.
- Durch die Bündelung von Bestellungen konnten Synergieeffekte genutzt werden.

6.2

Wenn die Beschaffungsprozesse eines Kunden mit einen E-Procurement-System unterstützt werden, muss die Folder GmbH sich an die vorgegebenen Prozesse des Kunden anpassen. Dies kann z. B. bedeuten:

- Elektronischer Datenaustausch mit dem System des Kunden
- Anpassung an die Kommunikations- und Identifikationsstandards des Kunden
- Anbindung an das E-Procurement-System des Kunden
- Anpassung an das Stammdatenmanagement des Kunden
- Abschluss von Rahmenverträgen mit dem Kunden
- Kundenspezifische Sortimentsgestaltung (Standardisierung des Angebots)
- Schaffung von flexiblen und offenen IT-Systemen

6.3

Für die Einführung von elektronischen Beschaffungsprozessen sprechen folgende Punkte:

- Senkung der hohen Transaktionskosten bei der Beschaffung von C-Gütern
- Automatisierung der Beschaffungsprozesse
- Integration der Lieferanten
- Entlastung von Routineaufgaben in der Beschaffung
- Erhöhung der Markttransparenz
- Senkung der Beschaffungskosten durch größere Einkaufsmengen
- Erleichterung von Preisvergleichen
- Senkung der Bestell- und Lieferzeiten
- Bessere Überwachung der Beschaffungsvorgänge
- Reduzierung des Kommunikationsaufwands
- Erhöhung der Wettbewerbsfähigkeit

6.4

eProcurement Beschaffungsvorgang neu

Bedarf melden und erfassen	Bestellung prüfen und genehmigen	Lieferanten auswählen	Bestellung aufgeben	Lieferzeit	Ware einlagern, verbuchen und verteilen	Ware prüfen und kontrollieren	Lagerzeit der Ware	Rechnung prüfen und verbuchen	Zahlung abwickeln
vereinfacht	vereinfacht			reduziert	vereinfacht			reduziert	

Deutliche Prozessvereinfachung und Kostenreduzierung durch eProcurement

Quelle: Purchase, Magazin für E-Procurement und SRM, 1/2004

Die Optimierung des Beschaffungsprozesses kann z. B. an der Bestellung von 5 A4-Ordnern durch einen Mitarbeiter der Folder GmbH deutlich gemacht werden:

1. **Bedarf melden und erfassen:** Der Mitarbeiter sucht sich aus den freigegebenen und angebotenen A4-Ordnern in einem elektronischen Katalog die benötigten Artikel selbstständig am Arbeitsplatz aus und gibt seinen Bedarf direkt in das System ein.

6.4

2. **Bestellung prüfen und genehmigen:** Die Freigabe der eingegebenen Daten erfolgt entweder automatisch durch das System oder zentral vom Mitarbeiter im Einkauf.

3. **Lieferanten auswählen:** Das System nimmt eine automatische Lieferantenauswahl nach den günstigsten Konditionen entsprechend den Systemvorgaben vor oder vergleicht automatisch aktuelle Angebote auf Marktplätzen.

4. **Bestellung aufgeben:** Die Bestellung wird elektronisch an den Lieferanten weitergeleitet.

5. **Lieferzeit:** Elektronische Datenübermittlung reduziert die Kommunikationszeit und das System optimiert die Transportzeiten und die Lagerauswahl.

6. **Waren einlagern, verbuchen und verteilen:** Einheitliche Datensätze und elektronische Datenübermittlung reduzieren die Datenerfassungszeiten und die Materialflusszeiten.

7. **Waren prüfen und kontrollieren:** Gemeinsame Qualitätsstandards vereinfachen die Wareneingangs- und Warenausgangskontrollen.

8. **Lagerzeit der Ware:** Bedarfsgerechte elektronische Beschaffungsprozesse ermöglichen eine kurze Lagerdauer der Waren.

9. **Rechnung prüfen und verbuchen:** Die Daten stehen dem Einkauf und dem Rechnungswesen elektronisch zur Verfügung und ermöglichen eine effizientere oder sogar automatische Rechnungsprüfung und die direkte Buchung der Vorgänge durch Schnittstellen in andere IT-Systeme.

10. **Zahlung abwickeln:** Die Freigabe der Zahlung kann zentral im System vorgenommen werden.

7. Aufgabe

7.1

Eine wichtige Zielsetzung im Groß- und Außenhandelsunternehmen ist die kontinuierliche Sicherstellung der Lieferfähigkeit, um den Kunden die benötigten Waren in der erforderlichen Art und Menge, am richtigen Ort und zum richtigen Zeitpunkt zur Verfügung zu stellen. Demnach muss sich die Beschaffung der Waren am aktuellen und zukünftigen Kundenbedarf orientieren, der in der Regel Schwankungen unterliegt. Aus diesem Grund muss die Bedarfsplanung äußerst sorgfältig vorgenommen werden und regelmäßig überwacht werden. Eine falsche Bedarfsplanung kann weitreichende negative Konsequenzen haben, z. B.:

- Hohe Lager- und Kapitalkosten, durch zu große Lagerbestände
- Verderb von Waren, die nicht abgesetzt werden können
- Lieferengpässe, bei zu niedrigen Bedarfsschätzungen
- Kundenabwanderung, durch mangelnde Lieferfähigkeit

Die Bedarfsplanung wird allerdings selten exakte Aussagen über den zukünftigen Bedarf der Kunden zulassen, da immer mit Unwägbarkeiten gerechnet werden muss. Folgende Informationsquellen können dem Groß- und Außenhandelsunternehmen als Grundlage bei der Bedarfsermittlung dienen.

Unternehmensinterne Informationsquellen

1. **Aufträge:** Die im Unternehmen bereits vorliegenden Aufträge bzw. Bestellungen der Kunden für aktuelle und zukünftige Termine sind eine relativ sichere Informationsquelle für den Bedarf der Kunden, allerdings müssen auch hier Stornomöglichkeiten und flexible Aufträge (z. B. Abrufaufträge) berücksichtigt werden.

2. **Statistiken:** Absatzzahlen und Verkaufsstatistiken aus vergangenen Perioden lassen sich häufig auf zukünftige Perioden übertragen und können Tendenzen erkennen lassen. Diese Aussagen sind allerdings sehr stark von den aktuellen Rahmenbedingungen abhängig und müssen immer im Bezug zu weiteren internen und externen Informationsquellen betrachtet werden.

7.1

3. **Mitarbeiter:** Mitarbeiter, die innerhalb oder außerhalb des Unternehmens eingesetzt werden, liefern Informationen für die Bedarfsplanung. Handelsvertreter oder Außendienstmitarbeiter verfügen über gute Kundeninformationen, die in die Bedarfsplanung einfließen sollten. Mitarbeiter aus dem Absatzbereich (z. B. Marketing, Vertriebsinnendienst) liefern Informationen über ein verändertes Kundenverhalten und geplante Marketingaktivitäten, die Auswirkungen auf den Bedarf haben können.

Unternehmensexterne Informationsquellen

1. **Marktdaten:** Informationen über die aktuelle Marktsituation, z. B. Marktgröße und Marktkapazität, lassen sich durch Marktforschung (Primärforschung, z. B. Befragungen, Beobachtungen) ermitteln.

2. **Prognosen:** Informationen über den zukünftigen Bedarf lassen sich z. B. aus Veränderungen des Käuferverhaltens, der Bevölkerungsentwicklung oder technischen Entwicklungen ableiten.

3. **Wettbewerber:** Eine intensive Wettbewerberanalyse hilft z. B. bei der Einschätzung der zukünftigen eigenen und fremden Marktanteile oder der Reaktion von Wettbewerbern auf die eigenen Marketingaktivitäten.

7.2

Die ABC-Analyse dient zur Bewertung und Klassifizierung verschiedener Artikel nach deren jeweiligen Wert- und Mengenanteilen in A-, B- oder C-Güter. Dieses Analysewerkzeug wird häufig im Beschaffungsbereich, allerdings auch im Lager- oder Absatzbereich eingesetzt. Im Bereich der Beschaffungsprozesse wird vor allem den Wertanteilen der Artikel Beachtung geschenkt, dabei kann eine mögliche Einteilung folgendermaßen aussehen:

A-Güter: gemeinsamer Artikel-Wertanteil von ca. 70 % bis 80 %

B-Güter: gemeinsamer Artikel-Wertanteil von ca. 10 % bis 15 %

C-Güter: restlicher Artikel-Wertanteil

Für A-Güter sollte eine sorgfältige Überwachung der Beschaffungsvorgänge vorgenommen werden, da bei diesen Gütern die größten betriebswirtschaftlichen Chancen bzw. Risiken liegen. Hingegen sollten bei C-Gütern geringere Maßstäbe an die Überwachung gestellt werden, da der notwendige Aufwand schnell den Nutzen solcher Maßnahmen übersteigt.

7.2

A-Gütern sollten unter besonderer Beachtung folgender Aspekte beschafft werden:

- Möglichst geringe Lagerbestände halten, um nicht zu viel Kapital zu binden
- Bestellmengen optimieren, um die Kapitalkosten zu minimieren
- Sorgfältige Angebotsanalyse vornehmen, um die Einstandspreise zu senken
- Mehrere Lieferer einbinden, um das Beschaffungsrisiko zu verteilen
- Liefer- und Zahlungsbedingungen optimieren, um die Beschaffungskosten zu senken

Periode 1:

Modell	Preis/Stück	Menge	Gesamtwert €	Anteil %
5PA	0,54	200	108	6,65
5PE	0,60	950	570	35,10
5KE	0,75	140	105	6,47
8PA	0,56	100	56	3,45
8KA	0,70	230	161	9,91
8KE	0,80	780	624	38,42
Summe			1.624	100

Periode 1 (sortiert):

Modell	Anteil %	Anteil % (kumuliert)	Einteilung
8KE	38,42	38,42	A-Güter
5PE	35,10	73,52	A-Güter
8KA	9,91	83,43	B-Güter
5PA	6,65	90,08	B-Güter
5KE	6,47	96,55	C-Güter
8PA	3,45	100	C-Güter
Summe	100		

7.2

Periode 2:

Modell	Preis/Stück	Menge	Gesamtwert €	Anteil %
5PA	0,54	150	81	4,68
5PE	0,60	890	534	30,85
5KE	0,75	200	150	8,67
8PA	0,56	100	56	3,24
8KA	0,70	180	126	7,28
8KE	0,80	980	784	45,29
Summe			1.731	100

Periode 2 (sortiert):

Modell	Anteil %	Anteil % (kumuliert)	Einteilung
8KE	45,29	45,29	A-Güter
5PE	30,85	76,14	A-Güter
5KE	8,67	84,81	B-Güter
8KA	7,28	92,09	B-Güter
5PA	4,68	96,77	C-Güter
8PA	3,24	100	C-Güter
Summe	100		

Die Modelle 8KE und 5PE gehören in beiden Perioden zu den A-Gütern, denen bei der Beschaffung besondere Aufmerksamkeit gewidmet werden sollte! Die anderen Artikel des Unternehmens gehören zu den B- und C-Gütern, wobei vor allem der Artikel 8PA den geringsten Stellenwert bei der Beschaffung erhalten sollte, da hier die Wertanteile sowie die Mengenanteile im Verhältnis zu den übrigen Artikeln sehr gering sind! An diesem Beispiel ist zudem erkennbar, dass die ABC-Einteilung auch im Laufe verschiedener Perioden unterschiedlich ausfallen kann (z. B. Artikel 5KE) und deshalb regelmäßig durchgeführt werden muss.

7.3

Beschaffungsquellen müssen sorgfältig und kontinuierlich ausgewertet und aktualisiert werden, damit die Folder GmbH einen möglichst exakten Überblick über die Marktsituation behalten kann. Folgende Informationsquellen bieten sich in diesem Zusammenhang an:

- **Internet:** Fast alle Lieferanten sind mit eigenen Internetseiten oder auf Marktplätzen vertreten und bieten vielfältige Recherchemöglichkeiten zur Lieferantenauswahl.

- **Fachzeitschriften:** Dort findet man redaktionelle Artikel sowie Anzeigen von Lieferanten, die neue Artikel präsentieren oder Lieferantenverzeichnisse, die einen guten Marktüberblick ermöglichen.

- **Messen:** Für viele Branchen werden Messen veranstaltet, die den Einkäufern einen Überblick über neue Artikel und Angebote der Lieferanten ermöglichen. Messekataloge listen alle Anbieter mit ihren Kontaktmöglichkeiten auf und sind ein interessantes Hilfsmittel zur Vor- und Nachbereitung von Messebesuchen.

- **Eigene Lieferantendateien:** Sorgfältig gepflegte eigenen Datensammlungen ermöglichen einen schnellen Zugriff auf Lieferanten, die im Bedarfsfall benötigt werden.

7.4

Es wird in der Regel per E-Mail eine **Anfrage** mit den Spezifikationen der gewünschten Produkte und der gewünschten Menge an die Hersteller geschickt. Telefonische Anfragen sind auch üblich, diese haben aber den Nachteil, dass technische Details u. U. nicht richtig aufgenommen und weiterverarbeitet werden.

7.5

Angebotsvergleich für A4-Ordner 5PE – 900 Stück

Lieferer	Bürosis AG €	Büroko GmbH €	Bürosta KG €	Ordna KG €
Listeneinkaufspreis	522,00	585,00	522,00	540,00
– Lieferrabatt	–	23,40	26,10	–
Zieleinkaufspreis	522,00	561,60	495,90	540,00
– Liefererskonto	10,44	16,85	9,92	10,80
Bareinkaufspreis	511,56	544,75	485,98	529,20
+ Versandkosten	–	–	24,00	–
Bezugspreis	511,56	544,75	**509,98**	529,20

Beim **quantitativen Angebotsvergleich** (Berücksichtigung von Einkaufspreisen, Lieferungs- und Zahlungsbedingungen) wird mithilfe der Einkaufskalkulation der Bezugspreis der Ware ermittelt. Die ausschließliche Betrachtung der quantitativen Größen würde dazu führen, dass die Folder GmbH sich für das Angebot der **Bürosta KG** entscheiden würde. Eine Veränderung der Rahmenbedingungen (z. B. Senkung der Bestellmenge unter 100 Stück) würde allerdings eine Neuberechnung notwendig machen, da sich dann abweichende Ergebnisse zeigen würden. Zusätzlich müssen im Rahmen des **qualitativen Angebotsvergleichs** weitere Kriterien berücksichtigt werden, z. B.:

- ggf. mögliche Gegengeschäfte
- qualitative Vorteile eines Lieferers
- langfristige Geschäftsverbindungen
- Garantieleistungen und Service
- effizientere Beschaffungsabwicklung
- Streuung des Beschaffungsrisikos
- Zuverlässigkeit des Lieferers
- kurzfristigere Lieferzeiten
- Just-in-Time Lieferung
- ökologische Aspekte (z. B. Wiederverwertbarkeit)

8. Aufgabe

8.1

Bestellungen	Menge Stück	Versandkosten €	Lagerkosten €	Beschaffungskosten €
1	1000	39	430	469
2	500	78	215	293
3	333	117	143	260
4	250	156	108	264
5	200	195	86	281
6	167	234	72	306
7	143	273	61	334
8	125	312	54	366
9	111	351	48	399
10	100	390	43	433

Die optimale Bestellmenge beträgt ca. 333 Stück und ist bei 3 Bestellungen in der Periode gegeben. Die Berechnung erfolgt folgendermaßen:

1. Aufteilung der Beschaffungsmenge in Teilbestellungen
2. Berechnung der Versandkosten (= Anzahl Bestellungen · Versandkosten)
3. Berechnung der Lagerkosten (= Menge · Lagerkosten je Stück)
4. Berechnung der Beschaffungskosten (= Versandkosten + Lagerkosten)

8.2

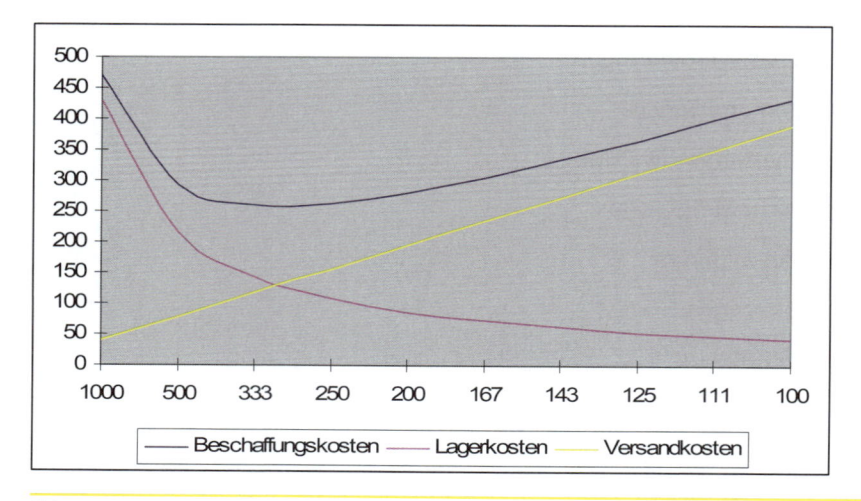

8.3

Wie der Berechnung und der grafischen Darstellung zu entnehmen ist, liegt die optimale Bestellmenge an dem Schnittpunkt, an dem die Versandkosten und die Lagerkosten je Mengeneinheit möglichst gering sind.

Werden die Bestellmengen zu groß kalkuliert, führt dies zu

- überschüssigen Lagerbeständen, die Lagerkosten verursachen
- überschüssigen Lagerbeständen, die gegebenenfalls nicht abgesetzt werden können
- überschüssigen Lagerbeständen, die Kapital binden.

Höhere Bestellmengen bieten allerdings auch die Chancen, dass

- bessere Einkaufskonditionen zu verhandeln sind
- die Lieferfähigkeit erhöht wird.

Werden die Bestellmengen zu klein kalkuliert, führt dies

- gegebenenfalls zu Lieferschwierigkeiten
- gegebenenfalls zu einer geringen Lagerauslastung bei großen Lägern und damit zu einer ungenutzten Kapitalbindung
- gegebenenfalls zu höheren Transportkosten.

Kleinere Bestellmengen bieten allerdings auch Chancen durch

- geringeres Veralterungsrisiko der Produkte
- kleinere Läger und damit geringere Lagerkosten
- größere Flexibilität am Markt.

9. Aufgabe

9.1

Die Ermittlung des notwendigen Einstandspreises für die Bürostühle erfolgt mit der sogenannten „Rückwärtskalkulation". Ausgangsbasis ist der zurzeit geltende Listenverkaufspreis (netto) von 180 €.

Bezeichnung	Wert in €	Erläuterung
Listenverkaufspreis (netto)	180,00	
abzüglich 5 % Kundenrabatt	9,00	
= Zielverkaufspreis	171,00	
abzüglich 3 % Kundenskonto	5,13	
= Barverkaufspreis	165,87	
abzüglich 10,58 % Gewinnzuschlag	15,87	Berechnungsgrundlage: Barverkaufspreis entspricht 110,58 %
= Selbstkosten	150,00	
abzüglich 20 % Handlungskosten	25,00	Berechnungsgrundlage: Selbstkosten entsprechen 120 %
= Einstandspreis	125,00	
abzüglich 10 %, wie vom Verkauf gewünscht	12,50	
= angestrebter Einstandspreis	112,50	

Damit der Verkauf den geforderten 10 % niedrigeren Listenverkaufspreis realisieren kann, müssten Sie (der Einkauf) die Bürostühle für einen Einstandspreis von 112,50 € beschaffen.

9.2

Der Einkauf hat die Bürostühle zum niedrigeren Einstandspreis von 112,50 € beschaffen können, d. h. der neue Listenverkaufspreis liegt entsprechend auch 10 % niedriger, also bei 162 €.

Die Handelsspanne zeigt den Abschlag vom Listenverkaufspreis zum Bezugspreis (Einstandspreis) in Prozent. Damit lässt sich ausgehend vom Listenverkaufspreis direkt in einem Schritt der Bezugspreis ermitteln, ohne eine detaillierte Rückwärtskalkulation vornehmen zu müssen. Der Einkäufer kann damit z. B. in Einkaufsverhandlungen kurzfristig den maximalen Einstandspreis ermitteln, der bei einem gegebenen Verkaufspreis noch möglich ist.

Die Berechnung erfolgt folgendermaßen:

$$\text{Handelsspanne} = \frac{(\text{Listenverkaufspreis} - \text{Bezugspreis}) \cdot 100}{\text{Listenverkaufspreis}}$$

demnach für dieses Beispiel

$$\text{Handelsspanne} = \frac{(162 - 112{,}50) \cdot 100}{162} = 30{,}555 \approx \mathbf{30{,}56\ \%}$$

Das bedeutet: Der Einkäufer muss bei der Beschaffung der Bürostühle vom Listenverkaufspreis 30,56 % abziehen, um den maximalen Bezugspreis zu ermitteln, der noch möglich ist!

9.3

Bezeichnung	Wert in €	Erläuterung
neuer Bezugspreis	112,50	
abzüglich Bezugskosten	35,00	die Bezugskosten werden vom Lieferer dem Bareinkaufspreis zugeschlagen, also müssen sie jetzt wieder abgezogen werden
= Bareinkaufspreis	77,50	
zuzüglich 3 % Skonto	2,40	Berechnungsgrundlage: Bareinkaufspreis entspricht 97 %
= Zieleinkaufspreis	79,90	

Der Zieleinkaufspreis für die Bürostühle liegt entsprechend den neuen Einkaufsbedingungen bei 79,90 € je Bürostuhl.

9.4

Die neuen Zahlungsbedingungen verändern für die Folder GmbH auch die Zinssituation, da sich die Skontofrist verkürzt hat. Die Inanspruchnahme des Skontos stellt eine Finanzierungsmöglichkeit dar, die im Vergleich zum Jahreszinssatz gesehen werden muss.

Berechnung **vor** der Bezugspreisänderung:

10 Tage (30 Tage – 20 Tage) entsprechen 3 %

360 Tage (Jahr) entsprechen x %

$$\text{Jahreszinssatz} = \frac{3 \cdot 360}{10} = \mathbf{108\ \%}$$

Vor der Anpassung der Zahlungsbedingungen entsprachen die 3 % Skonto für die 10 Tage zwischen Skontomöglichkeit und netto Kasse einem Jahreszinssatz von 108 %.

9.4

Berechnung **nach** der Bezugspreisänderung:

20 Tage (30 Tage – 10 Tage)	entsprechen	3 %
360 Tage (Jahr)	entsprechen	x %

$$\text{Jahreszinssatz} = \frac{3 \cdot 360}{20} = \mathbf{54\ \%}$$

Nach der Anpassung der Zahlungsbedingungen entsprechen die 3 % Skonto für die 20 Tage zwischen Skontomöglichkeit und netto Kasse einem Jahreszinssatz von 54 %.

Die neuen Zahlungsbedingungen sind bei Inanspruchnahme des Skontos von 3 % nicht mehr so attraktiv, wie vor der Bezugspreisänderung. D. h. der geringere Einstandspreis führt zu einer Verschlechterung der Finanzierung bei Ausnutzung des Skontoabzugs.

9.5

Skontoabzug stellt einen prozentualen Nachlass dar, der auf den Rechnungsbetrag gewährt wird, falls der Rechnungsbetrag innerhalb einer vereinbarten Frist beglichen wird. Der Lieferer gewährt diesen Nachlass, um fristgerecht sein Geld zu bekommen, wodurch die eigene Liquidität (geringere Finanzierungskosten) verbessert wird und zusätzliche Kosten (Mahngebühren) durch Zahlungsverzüge der Kunden vermieden werden.

Für die Folder GmbH lohnt sich die Ausnutzung des Skontos in der Regel, wenn sich ein Finanzierungsgewinn ergibt, d. h. die Kreditkosten geringer sind als der Skontonachlass.

   Skontonachlass
– Kreditkosten (Zinsen, Gebühren, Provisionen)
= Finanzierungsgewinn bzw. -verlust

Der notwendige Kreditzeitraum ergibt sich, wie in Aufgabe 9.4 berechnet, aus dem Zahlungsziel minus der Skontofrist, wobei es sinnvoll ist, erst am letzten Tag der Skontofrist zu bezahlen.

In der Regel ist es immer vorteilhafter den Skonto in Anspruch zu nehmen, da die Zinssätze höher sind als die Kreditzinssätze. Dies wird auch am Beispiel der Aufgabe 9.4 deutlich, da der Zinssatz bei Skontoausnutzung 54 % beträgt!

10. Aufgabe

10.1

Die Bewertung der fünf Kriterien könnte folgendermaßen erfolgen:

1 Punkt   = nicht geeignet

2 Punkte = teilweise geeignet

3 Punkte = vollständig geeignet

Kriterien	Lotscher GmbH	Tiefland AG
Produktqualität	3	2
Rabatt	3	1
Skonto	3	1
Mindestbestellmenge	2	1
Versand- und Verpackungskosten	1	1
Summe	12	6

Begründung:

Die **Lotscher GmbH** macht in ihrem Angebot Aussagen zur Produktqualität, räumt Ihnen Rabatte und Skonti ein und legt niedrige Mindestbestellmengen fest; allerdings liefert sie ab Werk.

Die **Tiefland AG** macht in ihrem Angebot keine Aussagen zur Produktqualität, bietet keine Rabatte und Skonti an, hat hohe Mindestbestellmengen und berechnet Verpackungskosten.

Die Entscheidung für einen Lieferanten würde hier zugunsten der Lotscher GmbH fallen, da die gewichtete Angebotsanalyse bei identischen Listeneinkaufspreisen positiver ausfällt, als bei der Tiefland AG.

10.2

In der Regel sollte ein Angebot Angaben über

- Art, Güte und Beschaffenheit der Waren
- Preis und Menge
- Verpackungs- und Lieferkosten
- Lieferzeiten
- Zahlungsbedingungen und
- Erfüllungsort

enthalten.

Diese Angaben sind im Angebot oder den beigefügten Allgemeinen Geschäftsbedingungen festzulegen, sonst gelten die gesetzlichen Bestimmungen.

Im Angebot der Tiefland AG fehlen z. B. Angaben zu Güte und Beschaffenheit der Schnellhefter, Lieferzeiten und dem Erfüllungsort. Deshalb gelten für diese Angebotsbestandteile die folgenden gesetzlichen Bestimmungen:

Güte und Beschaffenheit der Ware:

BGB § 243 Gattungsschuld

(1) Wer eine nur der Gattung nach bestimmte Sache schuldet, hat eine Sache von mittlerer Art und Güte zu leisten.

Lieferzeiten:

BGB § 271 Leistungszeit

(1) Ist eine Zeit für die Leistung weder bestimmt noch aus den Umständen zu entnehmen, so kann der Gläubiger die Leistung sofort verlangen, der Schuldner sie sofort bewirken.

Fortsetzung auf der nächsten Seite.

10.2

Erfüllungsort:

> **§ 269 Leistungsort**
>
> (1) Ist ein Ort für die Leistung weder bestimmt noch aus den Umständen, insbesondere aus der Natur des Schuldverhältnisses, zu entnehmen, so hat die Leistung an dem Ort zu erfolgen, an welchem der Schuldner zur Zeit der Entstehung des Schuldverhältnisses seinen Wohnsitz hatte.
>
> (2) Ist die Verbindlichkeit im Gewerbebetrieb des Schuldners entstanden, so tritt, wenn der Schuldner seine gewerbliche Niederlassung an einem anderen Ort hatte, der Ort der Niederlassung an die Stelle des Wohnsitzes.

10.3

Zwischen den zwei Vertragspartnern werden üblicherweise folgende Lieferbedingungen vereinbart:

- **Ab Werk** bedeutet, dass der Käufer alle Kosten der Beförderung trägt.
- **Unfrei** bedeutet, dass der Verkäufer alle Kosten der Bereitstellung trägt, der Käufer die restlichen Kosten.
- **Frei Haus** bedeutet, dass der Verkäufer alle Kosten der Beförderung trägt.

Das Angebot der Lotscher GmbH lautet „ab Werk", demnach trägt die Folder GmbH alle Beförderungskosten.

10.4

Bei den beigefügten Verkaufs- und Lieferbedingungen handelt es sich gemäß BGB um „Allgemeine Geschäftsbedingungen", d. h. die Tiefland AG und die Lotscher GmbH haben für eine Vielzahl von Verträgen vorformulierte Vertragsbedingungen festgelegt, die den Unternehmen den Arbeitsaufwand beim Vertragsabschluss erleichtern.

Folgende gesetzliche Regelungen sind beim Einsatz von AGB zu berücksichtigen:

- Auf die AGB muss ausdrücklich hingewiesen werden, damit sie ein Vertragsbestandteil werden, z. B. „Es gelten unsere beigefügten Verkaufs- und Lieferbedingungen".
- Es dürfen keine mehrdeutigen und überraschenden Bestimmungen festgelegt werden, da dies dazu führt, dass die AGB kein Vertragsbestandteil werden.
- Sollten unterschiedliche Bestimmungen im Vertrag und in den AGB festgelegt worden sein, dann gelten die individuellen Bestimmungen vor den allgemeinen Bestimmungen.

Aus den Allgemeinen Geschäftsbedingungen der beiden Unternehmen lassen sich Bestimmungen zum **Eigentumsvorbehalt** entnehmen. Dabei kann ein einfacher, verlängerter oder erweiterter Eigentumsvorbehalt vereinbart werden.

In den AGB der **Tiefland AG** wird ein **einfacher Eigentumsvorbehalt** vereinbart, d. h. die Tiefland AG bleibt Eigentümer der verkauften Ware bis zur vollständigen Zahlung der Ware. Die Folder GmbH ist bis zur vollständigen Bezahlung des Kaufpreises zunächst nur Besitzer und wird dann erst Eigentümer der Ware.

In den AGB der **Lotscher GmbH** wird ein **verlängerter Eigentumsvorbehalt** vereinbart, d. h. zusätzlich zum einfachen Eigentumsvorbehalt wird jede entstandene Forderung an die Lotscher GmbH abgetreten, falls die Folder GmbH die gelieferten Waren weiterverkaufen sollte, bevor sie die Ware vollständig bezahlt hat. Damit hat die Lotscher GmbH die Möglichkeit Forderungen direkt von den Kunden der Folder GmbH einzutreiben.

11. Aufgabe:

11.1

Ein Kaufvertrag kommt gemäß BGB durch mindestens zwei übereinstimmende Willenserklärungen, d. h. Angebot und Annahme, zustande. Hier gibt es zwei Möglichkeiten:

a) Zunächst kommt es zu einem Angebot des Verkäufers und einer anschließenden Bestellung des Käufers:

```
                    Angebot
   ┌──────────┐  ──────────▶  ┌──────────┐
   │ Verkäufer│                │  Käufer  │
   └──────────┘  ◀──────────  └──────────┘
                   Bestellung
```

b) Zunächst kommt es zu einer Bestellung des Käufers und einer anschließenden Auftragsbestätigung des Verkäufers:

```
                   Bestellung
   ┌──────────┐  ──────────▶  ┌──────────┐
   │  Käufer  │                │ Verkäufer│
   └──────────┘  ◀──────────  └──────────┘
               Auftragsbestätigung
```

In dem vorliegenden Fall müsste die Folder GmbH eine rechtzeitige Bestellung entsprechend dem Angebot bis zum 10.03.20.. an die Heftig KG senden, damit ein Kaufvertrag zustande kommt.

11.2

Die Mathilde Heftig KG ist nicht mehr an ihr Angebot gebunden, wenn

- sie es rechtzeitig widerruft,
- eine abgeänderte Bestellung der Folder GmbH erfolgt oder
- eine zu späte Bestellung der Folder GmbH erfolgt.

In diesem Fall erfolgte die Bestellung am 20.03.20.., dass heißt nach Ablauf des im Angebot genannten Termins (10.03.20..).

Die Bestellung der Folder GmbH gilt demnach als neuer Antrag, der von der Mathilde Heftig KG angenommen oder abgelehnt werden kann.

Möchte die Mathilde Heftig KG einen rechtsgültigen Vertrag abschließen, so muss sie mit einer Auftragsbestätigung die Bestellung annehmen.

11.3

Falls die Folder GmbH zunächst einen mobilen Raumteiler für 10 Tage zum Testen bestellt, handelt es sich (falls die Mathilde Heftig KG zustimmt) um einen **Kauf auf Probe.** Die Folder GmbH hat somit ein Rückgaberecht von 10 Tagen; lässt die Folder GmbH die Frist ohne ausdrückliche Ablehnung verstreichen, so entfällt das Rückgaberecht.

11.4

Falls die Folder GmbH 100 mobile Raumteiler bestellt, die sie in einer gewissen Frist beziehen möchte, handelt es sich (falls die Mathilde Heftig KG zustimmt) um einen **Kauf auf Abruf.** Die Folder GmbH hat somit die Möglichkeit, die gekaufte Ware in größeren Mengen zu kaufen, um Rabatte zu nutzen und gleichzeitig Lagerkosten zu minimieren, da die Ware nach Bedarf abgerufen wird.

11.5

Falls die Folder GmbH 22 mobile Raumteiler gemäß dem Angebot der Mathilde Heftig KG rechtzeitig bestellt, handelt es sich bezüglich

1. der Sache um einen **Gattungskauf,** d. h. die Ware wird entsprechend ihrer Art, Güte und Beschaffenheit gekauft (Gegensatz: Stückkauf, nur einmalig vorhanden).

2. der Lieferzeiten um einen **Fixkauf,** d. h. die Lieferung der gekauften Ware erfolgt zu einem genau spezifizierten Zeitpunkt (Gegensatz: Terminkauf, mit einer festgelegten Frist).

3. des Empfängers der Ware um ein **Streckengeschäft,** d. h. die Ware wird vom Verkäufer direkt an den Kunden der Folder GmbH geliefert.

Logistik-Box

12. Aufgabe

12.1

Folder GmbH
Hans-Maier-Straße 12 – 16
60323 Frankfurt am Main
Telefon +69 3775-0
Telefax: +69 37751

Folder GmbH • Hans-Maier-Str. 12 – 16 • 60323 Frankfurt

Gerwin Klar GmbH & Co. KG
Herrn Tim Barth
Abteilung Verkauf
Donaustr. 135
63456 Hanau

Ihr Zeichen, Ihre Nachricht vom	Unser Zeichen, unsere Nachricht vom	Tel.-Durchwahl, Name	Datum
Ba-vk 20..-03-04	th-em	-251 Michael Thomas	20..-03-10

Bestellung Nr. 3356 – Ihr Angebot vom 5. März 20..

Sehr geehrter Herr Barth,

vielen Dank für Ihr Angebot vom 5. März 20.. Wir bestellen demgemäß

1 000 Stück A4-Sichthüllen „Durchblick"   Listenpreis (netto) 6,00 €/100 Stück

Lieferung: 15. April 20.. fix

Mit freundlichen Grüßen

Folder GmbH

i. A.

Michael Thomas

Folder GmbH
Geschäftsführer
Dr. Ruthard Rumor

Amtsgericht – Registergericht
Frankfurt am Main
HRB 16848

Musterbank AG
Frankfurt am Main
BLZ 380 200 60
Konto Nr. 39 652 504

12.2

Da die Ware am 15.04.20.. nicht entsprechend den vertraglichen Vereinbarungen fristgerecht geliefert wurde, liegt ein Verzug des Lieferers vor.

Folgende rechtliche Konsequenzen lassen sich daraus ableiten:

> **BGB § 323 Rücktritt wegen nicht oder nicht vertragsgemäß erbrachter Leistung**
>
> (1) Erbringt bei einem gegenseitigen Vertrag der Schuldner eine fällige Leistung nicht oder nicht vertragsgemäß, so kann der Gläubiger, wenn er dem Schuldner erfolglos eine angemessene Frist zur Leistung oder Nacherfüllung bestimmt hat, vom Vertrag zurücktreten.
>
> (2) Die Fristsetzung ist entbehrlich, wenn
>
> 1. der Schuldner die Leistung ernsthaft und endgültig verweigert,
> 2. der Schuldner die Leistung zu einem im Vertrag bestimmten Termin oder innerhalb einer bestimmten Frist nicht bewirkt und der Gläubiger im Vertrag den Fortbestand seines Leistungsinteresses an die Rechtzeitigkeit der Leistung gebunden hat oder
> 3. besondere Umstände vorliegen, die unter Abwägung der beiderseitigen Interessen den sofortigen Rücktritt rechtfertigen.
>
> (3) Kommt nach der Art der Pflichtverletzung eine Fristsetzung nicht in Betracht, so tritt an deren Stelle eine Abmahnung.
>
> (4) Der Gläubiger kann bereits vor dem Eintritt der Fälligkeit der Leistung zurücktreten, wenn offensichtlich ist, dass die Voraussetzungen des Rücktritts eintreten werden.
>
> (5) Hat der Schuldner eine Teilleistung bewirkt, so kann der Gläubiger vom ganzen Vertrag nur zurücktreten, wenn er an der Teilleistung kein Interesse hat. Hat der Schuldner die Leistung nicht vertragsgemäß bewirkt, so kann der Gläubiger vom Vertrag nicht zurücktreten, wenn die Pflichtverletzung unerheblich ist.
>
> (6) Der Rücktritt ist ausgeschlossen, wenn der Gläubiger für den Umstand, der ihn zum Rücktritt berechtigen würde, allein oder weit überwiegend verantwortlich ist oder wenn der vom Schuldner nicht zu vertretende Umstand zu einer Zeit eintritt, zu welcher der Gläubiger im Verzug der Annahme ist.

D. h. die Gerwin Klar GmbH & Co. KG kommt in Lieferungsverzug, da es sich in diesem Fall um einen Fixkauf handelt, der eine Mahnung mit Fristsetzung entbehrlich macht.

12.2

Der Käufer hat **wahlweise** folgende Rechte gegenüber dem Verkäufer:

| Lieferung verlangen | oder | Schadenersatz statt Leistung | oder (auch gleichzeitig) | Rücktritt vom Vertrag |

Da es sich in diesem Fall um ein zweiseitiges Handelsgeschäft handelt, müssen auch die speziellen Regelungen des HGB berücksichtigt werden. Hier gilt:

HGB § 376

(1) Ist bedungen, dass die Leistung des einen Teiles genau zu einer fest bestimmten Zeit oder innerhalb einer fest bestimmten Frist bewirkt werden soll, so kann der andere Teil, wenn die Leistung nicht zu der bestimmten Zeit oder nicht innerhalb der bestimmten Frist erfolgt, von dem Vertrag zurücktreten oder, falls der Schuldner im Verzug ist, statt der Erfüllung Schadensersatz wegen Nichterfüllung verlangen. Erfüllung kann er nur beanspruchen, wenn er sofort nach dem Ablauf der Zeit oder der Frist dem Gegner anzeigt, dass er auf Erfüllung bestehe.

(2) Wird Schadensersatz wegen Nichterfüllung verlangt und hat die Ware einen Börsen- oder Marktpreis, so kann der Unterschied des Kaufpreises und des Börsen- oder Marktpreises zurzeit und am Ort der geschuldeten Leistung gefordert werden.

(3) Das Ergebnis eines anderweit vorgenommenen Verkaufs oder Kaufs kann, falls die Ware einen Börsen- oder Marktpreis hat, dem Ersatzanspruch nur zugrunde gelegt werden, wenn der Verkauf oder Kauf sofort nach dem Ablauf der bedungenen Leistungszeit oder Leistungsfrist bewirkt ist. Der Verkauf oder Kauf muss, wenn er nicht in öffentlicher Versteigerung geschieht, durch einen zu solchen Verkäufen oder Käufen öffentlich ermächtigten Handelsmakler oder eine zur öffentlichen Versteigerung befugte Person zum laufenden Preis erfolgen.

12.3

Da die Folder GmbH die angelieferte Ware am 15.04.20.. trotz Anlieferung durch die Gerwin Klar GmbH & Co. KG nicht angenommen hat, liegt ggf. ein Annahmeverzug vor.

Folgende rechtliche Konsequenzen lassen sich daraus ableiten:

> **BGB § 293 Annahmeverzug**
>
> Der Gläubiger kommt in Verzug, wenn er die ihm angebotene Leistung nicht annimmt.

> **BGB § 304 Ersatz von Mehraufwendungen**
>
> Der Schuldner kann im Falle des Verzugs des Gläubigers Ersatz der Mehraufwendungen verlangen, die er für das erfolglose Angebot sowie für die Aufbewahrung und Erhaltung des geschuldeten Gegenstands machen musste.

Da es sich in diesem Fall um ein zweiseitiges Handelsgeschäft handelt, müssen auch die speziellen Regelungen des HGB berücksichtigt werden. Hier gilt:

> **HGB § 373**
>
> (1) Ist der Käufer mit der Annahme der Ware im Verzug, so kann der Verkäufer die Ware auf Gefahr und Kosten des Käufers in einem öffentlichen Lagerhaus oder sonst in sicherer Weise hinterlegen.
>
> (2) Er ist ferner befugt, nach vorgängiger Androhung die Ware öffentlich versteigern zu lassen; er kann, wenn die Ware einen Börsen- oder Marktpreis hat, nach vorgängiger Androhung den Verkauf auch aus freier Hand durch einen zu solchen Verkäufen öffentlich ermächtigten Handelsmakler oder durch eine zur öffentlichen Versteigerung befugte Person zum laufenden Preis bewirken. Ist die Ware dem Verderb ausgesetzt und Gefahr im Verzug, so bedarf es der vorgängigen Androhung nicht; dasselbe gilt, wenn die Androhung aus anderen Gründen untunlich ist.
>
> (3) Der Selbsthilfeverkauf erfolgt für Rechnung des säumigen Käufers.
>
> (4) Der Verkäufer und der Käufer können bei der öffentlichen Versteigerung mitbieten.
>
> (5) Im Falle der öffentlichen Versteigerung hat der Verkäufer den Käufer von der Zeit und dem Ort der Versteigerung vorher zu benachrichtigen; von dem vollzogenen Verkauf hat er bei jeder Art des Verkaufs dem Käufer unverzüglich Nachricht zu geben. Im Falle der Unterlassung ist er zum Schadensersatz verpflichtet. 3Die Benachrichtigungen dürfen unterbleiben, wenn sie untunlich sind.

12.4

Die Warenanlieferung ist noch in **Anwesenheit des Überbringers** zu kontrollieren, d. h. zu prüfen, ob

- die Lieferung für die Folder GmbH bestimmt ist (Anschrift, Absender, Liefertermin entsprechend den Begleitpapieren),
- die Anzahl der Packstücke (Collis) den Begleitpapieren entspricht und
- die Ware oder Verpackung offensichtlich beschädigt ist.

a) Sollte die Warenlieferung einwandfrei erfolgt sein, wird der Empfang auf den Begleitpapieren bestätigt.

b) Sollte die Lieferung nicht für die Folder GmbH bestimmt sein, wird die Annahme verweigert.

c) Sollte die Anzahl der Packstücke nicht den Begleitpapieren entsprechen, wird die Abweichung vom Überbringer auf den Begleitpapieren bestätigt.

d) Sollte die Ware oder die Verpackung offensichtlich beschädigt sein, wird der Schaden vom Überbringer auf den Begleitpapieren bestätigt oder die Ware nicht angenommen.

Sollte es sich, wie in diesem Fall, um einen zweiseitigen Handelskauf handeln, dann muss die gelieferte Ware unverzüglich geprüft werden, um Rechtsansprüche geltend zu machen. Die Prüfung kann vollständig oder in Stichproben erfolgen.

Anschließend wird der Wareneingang einen Wareneingangsschein ausstellen, der an die Buchhaltung zur Rechnungsprüfung, den Einkauf zur Bestellprüfung und dem Lager zur entsprechenden Einlagerung weitergeleitet wird.

12.5

Gemäß den Angaben auf dem Wareneingangsschein sind im Vergleich zur Bestellung 200 Stück Sichthüllen zu wenig geliefert worden; dies bedeutet, dass hier ein Sachmangel gemäß BGB vorliegt.

> **BGB § 434 Sachmangel**
>
> (1) Die Sache ist frei von Sachmängeln, wenn sie bei Gefahrübergang die vereinbarte Beschaffenheit hat. Soweit die Beschaffenheit nicht vereinbart ist, ist die Sache frei von Sachmängeln,
>
> 1. wenn sie sich für die nach dem Vertrag vorausgesetzte Verwendung eignet, sonst
>
> 2. wenn sie sich für die gewöhnliche Verwendung eignet und eine Beschaffenheit aufweist, die bei Sachen der gleichen Art üblich ist und die der Käufer nach der Art der Sache erwarten kann.
>
> (3) Einem Sachmangel steht es gleich, wenn der Verkäufer eine andere Sache oder ==eine zu geringe Menge liefert.==

Im Fall einer mangelhaften Leistung könnte auch ein **Rechtsmangel** vorliegen, z. B. wenn die Gerwin Klar GmbH & Co. KG Ware geliefert hätte, auf denen ein Pfandrecht liegt oder deren Eigentümer sie nicht ist (Eigentumsvorbehalt).

Falls ein Sachmangel vorliegt, muss der Käufer dem Verkäufer den Mangel mitteilen, um Rechte aus der Kaufvertragsstörung geltend machen zu können. Dabei sind gesetzlich bestimmte Fristen einzuhalten:

Beim einseitigen Handelskauf (Kaufmann/Privatperson)

- zwei Jahre bei offenen und versteckten Mängeln
- drei Jahre bei arglistig verschwiegenen Mängeln

Beim zweiseitigen Handelskauf (Kaufmann/Kaufmann)

- unverzüglich bei offenen Mängeln
- zwei Jahre bei versteckten Mängeln (unverzüglich anzuzeigen)
- drei Jahre bei arglistig verschwiegenen Mängeln

12.5

Da es sich in diesem Fall um einen zweiseitigen Handelskauf handelt, muss die Folder GmbH die Ware **unverzüglich prüfen** und den Sachmangel (200 Stück zu wenig gelieferte Sichthüllen) **unverzüglich der Gerwin Klar GmbH & Co. KG anzeigen.** Unterlässt die Folder GmbH die Anzeige des Mangels, so gilt die Ware als genehmigt, es sei denn, es handelt sich um einen versteckten Mangel.

Vorrangig hat der Käufer das Recht auf **Nacherfüllung,** dabei kann er wählen zwischen:

Nachbesserung, d. h. Beseitigung des Mangels	oder	**Nachlieferung,** d. h. Lieferung neuer Ware

Dabei ist zu beachten, dass

- der Verkäufer die gewählte Art der Nacherfüllung verweigern kann, falls unverhältnismäßig hohe Kosten entstehen würden (dann muss die andere Möglichkeit der Nacherfüllung erfolgen).
- der Verkäufer die Kosten der Nacherfüllung zu tragen hat.
- der Käufer ein Recht auf Schadensersatz neben der Leistung hat, falls ein Verschulden des Verkäufers vorliegt.

Nachrangig hat der Käufer das Recht (ggf. nach Fristsetzung) auf

- Minderung des Kaufpreises
- Rücktritt vom Vertrag
- Schadensersatz statt Leistung
- Ersatz vergeblicher Aufwendungen

12.6

Die gesetzlichen Pflichtangaben auf Rechnungen sind:

1. Vollständiger Name und vollständige Anschrift des leistenden Unternehmers und des Leistungsempfängers
2. Steuernummer oder Umsatzsteuer-Identifikationsnummer des leistenden Unternehmers
3. Ausstellungsdatum der Rechnung
4. Fortlaufende Rechnungsnummer
5. Menge und handelsübliche Bezeichnung der gelieferten Gegenstände oder Umfang und Art der sonstigen Leistung
6. Zeitpunkt der Lieferung oder sonstigen Leistung
7. Nach Steuersätzen und einzelnen Steuerbefreiungen aufgeschlüsseltes Entgelt für die Lieferung oder sonstige Leistung
8. Jede im Voraus vereinbarte Minderung des Entgelts, sofern sie nicht bereits im Entgelt berücksichtigt ist
9. Umsatzsteuer sowie auf das Entgelt entfallender Steuerbetrag oder Hinweis auf Steuerbefreiung

Der Rechnung der Gerwin Klar GmbH & Co. KG mangelt es an dem Punkt 6 (Zeitpunkt der Lieferung), deshalb muss die Rechnung neu ausgestellt werden. Zudem liegt ein Fehler bei der Berechnung der Umsatzsteuer vor, da mit einem ermäßigten Steuersatz von 7 % gerechnet wurde und die Versandkosten nicht versteuert wurden. Weiterhin sind zwei sachliche Fehler zu finden: Da die Lieferung „frei Haus" erfolgen sollte, dürfen keine Versandkosten berechnet werden und der Skontosatz entspricht ebenfalls nicht den Angaben im Angebot.

Die korrekte Rechnung müsste folgendermaßen aussehen:

(siehe nächste Seite)

12.6

Gerwin Klar GmbH & Co. KG, Donaustr. 135, 63456 Hanau

Folder GmbH
Hans-Maier-Str. 12 – 16
60323 Frankfurt am Main

Ihr Zeichen, Ihre Nachricht vom	Unser Zeichen, unsere Nachricht vom	Tel.-Durchwahl, Name	Datum
Best.-Nr. 3356 mt-hl 20..-03-10	ba-vk 20..-03-05	-38 Tim Barth	20..-04-18

RECHNUNG Nr. 20..-158
Kunden-Nr. 160 0421

Für die Lieferung vom 17. April 20.. berechnen wir wie folgt:

Menge	Einheit	Artikel	Preis pro 100 Stück	Gesamtpreis
800	Stück	A4-Sichthüllen „Durchblick" Art.-Nr. 649 553	6,00 €	48,00 €
zuzügl. 19 % USt.				9,12 €
				57,12 €

Zahlung:
innerhalb 10 Tagen nach Rechnungsdatum 3 % Skonto,
innerhalb 30 Tagen netto

Geschäftsräume	HRB 1469	Geschäftsführer:	Beliebig Bank Hanau
Donaustraße 135	USt.-IdNr. DE 26828215460	Gerwin Klar	BLZ 212 000
63456 Hanau			Konto Nr. 047 111

12.7

Die Folder GmbH hat mit der Gerwin Klar GmbH & Co. KG eine Zahlungsfrist von 30 Tagen rein netto vereinbart, d. h. nach Ablauf dieser Frist ist die Folder GmbH im Zahlungsverzug (Nicht-Rechtzeitig-Zahlung). Wäre keine Frist gesetzt, würde die Folder GmbH auch ohne Mahnung 30 Tage nach Fälligkeit in Zahlungsverzug kommen. Sollte die Folder GmbH die Forderung nicht bis zum 18.05.20.. beglichen haben, stehen der Gerwin Klar GmbH & Co. KG folgende Rechte zu:

| Zahlung verlangen | oder | Schadensersatz statt Leistung | oder (auch gleichzeitig) | Rücktritt vom Vertrag |

Liegen Geldschulden vor, so sind diese Beträge beim Zahlungsverzug mindestens mit den gesetzlich vorgegebenen Zinssätzen zu verzinsen:

- 5 % pro Jahr über dem Basiszinssatz bei einem einseitigen Handelskauf
- 8 % pro Jahr über dem Basiszinssatz bei einem zweiseitigen Handelskauf

12.8

Sollten sich Sachmängel an den Sichthüllen zeigen, die bei der unverzüglichen Prüfung der Waren durch die Folder GmbH nicht erkennbar waren, so liegt ein versteckter Mangel vor. Dieser ist bei einem zweiseitigen Handelskauf unverzüglich nach Entdeckung (aber innerhalb von zwei Jahren) bei der Gerwin Klar GmbH & Co. KG anzuzeigen, um die Rechte aus Sachmängeln nicht zu verwirken. In diesem Fall liegt der Zeitpunkt der Entdeckung noch in der Frist von zwei Jahren.

12.9

Die Vertragspartner können, falls keine Hemmung der Verjährung gegeben ist, spätestens nach zwei Jahren (Regelfall) oder maximal drei Jahren (bei arglistig verschwiegenen Mängeln) keine Ansprüche aus Kaufvertragsstörungen mehr geltend machen, da es sich hierbei um einen zweiseitigen Handelskauf handelt.

3 Vertrieb und Kundenorientierung

1. Aufgabe

1.1

Im Rahmen der Sortimentsanpassung können Veränderungen erfolgen in der

- **Sortimentsbreite,** d. h. in der Anzahl der verschiedenen Arten von Gütern (z. B. Büromöbel, Stifte, Papier), die ein Unternehmen anbietet. Hierbei kann das Sortiment sehr viele **(breites Sortiment)** oder wenige Güterarten beinhalten **(enges Sortiment).**

- **Sortimentstiefe,** d. h. in der Anzahl der verschiedenen Waren (z. B. rote, blaue, gelbe, grüne und schwarze Stifte) innerhalb einer Güterart, die ein Unternehmen anbietet. Hierbei kann das Sortiment sehr viele **(tiefes Sortiment)** oder wenige Variationen beinhalten **(flaches Sortiment).**

Die Folder GmbH möchte zusätzlich Stifte einer weiteren Preisklasse in ihr Sortiment aufnehmen, daher handelt es sich hier um eine Veränderung der **Sortimentstiefe** (die Sortimentstiefe nimmt zu).

1.2

Chancen	Risiken
Streuung des Absatzrisikos, da mehr Produkte angeboten werden	Hohe Investitionskosten für die Vermarktung des neuen Produkts
Verminderung der Vertriebskosten für die einzelnen Produkte	„Kannibalisierung" durch das neue Produkt, d. h. die Kunden kaufen nicht zusätzliche Waren, sondern statt der alten Produkte, die neuen Produkte
Steigerung von Umsatz und Gewinn	Verwirrung der Kunden durch ein zu tiefes Sortiment
Bessere Positionierung gegenüber den Wettbewerbern	Zusätzliche Kosten für z. B. Lagerhaltung, Handling oder Verwaltung des neuen Produkts

Aus diesen Gründen muss die Sortimentsanpassung immer sorgfältig geplant werden, um mögliche Risiken weitestgehend ausschließen oder reduzieren zu können.

1.3

Verkaufspreis	Umsatz Jahr 3 €	Umsatz Jahr 4 €	Umsatzveränderung Jahr 4 im Vergleich zu Jahr 3 in %
kleiner als 0,30 €	210.765,00	168.612,00	– 20 %
0,30 € bis 0,99 €	55.652,00	52.869,40	– 5 %
1,00 € bis 9,99 €	368.664,00	405.530,40	+ 10 %
größer als 9,99 €	nicht im Angebot	nicht im Angebot	

Die Entwicklung kann anschaulich in Form eines Diagramms dargestellt werden:

Umsatzentwicklung der Folder GmbH:

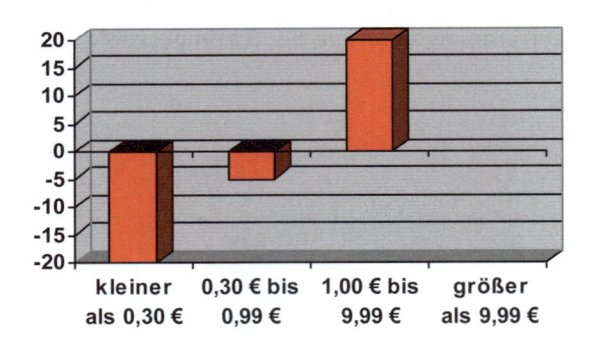

Umsatzentwicklung im Branchendurchschnitt:

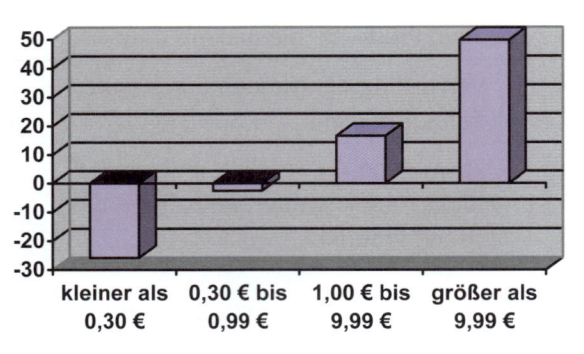

1.3

Vergleicht man die Umsatzentwicklung der Folder GmbH und den Branchendurchschnitt, erkennt man, dass sich folgende Gemeinsamkeiten zeigen:

- Stark zurückgehende Umsätze im Bereich „kleiner als 0,30 €"
- Leicht zurückgehende Umsätze im Bereich „0,30 € bis 0,99 €"
- Steigende Umsätze im Bereich „1,00 € bis 9,99 €"

Zudem steigt der Umsatz im Branchendurchschnitt im Bereich „größer als 9,99 €" überproportional.

Weiterhin ist erkennbar, dass die Veränderungen des Umsatzes der einzelnen Preisgruppen (mit geringen Ausnahmen) einen langfristigen Trend anzeigen. Dies lässt sich aus der Betrachtung der Umsatzentwicklung im Branchendurchschnitt von Jahr 1 bis Jahr 4 ablesen.

1.4

Die geplante Sortimentserweiterung ist anhand der vorliegenden Daten sinnvoll, da

- eine Verlagerung der Umsätze in teurere Preissegmente zu erkennen ist,
- die Umsätze in den günstigeren Preissegmenten stark rückläufig sind,
- anscheinend ein großes Marktpotential oberhalb von 9,99 € zu erkennen ist und
- die Folder GmbH in diesem Segment noch nicht vertreten ist.

1.5

In der Marktforschung unterscheidet man zwei Formen der Informationsermittlung:

a) **Primärforschung**

Im Rahmen der Primärforschung ermittelt man die notwendigen Informationen erstmalig, direkt und unmittelbar bei den Marktteilnehmern. Diese „Feldforschung" wird entweder von den forschenden Unternehmen selbstständig durchgeführt oder es wird ein Marktforschungsinstitut beauftragt. Die Primärforschung ist demnach sehr zeit- und kostenintensiv.

b) **Sekundärforschung**

Im Rahmen der Sekundärforschung ermittelt man die notwendigen Informationen aus bereits erhobenen Daten oder bereits durchgeführten Marktforschungen. Diese „Schreibtischforschung" kann entweder auf unternehmensinterne oder unternehmensexterne Datenquellen zurückgreifen.

Im vorliegenden Fall hat die Folder GmbH unternehmensinterne (Daten gemäß Warenwirtschaftssystem) sowie unternehmensexterne (Daten vom Branchenverband) Informationen zur Marktforschung bzw. -analyse eingesetzt, deshalb handelt es sich hier um eine **Sekundärforschung.**

1.6

Außer den vorliegenden Daten kann die Folder GmbH z. B. folgende Informationsquellen nutzen:

Primärforschung

- Interviews mit Marktteilnehmern
- Schriftliche Befragungen oder Tests
- Beobachtungen
- Gruppendiskussionen oder Workshops

Sekundärforschung

- Prospekte und Kataloge der Wettbewerber
- Fachzeitschriften
- Informationen der Industrie- und Handelskammern oder der Wirtschaftsforschungsinstitute
- Kunden- oder Lieferanteninformationen

2. Aufgabe

2.1

Die zu erstellende Präsentationsfolie könnte folgendermaßen aussehen:

Folder GmbH — **Vorteile des indirekten Absatzes**

- Leistungsfähiges Vertriebsnetz der Folder GmbH nutzen
- Marketingunterstützung durch die Folder GmbH nutzen
- Positiven Sortimentsverbund der Folder GmbH nutzen
- Größere Zielgruppe für die Produkte wird angesprochen
- Folder GmbH übernimmt Kundendienstleistungen, wie Beratung oder Reparaturabwicklung
- Folder GmbH übernimmt Lagerhaltung und Distribution
- Organisatorische Abwicklung wird vereinfacht

Präsentation für die Exklusivstift GmbH

2.2

Die zu erstellende Präsentationsfolie könnte folgendermaßen aussehen:

Folder GmbH — **Direkte Absatzmöglichkeiten**

- Angestellte Handlungsreisende (Sortimentsspezialisten)
- Mehrere Verkaufsbüros
- Eigener Cash-and-Carry-Markt

Präsentation für die Exklusivstift GmbH

2.3

Die zu erstellende Präsentationsfolie könnte folgendermaßen aussehen:

Folder GmbH **Indirekte Absatzmittler**

- Handelsvertreter
- Kommissionäre
- Handelsmakler

Präsentation für die Exklusivstift GmbH

2.4

Die zu erstellende Präsentationsfolie könnte folgendermaßen aussehen:

Folder GmbH **Zusätzliche Zielgruppen**

- Einzelhändler, die ausschließlich beim Großhandel einkaufen („Alles nur aus einer Hand")
- Kunden, die ihre Beschaffung von Bürobedarf an den Großhandel gebunden haben (E-Procurement)
- Kunden, die Großhändler nutzen, um sich eine Markttransparenz zu sichern
- Kunden, die einen Ansprechpartner für Serviceleistungen haben möchten
- Kunden der von der Folder GmbH eingesetzten Absatzmittler (Kommissionäre, Handelsmakler)

Präsentation für die Exklusivstift GmbH

2.5

Die Folder GmbH strebt mit dem Vertrieb der Produkte der Exklusivstift GmbH folgende Marketingziele an:

- Steigerung von Verbundkäufen
- Steigerung des Images durch höherpreisige Produkte
- Abrundung und Erweiterung des Sortiments
- Positionierung gegenüber Wettbewerbern
- Erschließung neuer Zielgruppen
- Steigerung von Umsatz und Gewinn
- Erschließung eines wachstumsstarken Segments
- Erschließung eines Segments, in dem die Folder GmbH noch nicht vertreten ist
- Streuung des Preisniveaus

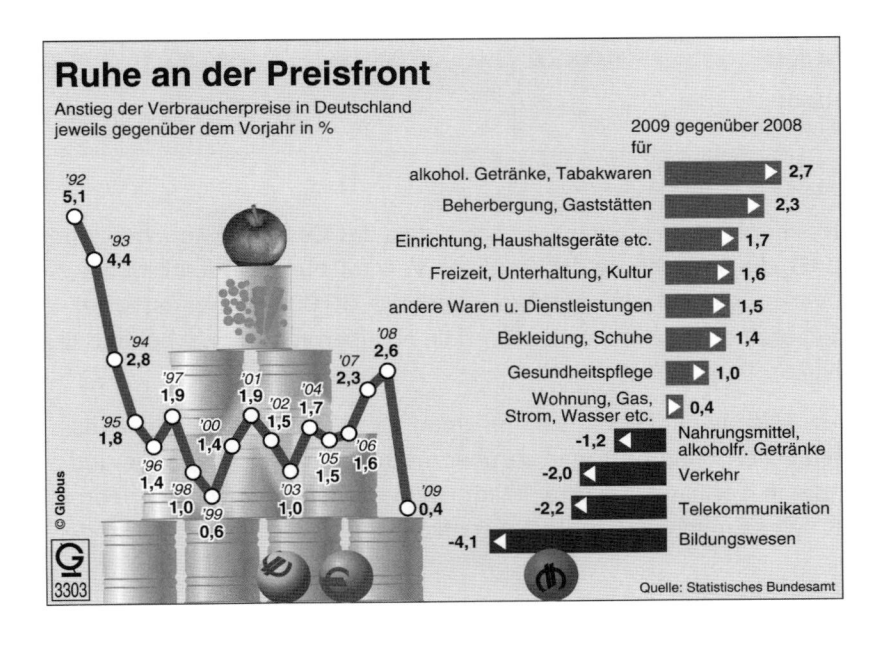

Ruhe an der Preisfront

Anstieg der Verbraucherpreise in Deutschland jeweils gegenüber dem Vorjahr in %

'92 5,1
'93 4,4
'94 2,8
'95 1,8
'96 1,4
'97 1,9
'98 1,0
'99 0,6
'00 1,4
'01 1,9
'02 1,5
'03 1,0
'04 1,7
'05 1,6
'06 1,5
'07 2,3
'08 2,6
'09 0,4

2009 gegenüber 2008 für

alkohol. Getränke, Tabakwaren	2,7
Beherbergung, Gaststätten	2,3
Einrichtung, Haushaltsgeräte etc.	1,7
Freizeit, Unterhaltung, Kultur	1,6
andere Waren u. Dienstleistungen	1,5
Bekleidung, Schuhe	1,4
Gesundheitspflege	1,0
Wohnung, Gas, Strom, Wasser etc.	0,4
Nahrungsmittel, alkoholfr. Getränke	-1,2
Verkehr	-2,0
Telekommunikation	-2,2
Bildungswesen	-4,1

Quelle: Statistisches Bundesamt

3. Aufgabe

3.1

	Zentrale €	Verkaufsbüro A €	Verkaufsbüro B €	Summe €
Verkaufserlöse	2.600.000,00	600.000,00	600.000,00	3.800.000,00
Wareneinsatz	1.200.000,00	300.000,00	350.000,00	1.850.000,00
Personalkosten	400.000,00	150.000,00	70.000,00	620.000,00
Mietkosten	150.000,00	50.000,00	30.000,00	230.000,00
Energiekosten	50.000,00	10.000,00	10.000,00	70.000,00
Werbe- und Reisekosten	200.000,00	30.000,00	30.000,00	260.000,00
Verwaltungskosten	50.000,00	30.000,00	20.000,00	100.000,00
Betriebskosten	100.000,00	40.000,00	20.000,00	160.000,00
Abschreibungen	50.000,00	20.000,00	20.000,00	90.000,00
Summe Handlungskosten	1.000.000,00	330.000,00	200.000,00	1.530.000,00
Verkaufserlöse – Wareneinsatz – Handlungskosten	400.000,00	– 30.000,00	50.000,00	420.000,00

Die Analyse der einzelnen Ergebnisse zeigt, dass das Gesamtergebnis zwar positiv ist (420.000 €), die Betrachtung der einzelnen Verkaufsbüros verdeutlicht allerdings, dass das Verkaufsbüro A ein negatives Ergebnis (– 30.000 €) erwirtschaftet. Weiterhin kann man erkennen, dass die Zentrale ein überproportional höheres Ergebnis erwirtschaftet.

Bei der Auswertung der Ergebnisse muss man allerdings berücksichtigen, dass die angegebenen Daten keine Aussagen darüber machen, um welche Erträge und Aufwendungen es sich hier handelt. Daher ist für eine genauere Betrachtung zu ermitteln, welche Aufwendungen z. B. aus der eigentlichen Betriebstätigkeit entstanden sind.

3.2

	Zentrale €	Verkaufsbüro A €	Verkaufsbüro B €	Summe €
Verkaufserlöse	2.600.000,00	600.000,00	600.000,00	3.800.000,00
Wareneinsatz	1.200.000,00	300.000,00	350.000,00	1.850.000,00
Personalkosten	400.000,00	150.000,00	70.000,00	620.000,00
Mietkosten	150.000,00	50.000,00	30.000,00	230.000,00
Energiekosten	50.000,00	10.000,00	10.000,00	70.000,00
Werbe- und Reisekosten	200.000,00	30.000,00	30.000,00	260.000,00
Verwaltungskosten	50.000,00	30.000,00	20.000,00	100.000,00
Betriebskosten	100.000,00	40.000,00	20.000,00	160.000,00
Abschreibungen	50.000,00	20.000,00	20.000,00	90.000,00
Summe Handlungskosten	1.000.000,00	330.000,00	200.000,00	1.530.000,00
Handlungskostenzuschlag	ca. 83 %	110 %	ca. 57 %	ca. 83 %

Die Analyse der Handlungskostenzuschläge zeigt, dass bei der Folder GmbH hohe Gemeinkosten (ca. 83 %) im Verhältnis zu den eingesetzten Waren anfallen. Weiterhin kann man feststellen, dass das Verkaufsbüro A überdurchschnittlich hohe Handlungskosten hat (mehr Handlungskosten als eingesetzte Waren); dies ist vermutlich eine Ursache für das schlechte Ergebnis dieses Verkaufsbüros.

Um eine genauere Interpretation der einzelnen Vertriebsbereiche vorzunehmen, müssten nun in einem nächsten Schritt die einzelnen Kostenarten analysiert werden und die Gemeinkosten auf einzelne Kostenträger verteilt werden.

3.3

Ein Problem bei der Betrachtung der Handlungskosten ist, dass man nicht ermitteln kann, welche Waren oder Warengruppen die anfallenden Kosten in welcher Höhe verursachen. Deshalb müssen für eine differenziertere Betrachtung die angefallenen Kostenarten auf Kostenstellen oder Kostenträger verteilt werden.

3.4

Franchising ist eine Form der Absatzorganisation, die eine Mischung aus direktem und indirektem Verkauf darstellt. Der Franchise-Geber (hier die Folder GmbH) stellt Partnern (Franchise-Nehmern) ein erprobtes Geschäftskonzept gegen Entgelt zur Verfügung. Der Franchise-Nehmer erhält vom Franchise-Geber verschiedene Nutzungsrechte, z. B. Nutzung von Firmen- und Markenzeichen, Beratung beim Geschäftsaufbau und beim Verkauf, Marketingunterstützung oder Belieferung zu festgelegten Konditionen. Im Gegenzug erhält der Franchise-Geber Garantien vom Franchise-Nehmer, z. B. die Geschäftsführung nach festgelegten Richtlinien, ausschließliche Beschaffung der Waren über den Franchise-Geber, Einhaltung von definierten Standards oder Inanspruchnahme von Dienstleistungen des Franchise-Gebers sowie eine Gebühr für die Teilnahme am System.

Der Franchise-Nehmer ist ein selbstständiger Unternehmer, der Geschäfte in eigenem Namen und auf eigene Rechnung durchführt.

Für den Franchise-Geber können sich deshalb folgende Kostenvorteile gegenüber dem Aufbau von weiteren eigenen Verkaufsbüros ergeben:

- geringere Investitionskosten für Gebäude und Ausstattung, da diese vom Franchise-Nehmer getragen werden
- geringere Personalkosten, da diese vom Franchise-Nehmer getragen werden
- geringere Vertriebskosten, da diese zum größten Teil vom Franchise-Nehmer getragen werden
- geringere Expansionskosten, wenn viele gleichartige Franchise-Filialen eröffnet werden
- geringere Finanzierungskosten, da die Finanzierung vom Franchise-Nehmer organisiert wird.

3.5

Vorteile aus Sicht der Folder GmbH

- Höhere Motivation der Franchise-Nehmer, da sie als selbstständige Unternehmer agieren.

- Schnellere Markterschließung möglich, da das System multiplizierbar ist.

- Geringeres Investitionsrisiko, da das unternehmerische Risiko zum größten Teil vom Franchise-Nehmer getragen wird.

- Geringere Kapitalbindung, da die Franchise-Nehmer die Waren von der Folder GmbH kaufen.

Nachteile aus Sicht der Folder GmbH

- Geringere Markt- und Kundennähe, da der Kontakt zum Kunden über den Franchise-Nehmer erfolgt.

- Organisations- und Abstimmungsbedarf, um ein einheitliches und zielführendes Auftreten zu gewährleisten.

- Geringere direkte Kontrollmöglichkeiten der Absatzorganisation, da die Franchise-Nehmer selbstständig tätig sind.

- Verzicht auf einen Teil des Gewinns.

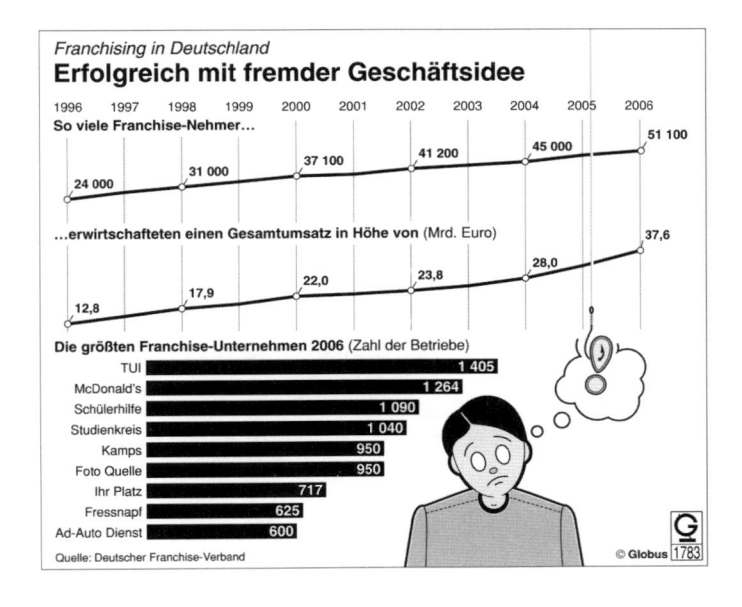

Franchising in Deutschland
Erfolgreich mit fremder Geschäftsidee

So viele Franchise-Nehmer...
Jahr	Anzahl
1996	24 000
1997	31 000
1998	37 100
2000	41 200
2003	45 000
2006	51 100

...erwirtschafteten einen Gesamtumsatz in Höhe von (Mrd. Euro)
Jahr	Umsatz
1996	12,8
1998	17,9
2000	22,0
2002	23,8
2004	28,0
2006	37,6

Die größten Franchise-Unternehmen 2006 (Zahl der Betriebe)
Unternehmen	Betriebe
TUI	1 405
McDonald's	1 264
Schülerhilfe	1 090
Studienkreis	1 040
Kamps	950
Foto Quelle	950
Ihr Platz	717
Fressnapf	625
Ad-Auto Dienst	600

Quelle: Deutscher Franchise-Verband © Globus 1783

Franchising ist ein spezielles Vertriebssystem, wobei ein Unternehmen als Franchise-Geber meist mehreren Partnern (Franchise-Nehmern) das Recht einräumt, mit seinen Produkten oder Dienstleistungen unter seinem Namen ein Geschäft zu betreiben. Der Franchise-Geber liefert die umfassende Geschäftsidee, die der Franchise-Nehmer als rechtlich selbstständiger Unternehmer umsetzt. Im Gegenzug profitiert der Franchise-Geber von den Gebühren und der zunehmenden Marktdurchdringung weiterer Franchise-Nehmer.

4. Aufgabe

4.1

	Handlungsreisender €/monatlich	Handelsvertreter €/monatlich
fixes Entgelt	1.800,00	
Personalnebenkosten	1.400,00	
3 % Provision vom Umsatz	1.200,00	
8,5 % Abschlussprovision vom Umsatz		3.400,00
0,5 % Delkredereprovision vom Umsatz		200,00
Summe	4.400,00	3.600,00

Der festangestellte Handlungsreisende ist monatlich 800 € teurer als der Handelsvertreter. Das liegt vor allem daran, dass für den Handlungsreisenden Personalnebenkosten anfallen, die der Handelsvertreter selbst tragen muss.

4.2

Kosten Handelsvertreter	=	Kosten Handlungsreisender
$0{,}085\,x + 0{,}005\,x$	=	$1.800\ € + 1.400\ € + 0{,}03\,x$
$0{,}09\,x$	=	$3.200\ € + 0{,}03\,x$
$0{,}09\,x - 0{,}03\,x$	=	$3.200\ €$
$0{,}06\,x$	=	$3.200\ €$
x	=	$3.200\ €\,/\,0{,}06$
x	=	**53.333,33 €**

Bei einem monatlichen Umsatz von 53.333,33 € sind die Kosten für den Handlungsreisenden und den Handelsvertreter gleich hoch.

4.2

Umsatz in €	Handlungsreisender			Handelsvertreter
	Fixe Kosten €	Variable Kosten €	Gesamtkosten €	Gesamtkosten (nur variable Kosten) €
20.000,00	3.200,00	600,00	3.800,00	1.800,00
40.000,00	3.200,00	1.200,00	4.400,00	3.600,00
53.333,00	3.200,00	1.600,00	4.800,00	4.800,00
60.000,00	3.200,00	1.800,00	5.000,00	5.400,00
80.000,00	3.200,00	2.400,00	5.600,00	7.200,00

Vergleich der Kostenentwicklung Handlungsreisender und Handelsvertreter in €

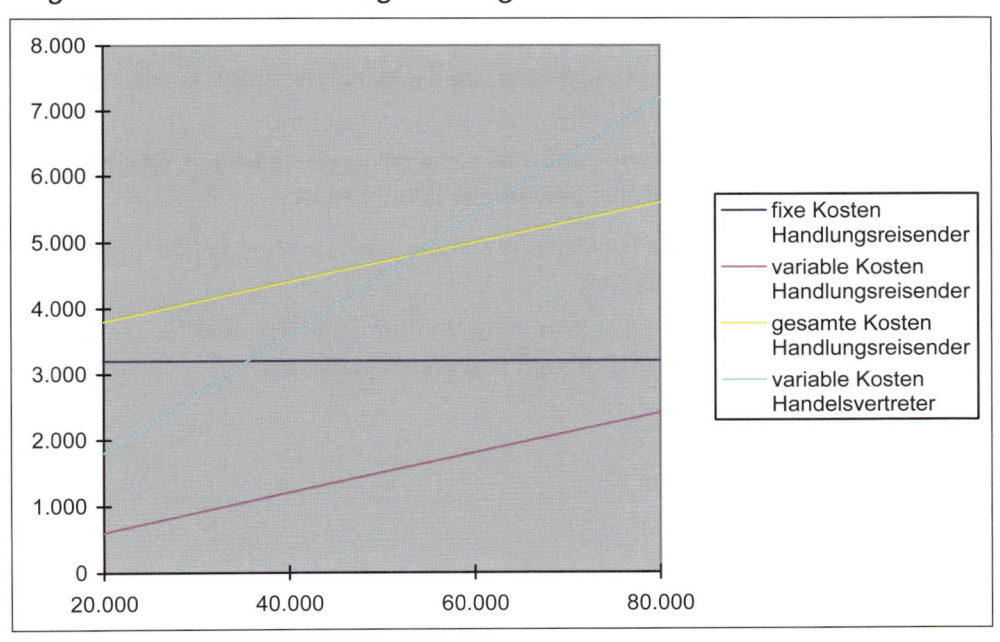

Die Grafik zeigt, dass die Kosten für den Handlungsreisenden und den Handelsvertreter bei einem Umsatz von ca. 53.333,33 € gleich hoch sind und ca. 4.800,00 € betragen. In der Grafik wird deutlich, dass der Handelsvertreter bis zum Umsatz von ca. 53.333,33 € günstiger ist. Ab dieser Umsatzgrenze ist allerdings der Handlungsreisende die günstigere Alternative. Das liegt daran, dass die fixen Kosten des Handlungsreisenden mit steigendem Umsatz kompensiert werden.

4.3

Vorteile des Einsatzes von Handlungsreisenden

- Die Folder GmbH wird unabhängiger von externen Absatzmittlern bzw. erhöht die eigene Flexibilität im Einsatz der Absatzmittler, da die Handlungsreisenden Angestellte des Unternehmens sind.
- Die Folder GmbH hat einen direkteren Einfluss auf die Absatzaktivitäten, da die eigenen Mitarbeiter weisungsgebunden sind.
- Die Folder GmbH hat einen direkteren Kontakt zu den Kunden (Informationsaustausch), da die Anzahl der Schnittstellen zwischen der Folder GmbH und den Kunden reduziert wird.
- Die Folder GmbH profitiert vor allem bei beratungsintensiven Artikeln vom eigenen Know-how der Handlungsreisenden.

Vorteile des Einsatzes von Handelsvertretern

- Die Folder GmbH kann die Kundenkontakte der Handelsvertreter nutzen, die in der Regel sehr gut ausgeprägt sind.
- Die Folder GmbH kann flexibler auf Marktschwankungen reagieren, da sie in der Regel nicht so lange an die Handelsvertreter gebunden ist.
- Die Folder GmbH muss die Handelsvertreter nur nach Leistung bezahlen, da diese selbstständige Unternehmer sind.
- Die Folder GmbH reduziert ihre Kosten für Werbung und Beratung, da diese Leistungen von den Handelsvertretern übernommen werden.

4.4

Die Folder GmbH kann neben den Handelsvertretern noch folgende indirekte Absatzmittler nutzen:

a) **Kommissionär**

Der Kommissionär ist wie der Handelsvertreter ebenfalls ein selbstständiger Kaufmann, der aber im Gegensatz zum Handelsvertreter in eigenem Namen und für fremde Rechnung des Kommittenten (Folder GmbH) Ware kauft und verkauft.

b) **Handelsmakler**

Der Handelsmakler ist wie der Handelsvertreter ebenfalls ein selbstständiger Kaufmann, der aber im Gegensatz zum Handelsvertreter nicht ständig von der Folder GmbH beauftragt ist Handelsgeschäfte in fremdem Namen und auf fremde Rechnung zu vermitteln.

5. Aufgabe

5.1

[Diagramm: Umsatz- und Gewinnkurve über acht Quartale (I/Jahr 1 bis IV/Jahr 2). Die Umsatzkurve steigt von 0 auf ca. 800 (Höhepunkt um I/Jahr 2) und fällt dann auf ca. 400. Die Gewinnkurve startet bei ca. -300, erreicht die Nulllinie etwa im III/Jahr 1, steigt bis auf ca. 370 und fällt dann auf ca. 100 ab.]

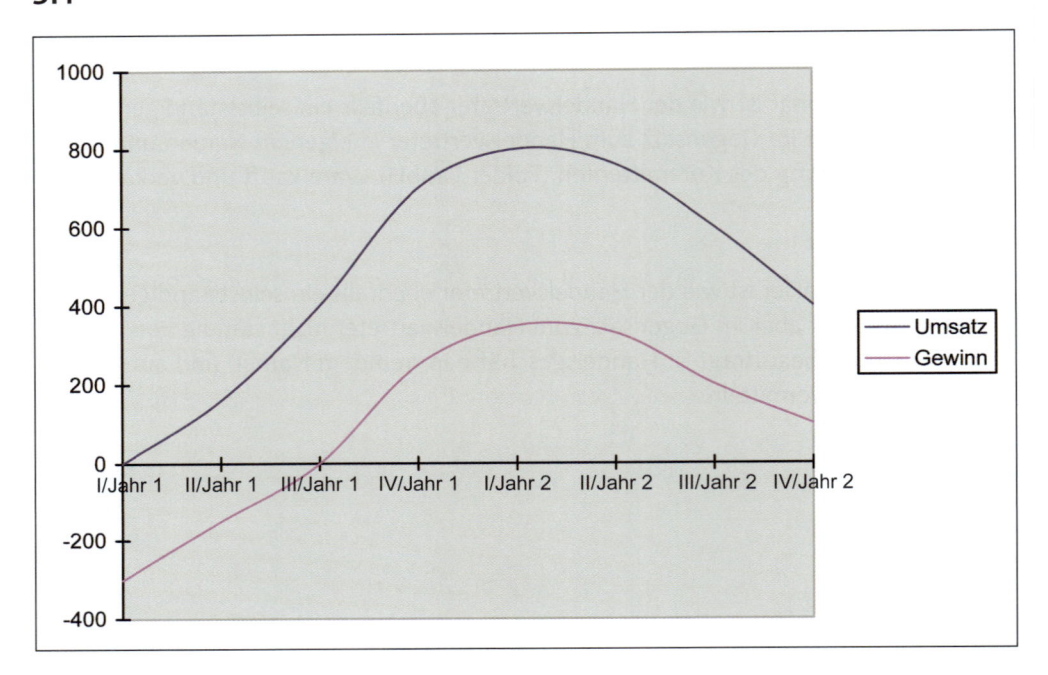

5.2

1. Einführungsphase, endet ca. im 3. Quartal Jahr 1

Diese Phase ist gekennzeichnet durch hohe Anlaufkosten zur Produkteinführung und langsam steigende Umsätze durch die ersten Käufe der Kunden. Das Produkt muss zunächst bekannt gemacht werden, um Kunden zu gewinnen. In der Einführungsphase fallen Verluste an und die Umsätze sind noch gering. Die Phase endet, sobald die Kosten gedeckt sind und keine Verluste mehr anfallen.

2. Wachstumsphase, endet ca. im 4. Quartal Jahr 1

Diese Phase ist gekennzeichnet durch progressiv steigende Umsätze und steigende Gewinne, die durch das Produkt erwirtschaftet werden. In dieser Phase fallen zwar immer noch hohe Marketingkosten an, die allerdings durch überproportional steigende Umsätze kompensiert werden. In der Wachstumsphase nimmt in der Regel der Wettbewerbsdruck stark zu. Die Phase endet, wenn sich die Umsatzkurve von einer progressiven in eine degressive Steigung verändert.

5.2

3. Reifephase, endet ca. im 1. Quartal Jahr 2

Diese Phase ist gekennzeichnet durch einen maximalen Umsatz. Allerdings sinken die Gewinne langsam, da mehr Wettbewerber auftreten und die Preise für das Produkt fallen. Die Reifephase endet, wenn die Umsätze zurückgehen.

4. Sättigungsphase, beginnt ca. im 2. Quartal Jahr 2

Diese Phase ist gekennzeichnet durch zurückgehende Umsätze und eine flachere Gewinnkurve. Viele Nachfolgeprodukte kommen auf den Markt und die Kunden verlieren zunehmend das Interesse an diesem Produkt. Die Sättigungsphase endet, wenn keine Gewinne mehr erzielt werden.

5. Degenerations- oder Rückgangsphase, beginnt nach dem 4. Quartal Jahr 2

Die Degenerationsphase ist gekennzeichnet durch stark rückläufige Umsätze und Verluste, die das Produkt verursacht. Sollte es nicht zu einem Relaunch des Produkts kommen, endet der Lebenszyklus eines Produkts in dieser Phase, da es vom Markt genommen werden muss.

5.3

Der Marketing-Mix besteht im Wesentlichen aus den Marketing-Instrumenten Kommunikationspolitik, Distributionspolitik, Kontrahierungspolitik und Produktpolitik. Die verschiedenen Instrumente haben im Produktlebenszyklus einen unterschiedlichen Stellenwert.

1. Einführungsphase

In dieser Phase steht die Kommunikationspolitik im Mittelpunkt der Marketingaktivitäten. Das Produkt muss schnellstmöglich bekannt gemacht werden; hierzu dienen Werbung, Public Relations und Verkaufsförderung.

2. Wachstumsphase

In dieser Phase steht neben der weiterhin notwendigen Kommunikationspolitik vor allem die Kontrahierungspolitik im Mittelpunkt. Die Folder GmbH muss Preisstrategien entwickeln und umsetzen. Hier bieten sich zwei Strategien in der Wachstumsphase an: die Penetrationsstrategie (niedrige Einführungspreise, um möglichst schnell viele Kunden zu gewinnen) oder die Abschöpfungsstrategie (hohe Einführungspreise, um anschließend Preisanpassungen vorzunehmen).

5.3

3. Reifephase

In dieser Phase gewinnt neben der Kontrahierungspolitik zunehmend die Produktpolitik an Bedeutung. Produktdifferenzierungen (das Produkt wird durch abgewandelte Versionen ergänzt, z. B. Luxusversion des USB-Sticks) spielen hier eine wichtige Rolle, um den Markt maximal auszuschöpfen.

4. Sättigungsphase

Auch in dieser Phase spielt die Produktpolitik wiederum eine wesentliche Rolle, da die Folder GmbH versuchen muss, schnellstmöglich die Rückgänge der Umsätze und Gewinne abzumildern oder zu verhindern. Hier spielen Produktdifferenzierungen, aber auch Produktvariationen (das Produkt wird verändert und durch ein neues ersetzt, z. B. USB-Stick mit mehr Speicherkapazität) eine wichtige Rolle, um Verluste zu vermeiden.

5.4

Sollte es bis zum 4. Quartal Jahr 2 mit Produktdifferenzierungen und Produktvariationen gelungen sein, die rückläufigen Umsätze und Gewinne zu verhindern, dann kann das neue Produkt durch verstärkte Kommunikations- oder Kontrahierungspolitik einen neuen Lebenszyklus durchlaufen. In diesem Zusammenhang spricht man auch vom **Relaunch** des Produkts.

Sollte es nicht gelingen, das Produkt neu zu positionieren, dann bleibt nur die **Produktelimination** (das Produkt wird aus dem Sortiment entfernt) übrig, um dauerhafte Verluste zu vermeiden.

6. Aufgabe

6.1

Ein Werbeplan hat folgende Bestandteile:

- Werbeinhalt
- Werbeetat
- Streuweg
- Streukreis
- Streugebiet
- Streuzeit
- Erfolgskontrolle

Für die Einführung der Weihnachtskarten könnte der Werbeplan folgende Inhalte festlegen:

- **Werbeinhalt** (Botschaft/Ziel) Kundenbindung, Neukundengewinnung, 5 % Marktanteile im Bereich Weihnachtskarten, ein komplettes Sortiment für 360 Tage im Jahr
- **Werbeetat** (Werbebudget) max. 20.000,00 €
- **Streuweg** (Werbemittel/Werbeträger), **Werbeträger** = Printmedien, insbesondere Fachzeitschriften; Onlinemedien, insbesondere Suchmaschinen; **Werbemittel** = Anzeigen, Werbebriefe, Warenproben, Broschüren
- **Streukreis** (Zielgruppe) Neu- und Bestandskunden, Einkäufer für Büromaterial, Büromanager, Assistenten und Sekretärinnen
- **Streugebiet** (Orte/Länder/Regionen) Deutschland
- **Streuzeit** (Zeitraum/Beginn/Ende/Häufigkeit) Juli bis November, 2 x Werbebriefe, 1 x Versand einer Warenprobe inklusive Broschüre, Anzeigen in der monatlich erscheinenden Fachzeitschrift, kontinuierliche Anzeigen in einer Internet-Suchmaschine
- **Erfolgskontrolle** (Ergebnis) Messung des Marktanteils im Bereich Weihnachtskarten, Umsatzvergleich mit Branchendurchschnitt, Werberendite, Kundenbefragung

6.2

Folder GmbH

Hans-Maier-Straße 12 – 16
60323 Frankfurt am Main
Telefon +69 3775-0
Telefax +69 37751

Folder GmbH • Hans-Maier-Str. 12 – 16 • 60323 Frankfurt

Ihr Zeichen, Ihre Nachricht vom	Unser Zeichen, unsere Nachricht vom	Tel.-Durchwahl, Name	Datum
	ho-mr	-222 Sven Hoffmann	20..-08-01

Weihnachten kommt immer früher ...

als Sie denken,

sehr geehrte«NAME,»

und damit bietet sich eine gute Gelegenheit, Ihren Kunden **Danke** zu sagen!

Nutzen Sie diese Gelegenheit, um Ihren Kunden auf eine besondere Weise zu zeigen, wie wichtig sie Ihnen sind. Die Gewöhnung an schnelle Kommunikationsmittel, wie E-Mail und Telefon, lassen eine handgeschriebene Weihnachtsbotschaft zu etwas ganz Besonderem werden.

Deshalb bieten wir Ihnen ab sofort

hochwertige und kreativ gestaltete Weihnachtskarten

– besonders geeignet, um Ihre wertvollen Beziehungen zu Ihren Geschäftsfreunden zu vertiefen!

Abbildungen einiger Beispiele finden Sie in dem beiliegenden Prospekt. Sie brauchen nur anzukreuzen, für welchen Stil Sie sich interessieren, uns diesen Coupon zu faxen und Sie erhalten weitere Muster.

Mit freundlichen Grüßen   Anlage

PS. Auf Wunsch können wir Ihnen diese Karten auch völlig individuell gestalten. Ich berate Sie gern!

Folder GmbH	Amtsgericht – Registergericht	Musterbank AG
Geschäftsführer	Frankfurt am Main	Frankfurt am Main
Dr. Ruthard Rumor	HRB 16848	BLZ 380 200 60
		Konto Nr. 39 652 504

6.2

Beim Einsatz vieler Marketing-Instrumente, so auch beim Werbebrief, kann man sich an der sogenannten AIDA-Formel orientieren:

A = **a**ttention (Auf die Botschaft aufmerksam machen)

I = **i**nterest (Interesse beim Kunden wecken)

D = **d**esire (Einen Wunsch beim Kunden schaffen)

A = **a**ction (Eine Handlung auslösen)

6.3

Werbeerfolgskontrollen sind wichtig, um den gezielten Einsatz von Werbemaßnahmen zu steuern. Die Kontrollen können sich auf ökonomische oder außerökonomische Kriterien beziehen. Die Messung des ökonomischen Erfolgs von Werbemaßnahmen ist äußerst schwierig, da Veränderungen des Marktanteils oder des Umsatzes auch von anderen Faktoren (wirtschaftliche Entwicklung, Konkurrenzaktivitäten usw.) beeinflusst werden.

Ökonomische Kriterien:

- Werberendite = Umsatzzuwachs / Werbekosten
- Veränderung des Marktanteils = Umsatzzuwachs · 100 / Gesamtumsatz des Marktes

  (Der Umsatzzuwachs bezieht sich immer auf das Verhältnis vor und nach der Werbemaßnahme)

Außerökonomische Kriterien:

- Erinnerung an die Werbebotschaft, z. B. durch Befragungen
- Kontaktaufnahme mit der Folder GmbH, z. B. durch Rücksendung von Antwortkarten
- Anzahl der konkreten Anfragen nach Weihnachtskarten
- Verhaltensbeeinflussungen der Kunden, z. B. durch geändertes Produktinteresse
- Bekanntheitsgrad des neuen Angebots
- Bestellungen aufgrund der Werbemaßnahme, z. B. durch werbebezogene Codes ermittelt

6.4

Unter Massenumwerbung versteht man, dass ein großer Streukreis über Massenmedien (z. B. Anzeigen in Fachzeitschriften, Plakate) angesprochen wird. Der Gegensatz ist die Einzelumwerbung, bei der gezielt Personen oder Unternehmen mit individuelleren Werbemitteln (Werbebriefe) angesprochen werden.

Vorteile Massenumwerbung

- Breite Zielgruppe wird angesprochen
- Bekanntheitsgrad steigt

Nachteile Massenumwerbung

- Streuverluste bei der Zielgruppe sind hoch
- Keine exakte Zielgruppenfestlegung möglich

Ein Jahrzehnt Werbung

Werbeinvestitionen in Deutschland in Milliarden Euro

- 2000: 33,2
- 2003: 28,9
- 2005: 29,6
- 2008: 30,7
- 2009: 29,1
- 2010: 28,6

Quelle: ZAW 2009 und 2010 geschätzt

7. Aufgabe:

7.1

Kundendienstleistungen werden dem Kunden neben der Hauptleistung, dem Produkt, angeboten, um den maximalen Nutzen aus dem Angebot zu ziehen.

In der Pre-Sales-Phase (Phase vor dem Kauf des Produkts) können z. B. folgende Dienstleistungen angeboten werden:

- **Beratungsleistungen,** z. B. können dem Kunden Informationen zur optimalen Produktauswahl zur Verfügung gestellt werden oder er wird persönlich von Servicemitarbeitern bei der Entscheidungsfindung unterstützt.
- **Kostenfreie Informationsveranstaltungen,** die den Kunden z. B. über aktuelle Veränderungen in einem bestimmten Marktbereich oder technische Neuerungen auf dem Laufenden halten.
- **Gutscheine oder Klubkarten,** die potenzielle Kunden vor dem Kauf bekommen und ihnen Vorteile beim Kauf ermöglichen.

7.2

In der Sales-Phase (Phase des Kaufs) können z. B. folgende Dienstleistungen angeboten werden:

- **Inzahlungnahme oder Rücknahme alter Produkte,** um z. B. dem Kunden die Kaufentscheidung zu erleichtern oder ihm einen Zusatznutzen zu bieten.
- **Installation und Inbetriebnahme vor Ort,** um den Kunden z. B. die Konfiguration von Computern nach dem Kauf zu ersparen.
- **Bonusprogramme,** die dem Kunden Einkaufsvorteile verschaffen.

7.3

In der After-Sales-Phase (Phase nach Kauf des Produkts) können z. B. folgende Dienstleistungen angeboten werden:

- **Kostenfreie Aktualisierungen der Produkte,** z. B. Software-Updates bei Computerprogrammen.
- **Mitgliedschaft in Kundenclubs,** die den Kunden nach dem Kauf mit Informationen und Zusatzleistungen versorgen.
- **Kostenfreie Zustellung der Waren,** um dem Kunden den Transport der gekauften Produkte zu ersparen.

7.4

Der Fragebogen der Folder GmbH zur Ermittlung der Kundenzufriedenheit könnte folgendermaßen aufgebaut sein:

Fragebogen Vorderseite:

Fragebogen Kundenzufriedenheit **Folder GmbH**

Ihre Meinung ist uns sehr wichtig!!!

Wir freuen uns sehr, dass Sie unsere Leistungen in Anspruch genommen haben. Mit Ihrer Hilfe können wir unser Angebot kontinuierlich optimieren. Bitte nehmen Sie sich für die folgenden Fragen einige Minuten Zeit und kreuzen Sie eines der freien Felder an bzw. notieren Sie Ihre Meinung auf der Rückseite. Vielen Dank!

Meine Meinung zur Folder GmbH ...

☺   ☹

Flexibilität					
Service/Beratung					
Erreichbarkeit					
Mitarbeiter					
Geschwindigkeit					

Meine Meinung zum Angebot ...

☺   ☹

Preise					
Qualität					
Sortimentstiefe					
Sortimentsbreite					
Aktualität					

Bitte wenden →

7.4

Fragebogen Rückseite:

Womit sind Sie besonders zufrieden?

_____
_____
_____
_____

Womit sind Sie sehr unzufrieden?

_____
_____
_____
_____

Welche Verbesserungsvorschläge haben Sie?

_____
_____
_____
_____

Mein Gesamteindruck ...

Ich werde wieder bei der Folder GmbH kaufen   ☺   ☹

Ich werde die Folder GmbH weiterempfehlen   ☺   ☹

Vielen Dank für Ihre Zeit!!!

7.5

Ein Büromarkt könnte im Internet-Shop vielfältige **Serviceangebote** für seine Kunden anbieten:

- **Elektronische Bestellung** im Internet-Shop, d. h. die Kunden können direkt die gewünschten Produkte auswählen, in einem Warenkorb sammeln und online bestellen, ohne weitere Medien einzusetzen.
- **Kundenregistrierung**, d. h. die Kunden müssen nicht bei jeder Bestellung alle notwendigen Daten erneut erfassen, sondern können mit einem Login (Benutzername und Passwort) alle Informationen wieder aufrufen.
- **Suchfunktionen**, d. h. die Kunden können nach Suchwörtern, Herstellern, Artikeln und Produktgruppen suchen.
- **Frachtfreie Lieferung**
- **Rückgaberechte**, d. h. die Kunden sind nicht an die gesetzlichen Vorgaben gebunden, sondern besser gestellt.
- **24 Stunden Lieferservice**
- **Skontoabzug** bei schneller Bezahlung
- **Gratisleistungen** bei Mindestbestellbeträgen
- **Kostenstellenbelieferung**, d. h. die Mitarbeiter der Kunden können eigenverantwortlich Bestellungen auf ihre Kostenstelle tätigen; diese lassen sich zusätzlich budgetieren oder auf bestimmte Artikel begrenzen (siehe auch E-Procurement).

8. Aufgabe

8.1

Mit der Beteiligung an Messen kann die Folder GmbH eine breite Zielgruppe von interessierten Fachbesuchern und Händlern ansprechen. Die Messe ist ein spezialisierter Marktplatz, auf dem Anbieter und Nachfrager zielgerichtet zusammengeführt werden. Im Einzelnen haben Messebeteiligungen folgende Ziele:

Verkauf

- Anbahnung von Geschäften
- Verkauf von Gütern
- Gewinnung von Absatzmittlern
- Neukundenakquisition
- Bindung von bestehenden Kundenkontakten

Information

- Vorstellung von Produktneuheiten
- Vorstellung des Sortiments
- Ermittlung von Branchentrends
- Schaffung von Markttransparenz
- Wettbewerbsanalyse

Kommunikation

- Führen von Kundengesprächen
- Gewinnen von Mitarbeitern
- Werbung und Public Relations
- Imageaufbau
- Marktpräsenz

8.2

Die Mediadaten der Messe müssen zunächst analysiert werden.

1. Folie

Die überwiegende Zahl von Fachbesuchern dieser Messe kommt aus dem Einzelhandel, dem Großhandel sowie der Industrie und dem Dienstleistungsbereich. Als potenzielle Kunden kommen davon vor allem der Einzelhandel sowie die Industrie- und Dienstleistungsunternehmen infrage. Die vertretenen Großhandelsunternehmen dienen besonders gut zur Wettbewerbsanalyse. Die Struktur der vertretenen Fachbesucher passt demnach zur Zielgruppe der Folder GmbH.

2. Folie

Fast die Hälfte der vertretenen Fachbesucher dieser Messe gehören der Geschäftsleitung an, gefolgt von den Bereichen Marketing/Verkauf sowie Beschaffung. Für die Folder GmbH sind vor allem die Entscheider (z. B. Geschäftsleitung) als potenzielle Kunden interessant; dies ist hier gegeben.

3. Folie

Über die Hälfte der vertretenen Fachbesucher dieser Messe haben einen maßgeblichen oder entscheidenden Einfluss auf die Einkaufs- und Beschaffungsentscheidungen. Damit bestätigt sich auch in diesem Kriterium, dass die für die Folder GmbH notwendige Zielgruppe vertreten ist.

4. Folie

Die überwiegende Zahl der Fachbesucher interessiert sich für die Bereiche Bürobedarf, Schreib- und Zeichenbedarf, Papier und Folien (Büro), Verpackungen, Geschenkkarten, Kalender sowie EDV- und Druckerzubehör; dies entspricht exakt dem Sortiment der Folder GmbH.

5. Folie

Die Ziele der Fachbesucher dieser Messe passen stimmig zu den Zielen der Folder GmbH und entsprechen demnach den Bedürfnissen des Großhandelsunternehmens.

Insgesamt kann man feststellen, dass die „Internationale Bürowelt 20.." eine geeignete Messe zu sein scheint, auf der sich die Folder GmbH zielführend präsentieren kann.

8.3

Die Folder GmbH muss vielfältige Faktoren bei der Messevorbereitung berücksichtigen, um einen erfolgreichen und reibungslosen Ablauf zu gewährleisten. Dies erfordert reichlich Know-how und die entsprechenden Ressourcen. Die Messebranche bietet deshalb zahlreiche Dienstleistungen zur Vorbereitung, Durchführung und Nachbereitung einer Messeteilnahme an.

Einige Beispiele finden Sie in der folgenden Auflistung:

Aufbau- und Abbauplanung

Die Ausstellungsstücke und die Ausstattungen für die Messestände müssen zur Messe hin und zurück transportiert werden. Aufbau- und Abbauzeiten müssen eingehalten werden und der gesamte Prozess muss koordiniert werden.

Standplanung

Geeignete Messestände müssen ausgewählt und geplant werden. Technik, Größe, Ausstattung, Standversorgung mit Energie, Wasser, Beleuchtung, Telekommunikation, Pflanzen, Reinigung usw. müssen organisiert werden.

Kommunikationsplanung

Der Messeauftritt muss von der Folder GmbH kommuniziert werden, d. h. die Werbung muss platziert, der Medieneinsatz geplant, die Kommunikationsmittel gefertigt, Einladungskarten versendet und Anzeigen in Messekatalogen geschaltet werden.

Sicherheitsplanung

Die Folder GmbH muss sich gegen Marken- und Produktpiraterie schützen, die Standbewachung organisieren sowie den Sicherheits- und Unfallschutz gewährleisten.

Standpersonalplanung

Die Folder GmbH muss Standbesetzungspläne festlegen, geeignete Mitarbeiter auswählen und einsetzen, Aufbau- und Abbaupersonal einsetzen sowie ggf. Standhilfen, Hostessen und Dolmetscher einstellen.

9. Aufgabe

9.1

Unter Kundenbindungsmaßnahmen versteht man alle Marketingmaßnahmen, die dazu dienen, dass Abwandern von Kunden zu verhindern. Dies erfolgt u. a. durch

- **Differenzierte Zusatzleistungen,** z. B. können Stammkunden kostenfreie Servicenummern oder speziell geschulte Mitarbeiter in Anspruch nehmen.
- **Bonusprogramme,** z. B. erhalten Stammkunden beim Erreichen bestimmter Umsatzziele besondere Vergütungen.
- **Kundenclubs,** z. B. erhalten Stammkunden eine spezielle Mitgliedschaft, durch die sie einen Informationsvorsprung erhalten.
- **Neukundenwerbung,** z. B. erhalten Stammkunden zusätzliche Rabatte oder Geschenke, wenn sie neue Kunden anwerben.
- **Kooperationen,** z. B. werden Stammkunden intensiv in die eigene Sortimentsentwicklung integriert.
- **Kundenkontakte,** z. B. werden die Stammkunden in regelmäßigen Abständen kontaktiert.

9.2

Ziele, die mit der Einführung einer Kundenkarte erreicht werden können, sind z. B.

- **eine intensivere Kundenbindung** durch **Rabattfunktionen der Karte,** da somit Kunden häufiger Käufe tätigen, um die Rabatte zu bekommen.
- **eine bessere Kundenbetreuung** durch **Speicherfunktionen der Karte,** da beim Einsatz der Karte Daten erfasst werden können, die ausgewertet werden, um dem Kunden spezifischere Angebote machen zu können.
- **neue Kunden zu gewinnen** durch **Anreizfunktionen der Karte,** da Menschen wegen besonderen Leistungen oder einem exklusiven Image der Karte Kunden werden möchten.
- **eine bessere Kommunikation** durch **Informationsfunktionen der Karte,** da die Kunden beim Abschluss der Mitgliedschaft und beim kontinuierlichen Einsatz Informationen von sich offenbaren.
- **Wettbewerber zu verdrängen** durch **Bindungsfunktionen der Karte,** da sich Kunden meistens auf die Anbieter fokussieren, die sie zuerst mit der Karte an sich gebunden haben.

9.3

Ein professionell organisiertes und durchgeführtes Beschwerdemanagement ist eine wesentliche Kundenbindungsmaßnahme. Folgende Voraussetzungen sind dafür notwendig:

Voraussetzung	Lösung
Die Beschwerde muss wahrgenommen werden.	Intensive Kommunikation, möglichst intensive Kontakte zum Kunden herstellen und aus Sicht des Kunden denken
Der Kunde muss seine Beschwerde äußern.	Dem Kunden zuhören und ihm die Beschwerdeäußerung erleichtern, z. B. durch Nachkaufbefragungen
Der Kunde muss ernst genommen werden.	Professionell geschulte Mitarbeiter, klare Zuständigkeiten und Ansprechpartner, klare Kommunikation
Die Beschwerde muss zuverlässig bearbeitet werden.	Eine Beschwerde als zweite Chance sehen, die unbedingt genutzt werden muss
Die Beschwerde muss etwas bewirken.	Information des Kunden über den Stand der Beschwerde und eine schnelle Lösung des Problems anstreben
Die Beschwerde muss prozessorientiert betrachtet werden.	Kontinuierliche Erfassung und Auswertung der Beschwerden, Analyse und Beseitigung der Schwachstellen

9.4

Der Kollege hat nicht recht, da die Gewinnung von Neukunden mehr Kosten verursacht, als Bestandskunden zu halten. Die Akquisition von Neukunden ist mit hohen Kosten für Werbung, Kommunikation und Personal sowie zahlreichen Streuverlusten verbunden, hingegen sind die Kosten für einfache Maßnahmen, wie z. B. dem professionellen Umgang mit Beschwerden, relativ gering anzusetzen. Noch deutlicher wird der Vergleich, wenn man betrachtet, dass nur ein Bruchteil der unzufriedenen Kunden ihre Beschwerden äußern, der größere Teil jedoch einfach abwandert, ohne sich vorher zu beschweren. Diese unzufriedenen Kunden teilen ihre Enttäuschung sehr vielen anderen potenziellen Kunden mit, die daraufhin als Kunden ausfallen. Bindet man allerdings die zufriedenen Kunden an sein Unternehmen, so hat man die Chance, dass diese Kunden Empfehlungen aussprechen und somit für zusätzliche Kunden sorgen.

10. Aufgabe:

10.1

Kalendertyp	Wandkalender	Tischkalender	Taschenkalender
Barverkaufspreis/Stück in €	9,00	6,00	15,00
verkaufte Kalender/Stück	1 000	1 500	1 300
Bezugspreis/Stück in $	7,00	5,60	14,00
variable Handlungskosten/Stück in €	2,00	2,00	3,00
Bezugspreis/Stück in €	5,00	4,00	10,00
Deckungsbeitrag in € (Stück)	2,00	0,00	2,00
Deckungsbeitrag pro Periode in €	2.000,00	0,00	2.600,00
Relativer Deckungsbeitrag in %	22,22	0,00	13,33

Eine Betrachtung der Deckungsbeiträge der einzelnen Kostenträger (Wandkalender, Tischkalender, Taschenkalender) setzt voraus, dass die anfallenden Kosten möglichst genau in ihre variablen und fixen Bestandteile zerlegt werden.

Variable Kosten: Kosten, die sich mit einem variierenden Absatz verändern und sich direkt den einzelnen Waren zuordnen lassen. Hierzu zählen vor allem der Warenpreis und die Bezugskosten, allerdings auch die variablen Handlungskosten, wie z. B. Provisionen oder die Kosten der Warenabgabe.

Fixe Kosten: Kosten, die sich auch bei einem variierenden Absatz nicht verändern und sich nicht direkt den einzelnen Waren zuordnen lassen. Hierzu zählen z. B. die Gehälter, Mieten oder Abschreibungen auf Sachanlagen.

Bei der Aufteilung der Kosten bereiten vor allem die Kosten Schwierigkeiten, die teilweise fixe und variable Bestandteile beinhalten, wie z. B. Löhne, Allgemeine Verwaltungskosten oder Betriebskosten.

10.1

Nach einer Aufteilung der Kosten in ihre fixen und variablen Bestandteile kann man die Deckungsbeiträge der einzelnen Kostenträger ermitteln:

Deckungsbeitrag: Der Beitrag, den ein Kostenträger dazu leistet, dass die fixen Kosten gedeckt werden. Ergibt sich aus der Differenz zwischen den Verkaufserlösen eines Kostenträgers und den variablen Kosten (Wareneinsatzkosten **und** variablen Handlungskosten) des Kostenträgers.

Der **Deckungsbeitrag** wird entweder **pro Stück oder pro Periode** ermittelt.

Summiert man anschließend die einzelnen Deckungsbeiträge der Waren, kann man sie den fixen (nicht direkt zurechenbaren) Handlungskosten gegenüberstellen und damit den Betriebsgewinn bzw. den Betriebsverlust ermitteln:

Betriebsgewinn = Σ der einzelnen Deckungsbeiträge > fixe Handlungskosten

Betriebsverlust = Σ der einzelnen Deckungsbeiträge < fixe Handlungskosten

Wesentlicher Vorteil der Teilkostenbetrachtung (Aufteilung in fixe und variable Kostenbestandteile der jeweiligen Kostenträger) ist, dass man erkennt, welcher Kostenträger welchen Beitrag zum Betriebsgewinn bzw. zum Betriebsverlust beisteuert!

Die **Berechnung der Deckungsbeiträge** erfolgt demnach folgendermaßen:

1. **Umrechnung $ in €**

    1 € = 1,40 $

    x € = 7,00 $

    Wandkalender: x € = 7,00 $ / 1,40 $ = **5,00 €**

    Tischkalender: x € = 5,60 $ / 1,40 $ = **4,00 €**

    Taschenkalender: x € = 14,00 $ / 1,40 $ = **14,00 €**

Fortsetzung auf der nächsten Seite.

10.1

2. Berechnung Deckungsbeitrag pro Stück

Deckungsbeitrag (Stück) = Barverkaufspreis (Stück) minus variable Kosten (Stück)

Die variablen Kosten setzen sich aus den Warenpreisen (Bezugspreisen) sowie den variablen Handlungskosten zusammen!

Wandkalender: x € = 9,00 € − (5,00 € + 2,00 €) = **2,00 €**

Tischkalender: x € = 6,00 € − (4,00 € + 2,00 €) = **0,00 €**

Taschenkalender: x € = 15,00 € − (10,00 € + 3,00 €) = **2,00 €**

3. Berechnung Deckungsbeitrag pro Periode

Die Berechnung der Deckungsbeiträge pro Periode kann auf zwei Wegen erfolgen:

DB = Deckungsbeitrag pro Stück · verkaufte Stückzahl

oder

DB = (BVP · verkaufte Stückzahl) minus (variable Kosten · verkaufte Stückzahl)

Die variablen Kosten setzen sich aus den Warenpreisen sowie den variablen Handlungskosten zusammen!

Wandkalender: DB = 2,00 € · 1.000 Stück = **2.000 €**

Tischkalender: DB = 0,00 € · 1.500 Stück = **0 €**

Taschenkalender: DB = 2,00 € · 1.300 Stück = **2.600 €**

oder

Wandkalender: DB = (9,00 € · 1.000 Stück) − (7,00 € · 1.000 Stück) = **2.000 €**

Tischkalender: DB = (6,00 € · 1.500 Stück) − (6,00 € · 1.500 Stück) = **0 €**

Taschenkalender: DB = (15,00 € · 1.300 Stück) − (13,00 € · 1.300 Stück) = **2.600 €**

4. Berechnung Relativer Deckungsbeitrag

Rel. DB in % = DB · 100 / Verkaufserlöse

Wandkalender: Rel. DB = 2.000 € · 100 / 9.000 € = **22,22 %**

Tischkalender: Rel. DB = 0 € · 100 / 9.000 € = **0 %**

Taschenkalender: Rel. DB = 2.600 € · 100 / 19.500 € = **13,33 %**

10.1

5. **Gewinn der Warengruppe**

   Gewinn = DB Warengruppe minus fixe Kosten

   Gewinn = 4.600 € minus 3.000 €

   Gewinn = 1.600 €

10.2

Würde die Folder GmbH die Tischkalender aus dem Sortiment nehmen, würde sich der Gewinn nicht verändern, da die fixen Kosten weiterhin anfallen würden und die Tischkalender keinen zusätzlichen Deckungsbeitrag erwirtschaftet hatten.

10.3

Kalendertyp	Wandkalender	Tischkalender	Taschenkalender
Barverkaufspreis/Stück in €	9,00	6,00	15,00
verkaufte Kalender/Stück	1 000	1 500	1 300
Bezugspreis/Stück in $	7,00	5,60	14,00
variable Handlungskosten/Stück in €	2,00	2,00	3,00
Bezugspreis/Stück in €	4,67	3,73	9,33
Deckungsbeitrag/Stück in €	2,33	0,27	2,67
Deckungsbeitrag pro Periode in €	2.330,00	405,00	3.471,00

Wandkalender: x € = 7,00 $ / 1,50 $ = **4,67 €**

Tischkalender: x € = 5,60 $ / 1,50 $ = **3,73 €**

Taschenkalender: x € = 14,00 $ / 1,50 $ = **9,33 €**

Fortsetzung auf der nächsten Seite.

10.3

Berechnung der Deckungsbeiträge:

Wandkalender:	x € = 9,00 € − (4,67 € + 2,00 €) = **2,33 €**
Tischkalender:	x € = 6,00 € − (3,73 € + 2,00 €) = **0,27 €**
Taschenkalender:	x € = 15,00 € − (9,33 € + 3,00 €) = **2,67 €**

Wandkalender:	DB = 2,33 € · 1 000 Stück = **2.330 €**
Tischkalender:	DB = 0,27 € · 1 500 Stück = **405 €**
Taschenkalender:	DB = 2,67 € · 1 300 Stück = **3.471 €**

Der stärkere Eurokurs führt zu niedrigeren Bezugspreisen und damit zu höheren Deckungsbeiträgen. Hätte man die Tischkalender zuvor aus dem Sortiment genommen, würde man bei steigenden Eurokursen auf Gewinne verzichten.

10.4

Kalendertyp	Wandkalender	Tischkalender	Taschenkalender
Barverkaufspreis/Stück in €	9,90	6,60	16,50
verkaufte Kalender/Stück	1 000	1 500	1 300
Bezugspreis/Stück in $	7,00	5,60	14,00
variable Handlungskosten/Stück in €	2,00	2,00	3,00
Bezugspreis/Stück in €	5,00	4,00	10,00
Deckungsbeitrag/Stück in €	2,90	0,60	3,50
Deckungsbeitrag pro Periode in €	2.900,00	900,00	4.550,00

Veränderung durch die höheren Barverkaufspreise:

Wandkalender:	9,00 € · 110 % = **9,90 €**
Tischkalender:	6,00 € · 110 % = **6,60 €**
Taschenkalender:	15,00 € · 110 % = **16,50 €**

10.4

Berechnung der Deckungsbeiträge:

Wandkalender:	x € = 9,90 € − (5,00 € + 2,00 €) =	**2,90 €**
Tischkalender:	x € = 6,60 € − (4,00 € + 2,00 €) =	**0,60 €**
Taschenkalender:	x € = 16,50 € − (10,00 € + 3,00 €) =	**3,50 €**

Wandkalender:	DB = 2,90 € · 1 000 Stück =	**2.900 €**
Tischkalender:	DB = 0,60 € · 1 500 Stück =	**900 €**
Taschenkalender:	DB = 3,50 € · 1 300 Stück =	**4.550 €**

Der gesamte **Deckungsbeitrag** steigt um 3.750 € auf **8.350 €,** d. h. der Anstieg des Deckungsbeitrags ist größer als der Anstieg der Barverkaufspreise.

Gewinn = DB Warengruppe minus fixe Kosten

Gewinn = 8.350 € minus 3.000 €

Gewinn = 5.300 €

Der Gewinn bei dieser Warengruppe steigt ebenso überproportional, da unter anderem der positive Deckungsbeitrag der Tischkalender hinzukommt.

10.5

Der Kollege hat nicht recht, da die fixen Kosten keine Einflüsse auf die Deckungsbeiträge (Deckungsbeiträge ergeben sich aus der Differenz zwischen den Verkaufserlösen und den variablen Kosten), sondern nur auf die Gewinne der Warengruppe haben.

10.6

Eine Senkung der variablen Handlungskosten führt zu steigenden Deckungsbeiträgen und einem steigenden Gewinn. Folgende Möglichkeiten können z. B. in Betracht gezogen werden:

- Senkung der Lagerkosten für die Kalender
- Senkung der Transportkosten für die Kalender
- Senkung der Verpackungskosten für die Kalender

Eine Senkung der fixen Handlungskosten führt ebenfalls zu einem steigenden Gewinn, allerdings nicht zu höheren Deckungsbeiträgen. Folgende Möglichkeiten können z. B. in Betracht gezogen werden:

- Senkung der Personalkosten
- Senkung der Werbekosten
- Senkung der allgemeinen Verwaltungskosten

10.7

Der Warenumsatz kann gegebenenfalls gesteigert werden durch

- höhere Verkaufspreise
- verstärkte Werbung und Verkaufsförderung
- höhere Verkaufszahlen

Ein steigender Umsatz führt – bei gleichbleibenden Kosten – zu steigenden Deckungsbeiträgen und einem höheren Gewinn.

11. Aufgabe

11.1

Der Bezugspreis wird mit der Bezugskalkulation ermittelt. Die Beträge sind jeweils auf zwei Stellen hinter dem Komma gerundet. Zuvor muss allerdings das Gewicht der Lieferung ermittelt werden:

20 Säcke · 50 kg	= 1 000 kg abzüglich
20 Säcke · 2 kg Tara	= 40 kg
	= 960 kg abzüglich Tara
2 % Gutgewicht	= 19,20 kg
	= **940,80 kg**

Listeneinkaufspreis netto je kg	8,50 €	
Reingewicht in kg	940,80 €	
Listeneinkaufspreis (netto)	7.996,80 €	Reingewicht · Listeneinkaufspreis
abzüglich Lieferantenrabatt		kein Rabatt bei 20 Säcken
= Zieleinkaufspreis (netto)	7.996,80 €	
abzüglich 3 % Skonto	239,90 €	3 % vom Zieleinkaufspreis
= Bareinkaufspreis	7.756,90 €	7.996,80 € – 239,90 €
+ Einkaufs- und Bezugskosten	200,00 €	Einkaufskosten = 20 Sack · 4,00 € Fracht = 20 Sack · 4,00 € Versicherung = 20 Sack · 2,00 €
= Bezugspreis	7.956,90 €	
= Bezugspreis je kg	8,46 €	Bezugspreis / Reingewicht

11.1

Der Listenverkaufspreis (brutto) wird mit der „Vorwärtskalkulation" ermittelt.

Bezugspreis je kg	8,46 €	
+ Handlungskosten	1,69 €	20 % vom Bezugspreis
= Selbstkostenpreis	10,15 €	
+ Gewinn	1,52 €	15 % vom Selbstkostenpreis
= Barverkaufspreis	11,67 €	
+ 3 % Kundenskonto	0,36 €	Barverkaufspreis entspricht 97 %
= Zielverkaufspreis	12,03 €	
+ 15 % Kundenrabatt	2,12 €	Zielverkaufspreis entspricht 85 %
= Listenverkaufspreis (netto)	14,15 €	
+ 19 % Umsatzsteuer	2,69 €	Listenverkaufspreis entspricht 100 %
= Listenverkaufspreis (brutto)	**16,84 €**	

11.2

Im Vergleich mit den Wettbewerbern liegt der Listenverkaufspreis (brutto) um 0,04 € höher als bei dem teuersten Konkurrenten, der einen Bruttoverkaufspreis von 16,80 € kalkuliert hat. Bei einer konkurrenzorientierten Preisbildung ist dieser Preis als zu hoch anzusehen, deshalb müsste eine Preisanpassung nach unten vorgenommen werden.

11.3

Die variierenden Bezugsmengen führen zu unterschiedlichen Einkaufs- und Bezugskosten:

Bezugsmenge	bei 10 Säcken	bei 30 Säcken	bei 50 Säcken
Einkaufskosten = 4,00 € je Sack	40,00 €	120,00 €	200,00 €
Fracht = 4,00 € je Sack	40,00 €	120,00 €	200,00 €
Versicherung = 2,00 € je Sack	20,00 €	60,00 €	100,00 €
Summe =	100,00 €	300,00 €	500,00 €

11.3

	10 Säcke à 50 kg	30 Säcke à 50 kg	50 Säcke à 50 kg
Listeneinkaufspreis netto je kg 8,50 €	4.250,00 €	12.750,00 €	21.250,00 €
Reingewicht in kg	470,40 €	1.411,20 €	2.352,00 €
Listeneinkaufspreis (netto)	3.998,40 €	11.995,20 €	19.992,00 €
abzüglich Lieferantenrabatt oder zuzüglich Mindermengenzuschlag	+ 399,84 €	− 1.199,52 €	− 3.998,40 €
= Zieleinkaufspreis	4.398,24 €	10.795,68 €	15.993,60 €
abzüglich 3 % Skonto	131,95 €	323,87 €	479,81 €
= Bareinkaufspreis	4.266,29 €	10.471,81 €	15.513,79 €
+ Einkaufs- und Bezugskosten	100,00 €	300,00 €	500,00 €
= Bezugspreis	4.366,29 €	10.771,81 €	16.013,79 €
= Bezugspreis je kg (Reingewicht)	9,28 €	7,63 €	6,81 €

Die veränderten Einkaufsmengen wirken sich auf den Bezugspreis je kg sowie auf den gesamten Bezugspreis aus. Die größeren Einkaufsmengen führen zu größeren Rabatten, was zur Konsequenz hat, dass der Preis je kg sinkt. Es ist grundsätzlich sinnvoll größere Mengen zu kaufen, allerdings muss man immer dabei berücksichtigen, dass die eingekauften Mengen auch abgesetzt werden müssen und die Bezugskosten finanziert werden müssen.

11.4

Bei gegebenen Bezugs- und Verkaufspreisen sowie gegebenen Kalkulationssätzen ermittelt man den verbleibenden Gewinn mit der „Differenzkalkulation". Gegeben ist ein Listenverkaufspreis (brutto) vom Wettbewerber B gemäß Ausgangssituation in Höhe von 15,90 €, da er der günstigste Anbieter ist. Weiterhin ist der Bezugspreis der Folder GmbH von 8,46 € je kg Kaffee bei einer Bezugsmenge von 20 Säcken gegeben. Der Bezugspreis von 8,46 € je kg ergibt sich gemäß der Berechnung aus den Lösungshinweisen zu Aufgabe 11.1.

Bezugspreis je kg	8,46 €	gegeben (siehe unter Lösung 11.1)
+ Handlungskosten	1,69 €	20 % vom Bezugspreis
= Selbstkostenpreis	10,15 €	
+ bzw. – Gewinn	0,87 €	**Barverkaufspreis minus Selbstkostenpreis**
= Barverkaufspreis	11,02 €	
– 3 % Kundenskonto	0,34 €	Zielverkaufspreis entspricht 100 %, d. h. 3 % von 11,36 €
= Zielverkaufspreis	11,36 €	
– 15 % Kundenrabatt	2,00 €	Listenverkaufspreis entspricht 100 %, d. h. 15 % von 13,36 €
= Listenverkaufspreis (netto)	13,36 €	
– 19 % Umsatzsteuer	2,54 €	Listenverkaufspreis entspricht 119 %
= Listenverkaufspreis (brutto)	15,90 €	gegeben (siehe unter Aufgabe **11**: Wettbewerber B – günstigstes Angebot)

Bei der Differenzkalkulation wird vom Listenverkaufspreis bis zum Barverkaufspreis „rückwärts" kalkuliert und vom Bezugspreis bis zum Selbstkostenpreis „vorwärts" kalkuliert – die Differenz ist der verbleibende Gewinn.

Passt die Folder GmbH sich an den günstigsten Wettbewerber an, so würde sich der kalkulierte Gewinn von 15 % gemäß Ausgangssituation (dementsprechend auch der Gewinn je kg Kaffee gemäß der Kalkulation aus Lösungshinweis **11.1** in Höhe von 1,52 €) reduzieren.

11.5

Kalkulationsschema aus Lösung zu Aufgabe 11.1:

Bezugspreis je kg	8,46 €	
+ Handlungskosten	1,69 €	20 % vom Bezugspreis
= Selbstkostenpreis	10,15 €	
+ Gewinn	1,52 €	15 % vom Selbstkostenpreis
= Barverkaufspreis	11,67 €	
+ 3 % Kundenskonto	0,36 €	Barverkaufspreis entspricht 97 %
= Zielverkaufspreis	12,03 €	
+ 15 % Kundenrabatt	2,12 €	Zielverkaufspreis entspricht 85 %
= Listenverkaufspreis (netto)	14,15 €	
+ 19 % Umsatzsteuer	2,69 €	Listenverkaufspreis entspricht 100 %
= Listenverkaufspreis (brutto)	16,84 €	

Der **Kalkulationszuschlag** ist der prozentuale Aufschlag (Differenz zwischen Listenverkaufspreis netto und Bezugspreis) auf den Bezugspreis.

Differenz zwischen Listenverkaufspreis netto und Bezugspreis:

14,15 € − 8,46 € = **5,69 €** Differenz

Bezugspreis = 100 %

Differenz = x %

8,46 € = 100 %

5,69 € = x %

x = 67,257 ≈ **67,26 %**

5,69 € · 100 % / 8,46 € = **67,257** ≈ **67,26 % Kalkulationszuschlag**

Fortsetzung auf der nächsten Seite.

11.5

Der **Kalkulationsfaktor** ergibt sich aus Listenverkaufspreis netto / Bezugspreis

oder = (Kalkulationszuschlag / 100) + 1

Kalkulationsfaktor = 14,15 € / 8,46 €

= **1,67**

11.6

Die Kalkulation der Wettbewerber mit einem geringeren Kalkulationszuschlag kann z. B. folgende Ursachen haben:

- Kalkulation mit einem geringeren Gewinn
- Kalkulation mit geringeren Rabatten
- Kalkulation mit geringeren Handlungskosten

11.7

Vgl. Lösungshinweise zu Aufgabe **11.1**:

Listeneinkaufspreis netto je kg	8,50 €	
Reingewicht in kg	940,80 €	
Listeneinkaufspreis (netto)	7.996,80 €	Reingewicht · Listeneinkaufspreis
abzüglich Lieferantenrabatt		kein Rabatt bei 20 Säcken
= Zieleinkaufspreis (netto)	7.996,80 €	
abzüglich 3 % Skonto	239,90 €	3 % vom Zieleinkaufspreis
= Bareinkaufspreis	7.756,90 €	7.996,80 € – 239,90 €
+ Einkaufs- und Bezugskosten	200,00 €	Einkaufskosten = 20 Sack · 4,00 € Fracht = 20 Sack · 4,00 € Versicherung = 20 Sack · 2,00 €
= Bezugspreis	7.956,90 €	
= Bezugspreis je kg	8,46 €	Bezugspreis / Reingewicht

11.7

Die Folder GmbH erhält von ihrem Lieferanten für 20 Säcke mit jeweils 50 kg Kaffeebohnen eine Rechnung in Höhe von 9.516,19 € (Einkaufskosten, Fracht und Versicherung werden extra abgerechnet). Dies ergibt sich aus dem Zieleinkaufspreis (netto) zuzüglich der Umsatzsteuer in Höhe von 19 %.

Zieleinkaufspreis netto   = 7.996,80 €

zuzüglich 19 % USt.   = 1.519,39 €

= Zieleinkaufspreis brutto = **9.516,19 €**

Begleicht die Folder GmbH die Rechnung innerhalb von 10 Tagen, damit sie den Skontoabzug in Anspruch nehmen kann, muss sie die Summe von 9.230,70 € durch ein Bankdarlehen finanzieren. Dies errechnet sich folgendermaßen:

Zieleinkaufspreis brutto = 9.516,19 €

abzüglich 3 % Skonto   =   285,49 €

= **9.230,70 €**

$$\text{Zinsen} = \frac{\text{Kapital} \cdot \text{Zinssatz} \cdot \text{Tage}}{100 \cdot 360}$$

Der Monat ist mit 30 Tagen, das Jahr ist mit 360 Tagen anzusetzen (kaufmännische Zinsmethode).

Die **Kreditzinsen** betragen

Z = k · p · t / 100 · 360 = 9.230,70 € · 14 % · 20 Tage / 360 Tage · 100 % = 71,79 €

Der **Finanzierungsgewinn** beträgt in diesem Fall

Ersparnis durch Skonto = 285,49 €

abzüglich Zinsen   =   71,79 €

= **213,70 €**

12. Aufgabe

12.1

Die kurzfristige Preisuntergrenze ist erreicht, wenn der Deckungsbeitrag je Stück gleich null ist, da dann die Bezugspreise und die variablen Kosten gedeckt sind. Die fixen Kosten sind damit allerdings noch nicht gedeckt, deshalb müssen sie von den positiven Deckungsbeiträgen anderer Produkte gedeckt werden, damit kein Verlust entsteht.

Verkaufspreis je Stück	1,60 €	
Bezugspreis je Stück	1,00 €	
variable Handlungskosten je Stück	0,10 €	
fixe Kosten je Stück	0,40 €	
Selbstkosten je Stück	1,50 €	Bezugspreis + fixe + variable Handlungskosten
kurzfristige Preisuntergrenze	1,10 €	**Bezugspreis + variable Handlungskosten**

Kurzfristig könnte die Folder GmbH die Preise des Wettbewerbers mit einem Preis in Höhe von 1,10 € je Stück unterbieten.

12.2

Die langfristige Preisuntergrenze ist erreicht, wenn der Bezugspreis und die gesamten Kosten gedeckt sind; allerdings fällt dann kein Gewinn mehr ab. Demnach entspricht die langfristige Preisuntergrenze dem Selbstkostenpreis.

Verkaufspreis je Stück	1,60 €	
Bezugspreis je Stück	1,00 €	
variable Handlungskosten je Stück	0,10 €	
fixe Kosten je Stück	0,40 €	
Selbstkosten je Stück	1,50 €	Bezugspreis + fixe + variable Handlungskosten
langfristige Preisuntergrenze	**1,50 €**	**Bezugspreis + fixe + variable Handlungskosten**

Langfristig könnte die Folder GmbH die Klebestifte zu einem identischen Preis wie der Wettbewerber in Höhe von 1,50 € je Stück anbieten.

12.3

Verkaufspreis je Stück	1,60 €	
Bezugspreis je Stück	1,00 €	
variable Kosten je Stück	0,10 €	
fixe Kosten je Stück	0,40 €	
Selbstkosten je Stück	1,50 €	Bezugspreis + fixe + variable Handlungskosten
Deckungsbeitrag je Stück	**0,50 €**	**Verkaufspreis** **− Bezugspreis** **− variable Handlungskosten**

12.4

Anhand der Gewinnschwellenmenge kann die Folder GmbH erkennen, ab welcher abgesetzten Menge das Produkt einen Gewinn erwirtschaftet.

Gewinnschwellenmenge = fixe Kosten / Deckungsbeitrag je Stück

= 4.000 € / 0,50 € je Stück

= 8 000 Stück

Bei dieser Absatzmenge war der Deckungsbeitrag der Klebestifte gleich null. Das bedeutet, dass in der vergangenen Periode 10 000 Stück Klebestifte abgesetzt wurden, da 4.000 € fixe Kosten / 0,40 € fixe Kosten je Stück = 10 000 Stück entspricht und ein Gewinn von 0,10 € je Stück realisiert wurde.

12.5

Ohne Zusatzauftrag:

Verkaufspreis je Stück	1,60 €	
Bezugspreis je Stück	1,00 €	
variable Handlungskosten je Stück	0,10 €	
fixe Kosten je Stück	0,40 €	
Selbstkosten je Stück	1,50 €	Bezugspreis + fixe + variable Handlungskosten
Deckungsbeitrag je Stück	0,50 €	Verkaufspreis – Bezugspreis – variable Handlungskosten
Gewinn je Stück	0,10 €	Verkaufspreis – Selbstkosten
Gewinn bei 10 000 Stück	1.000,00 €	0,10 € · 10 000 Stück

Bei 10 000 Stück verkauften Klebestiften beträgt der Gewinn somit 1.000 € ohne den Zusatzauftrag.

12.5

Mit Zusatzauftrag:

	bestehender Auftrag	Zusatzauftrag
Verkaufspreis je Stück	1,60 €	1,20 €
Bezugspreis je Stück	1,00 €	1,00 €
variable Kosten je Stück	0,10 €	0,10 €
fixe Kosten je Stück	0,40 €	
Deckungsbeitrag je Stück	0,50 €	0,10 €
Gewinn je Stück	0,10 €	0,10 €
Gewinn	**1.000,00 €**	**400,00 €**

Der Zusatzauftrag sollte angenommen werden, obwohl der Verkaufspreis dort niedriger ist. Es erhöht sich der gesamte Gewinn, da die fixen Kosten bereits vom bestehenden Auftrag gedeckt sind und zusätzliche Mengenänderungen für den Gewinn keine Rolle mehr spielen (da sie ja „fix" sind!). Die Situation würde sich allerdings ändern, wenn kein positiver Deckungsbeitrag anfallen würde!

13. Aufgabe

13.1

Der **Bonus** entsprechend der Staffelung beträgt 3 % vom Jahresumsatz (netto).

3 % von 750,00 € = **22,50 €**

13.2

Bei einem Kauf von 50,00 € kommt der Kunde auf einen Jahresumsatz (netto) in Höhe von 800,00 € und somit in die Bonuskategorie mit 5 % Bonus.

5 % von 800,00 € = **40,00 €**

zusätzlicher Bonus durch den Auftrag = 40,00 € – 22,50 € = **17,50 €**

Es lohnt sich für die Eifrig KG den Zusatzauftrag zu tätigen, da sie die Klebestifte um 17,50 € günstiger kaufen kann, also für 32,50 € (50,00 € – 17,50 €).

13.3

Preisnachlässe bieten sich immer an, wenn man als Anbieter nicht die Verkaufspreise senken möchte, aber den Kunden unter bestimmten Voraussetzungen Preisreduzierungen anbieten möchte.

- **Rabatt** ist ein Preisnachlass, der dem Kunden beim Kauf eingeräumt wird, wenn er bestimmte Voraussetzungen erfüllt, z. B. Mengenrabatte, Sonderrabatte.
- **Skonto** ist ein Preisnachlass, den der Kunde erhält, wenn er innerhalb einer bestimmten Zahlungsfrist seine Rechnung begleicht.
- **Barzahlungsnachlass** ist ein Preisnachlass, den der Kunde erhält, wenn er den Rechnungsbetrag vor Ort mit Bargeld bezahlt.

14. Aufgabe

14.1

Die Bonität gibt eine Prognose über die Kreditwürdigkeit eines Kunden, d. h. eine Beurteilung dessen Zahlungsfähigkeit. Die Bonitätsprüfung erfolgt anhand von Bilanzkennzahlen zum Eigenkapital, Umsatz usw. sowie der Analyse von Vergangenheitswerten zur Zahlungsfähigkeit. Die Bonitätsprüfung wird vom Lieferanten vorgenommen, wenn dieser neue Kundenbeziehungen eingeht. Dabei werden auch Daten von Banken und Wirtschaftsauskunfteien berücksichtigt.

14.2

Die Bonität von Neukunden kann z. B. anhand folgender Kriterien geprüft werden:

- **Vergleichswerte,** da z. B. bestimmte Branchen, Unternehmensformen und Unternehmen in bestimmten Regionen risikobehafteter sind als andere.

- **Bilanzkennzahlen,** da z. B. niedrige Eigenkapitalwerte oder schlechte Liquiditätswerte auf ein erhöhtes Kreditrisiko hindeuten können.

- **Bonitätsindex,** da die meisten Unternehmen von Wirtschaftsauskunfteien analysiert und eingruppiert werden.

14.3

Unternehmen	Datensatz GmbH	Datenfeld AG	Datenbank KG
Bonitätsindex	167	466	300
Risikoklasse	2	6	4
Erläuterung	sehr gute Bonität	sehr schwache Bonität	mittlere Bonität

Der Bonitätsindex der Datensatz GmbH zeigt keine Risiken an, der Bonitätsindex der Datenbank KG liegt im Grenzbereich und der Bonitätsindex der Datenfeld AG ist als äußerst kritisch zu betrachten.

14.4

Unternehmen	Bedingungen
Datensatz GmbH	Auf Rechnung, ggf. Zielkauf
Datenbank KG	Auf Rechnung mit Anzahlung, detaillierte Kreditprüfung, ggf. Personalkredit mit Sicherheitsleistung
Datenfeld AG	Barzahlung, Vorauszahlung, Personalkredit

Die Bedingungen richten sich nach der Bonität der Kunden.

Die **Datensatz GmbH** hat eine **sehr gute Bonität.** Hier ist als Zahlungsbedingung „auf Rechnung" bzw. „Zielkauf" gerechtfertigt. Es liegt im Interesse der Folder GmbH, einem solch guten Kunden entgegenzukommen.

Die **Datenbank KG** weist eine mittlere Bonität auf. Hier ist eine gewisse Vorsicht des Lieferanten geboten. Daher werden Zahlungsbedingungen gestellt, die eine gewisse Sicherheit für den Lieferanten bieten, ohne den Kunden zu verprellen.

Bei der **Datenfeld AG** ist größte Vorsicht geboten, da die Bonität sehr schwach ist. Daher sollten die Zahlungsbedingungen so formuliert werden, dass der Lieferant kein Risiko eingeht.

14.5

Die Kundendaten sollten möglichst detailliert erfasst und gespeichert werden, damit eine zielgruppengerechte Absatzpolitik betrieben werden kann. Z. B. können folgende Daten für eine Kundenstrukturanalyse erhoben werden:

- Marktanteil
- Marktpotenzial
- Mitarbeiterzahl
- Unternehmensform
- Unternehmensgründung
- Geschäftsentwicklung
- Standort
- Werbeaktivitäten
- Kundenumsatz
- Kundenstruktur

15. Aufgabe

15.1

1. **Kontakt aufnehmen**

   Das Kundengespräch muss einen positiven Einstieg haben, damit die Beziehungsebene positiv geprägt wird. Einen guten Einstieg erreicht man durch eine freundliche verbale und nonverbale Kommunikation. Ein interessantes Thema, welches noch nichts mit dem eigentlichen Verkauf zu tun hat, erleichtert häufig den Einstieg.

2. **Kundenwunsch ermitteln**

   Fragen sind das wichtigste Instrument, um den Wunsch des Kunden zu ermitteln und seine Kompetenz anzuerkennen. Mit offenen Fragen (regen den Denk- und Erkenntnisprozess an) kann der Kunde geführt werden und können seine Bedürfnisse ermittelt werden.

3. **Argumente nennen**

   Hier sollten die Ziele des Kunden mit den Zielen des Verkäufers abgeglichen werden und damit die gemeinsame Basis für eine Kaufentscheidung gefunden werden, die alle Beteiligten zu Gewinnern macht.

4. **Inhalte zusammenfassen**

   Kommunikation birgt viele Hürden und Probleme, deshalb sollten die wesentlichen Fakten noch einmal zusammengefasst werden, um Probleme in der Nachkaufphase zu vermeiden und die Kundenzufriedenheit zu erhöhen.

5. **Entscheidung herbeiführen**

   In dieser Phase wird der Kauf durch übereinstimmende Willenserklärungen getätigt oder eine Entscheidung zum weiteren Vorgehen getroffen.

6. **Kaufentscheidung bestätigen**

   Dem Kunden sollte nach dem Kauf die Entscheidung positiv bestätigt werden, um Unsicherheiten zu vermeiden und ein positives Gefühl auszulösen.

7. **Abschluss gestalten**

   Auch der Abschluss des Kundengesprächs muss einen positiven Ausklang haben, damit die Beziehungsebene positiv geprägt wird. Ein guter Abschluss ist durch eine freundliche verbale und nonverbale Kommunikation gekennzeichnet.

15.2

Sollte die Folder GmbH kein bedarfsgerechtes Produkt im Angebot haben, müsste der Verkaufsmitarbeiter kundenorientiert vorgehen und

- einen alternativen Artikel vorschlagen, der den Kundenwünschen annähernd entspricht,
- versuchen den benötigten Artikel anderweitig zu besorgen oder
- den Kunden gegebenenfalls an einen Kooperationspartner der Folder GmbH weiterleiten.

15.3

Wer fragt, der führt!	☑
Kommunikation ist keine Einbahnstraße!	☑
Aktiv zuhören!	☑
Keine Schachtelsätze!	☑
Ein Bild sagt mehr als tausend Worte!	☑
Klar, deutlich und langsam sprechen!	☑
Wie es in den Wald hineinruft, so schallt es auch hinaus!	☑
Wer nicht lächeln kann, sollte kein Geschäft aufmachen! ☺	☑
Verbale und nonverbale Kommunikation müssen übereinstimmen!	☑
Den Kunden beim Namen nennen!	☑

15.4

Folder GmbH

Hans-Maier-Straße 12 – 16
60323 Frankfurt am Main
Telefon +69 3775-0
Telefax: +69 37751

Folder GmbH • Hans-Maier-Str. 12 – 16 • 60323 Frankfurt

Direktbüro KG
Herrn Klaus Ludwig
Münchstraße 11
65812 Bad Soden

Ihr Zeichen, Ihre Nachricht vom	Unser Zeichen, unsere Nachricht vom	Tel.-Durchwahl, Name	Datum
	aw-vk	-234 Alice Wundersam	20..-10-10

Angebot Nr. 923-20.. vom 10. Oktober 20..
Ihr Besuch am 10. Oktober 20.. in unserem Hause

Sehr geehrter Herr Ludwig,

noch einmal herzlichen Dank für Ihren Besuch in unserem Verkaufsbüro. Sie erhalten hiermit das gewünschte Angebot über das vorgeschlagene *AHA-Klebstoff-Produkt.*

Dieses Produkt ist hervorragend geeignet, um Papier, Pappe oder Karton miteinander zu verbinden und besitzt den einzigartigen Klebekopf zum Punkt-, Strich- und Flächenkleben. Der Klebstoff ist lösungsmittelfrei und umweltfreundlich! Gern liefern wir Ihnen sofort ab Werk:

Menge	Einheit	Produkt	Artikel-Nr.	Listenpreis (netto) je 100 Stück
120	40-g-Flaschen	Vielzweckkleber AHA Finger Clean	464640	16,90 €

Dieses Angebot ist gültig bis zum 30. Oktober 20..
Zahlung: innerhalb 10 Tagen nach Rechnungsdatum 3 % Skonto, 30 Tage netto.
Bitte beachten Sie unsere beigefügten Allgemeinen Geschäftsbedingungen.

Mit freundlichen Grüßen

Folder GmbH
Verkaufsbüro Süd

i. A.

Alice Wundersam

Anlage
AGB

Folder GmbH
Geschäftsführer
Dr. Ruthard Rumor

Amtsgericht – Registergericht
Frankfurt am Main
HRB 16848

Musterbank AG
Frankfurt am Main
BLZ 380 200 60
Konto Nr. 39 652 504

16. Aufgabe:

16.1

Kunden, die Beschwerden über mangelhaft erbrachte Leistungen äußern, geben Ihnen die Chance, die Beschwerde zur Kundenbindung zu nutzen.

Die Beschwerde oder Reklamation sollte immer unter vier Augen besprochen werden und niemals in Gegenwart anderer Kunden. Die Problemlösung kann in den folgenden fünf Schritten erfolgen:

1. Verständnis für die Reklamation zeigen
2. Schwierigkeiten entschuldigen
3. Informationen zur Reklamation erfragen
4. Lösung suchen
5. Problem lösen

Dabei sollten die folgenden Regeln eingehalten werden, um eine konstruktive Lösung zu erreichen:

1. Bedanken Sie sich immer für die Reklamation!
2. Entschuldigen Sie sich immer für das Problem!
3. Sagen Sie niemals, dass der Kunde Schuld hat!
4. Führen Sie niemals ein Streitgespräch!
5. Versprechen Sie nichts, was Sie nicht halten können!

16.2

Zunächst prüfen Sie anhand der Ihnen vom Kunden vorgelegten Rechnung bzw. des Kaufbeleges, wann und wo dieses Gerät erworben wurde. Falls keine Belege vorgelegt werden können, ist es auch möglich, den Kauf auf andere Weise nachzuweisen, z. B. durch Nennung von Zeugen für den Kauf.

Wenn diese organisatorischen Schritte ergeben haben, dass nach der kaufmännischen Rechtslage eine Reklamation vorliegt, die Ihr Unternehmen betrifft, wenden Sie sich dem technischen Problem zu.

Sie werden zuerst ausschließen, dass es sich um einen Bedienungsfehler handelt. Sollte das Problem nicht auf eine fehlerhafte Handhabung zurückzuführen sein, so ist

16.2

im nächsten Schritt dieses Gerät der Abteilung technischer Kundendienst zuzuleiten, um eine Fehlerdiagnose und Behebung des Fehlers durchzuführen (Nachbesserung).

Falls eine Beseitigung des Fehlers nicht möglich ist (und nur dann!), hat der Kunde das Recht auf Lieferung einer mangelfreien Sache (d. h. auf ein mangelfreies Ersatzgerät) auf Kosten des Verkäufers.

16.3

Bei einem Sachmangel ist zu unterscheiden:

Mangel in der Art:	Es wurde falsche Ware geliefert.
Mangel in der Qualität:	Der Ware fehlt eine vereinbarte Eigenschaft bzw. sie ist nicht für den bestimmungsgemäßen Gebrauch geeignet.
Mangel in der Menge:	Es wurde zu viel oder zu wenig geliefert.
Mangel in der Beschaffenheit:	Die Ware ist verdorben oder beschädigt. Die Warenverpackung ist ungeeignet.

Für Reklamationen gelten die folgenden gesetzlichen Fristen der Mängelanzeige:

	Offene Mängel:	Versteckte Mängel:
Zweiseitiger Handelskauf: Käufer und Verkäufer sind Kaufleute (HGB § 377)	unverzüglich	unverzüglich nach Entdeckung
Einseitiger Handelskauf: Nur ein Vertragspartner ist Kaufmann oder beide sind Privatleute (BGB § 438)	Innerhalb von zwei Jahren nach der Lieferung	

> Bei einem **Verbrauchsgüterkauf** gilt:
> Die Verjährung von Ansprüchen wegen Sachmängeln darf grundsätzlich nicht auf weniger als zwei Jahre, bei gebrauchten Sachen nicht auf weniger als ein Jahr verkürzt werden (A§ 475 II BGB).

Bei einem **zweiseitigen Handelskauf** ist es dagegen möglich, die Fristen für Mängelanzeigen abweichend von der gesetzlichen Gewährleistung vertraglich auch kürzer zu vereinbaren.

16.4

In diesem Fall ist die gesetzliche Gewährleistungspflicht von zwei Jahren abgelaufen (die für den Kunden als Endverbraucher in Frage käme), allerdings hat die Folder GmbH gegenüber dem Kunden freiwillig eine Garantieverpflichtung (Händlergarantie) für drei Jahre abgegeben, auf die der Kunde sich berufen kann. Demnach steht dem Kunden das Recht zu, innerhalb des oben angegebenen Zeitraums alle Reparaturen kostenfrei zu erhalten. In der Garantie sind auch alle notwendigen Ersatzteile sowie die benötigte Arbeitszeit zur Reparatur enthalten.

16.5

Unter Kulanz versteht man eine freiwillige Leistung, die der Verkäufer dem Kunden zur Problembeseitigung anbietet, ohne dass er dazu gesetzlich oder vertraglich verpflichtet wäre. Aus Kulanz könnte die Folder GmbH die kostenfreie (oder teilweise kostenfreie) Reparatur des Druckers, ein kostenfreies (oder teilweise kostenfreies) Austauschgerät oder ein kostenfreies Ersatzgerät während der Reparatur anbieten. Kulanzangebote dienen vor allem der Kundenbindung.

4 Wareneingang, Warenlagerung und Warenausgang; Warenwirtschaftssystem

1. Aufgabe

1.1

Die Warensendung der Clipsos KG erfolgte in zwei Kartons, von denen einer eine Beschädigung aufweist. Auf dem Bild ist ersichtlich, dass der beschädigte Karton nicht mehr geschlossen ist, die Klebestreifen entfernt oder aufgerissen wurden. Außerdem ist ein Loch in der Vorderseite des Kartons erkennbar, welches vermutlich durch einen spitzen Gegenstand verursacht wurde.

Der Schaden an der Warenlieferung muss auf den Begleitpapieren festgehalten und vom Überbringer durch seine Unterschrift bestätigt werden. Viele Unternehmen erfassen die Beschädigungen auch auf vorgedruckten Formularen zur Tatbestandsaufnahme. Zur Beweissicherung kann zusätzlich ein Foto der ermittelten Beschädigungen aufgenommen werden.

1.2

Die Warenprüfung der Lieferung erfolgt anhand folgender vier Kriterien:

1. **Identität:** Ist die richtige Ware (Artikelnummer, Beschreibung) geliefert worden?
2. **Quantität:** Ist die richtige Menge (Anzahl, Gewicht) geliefert worden?
3. **Qualität:** Ist die richtige Güte (Material, Maße) geliefert worden?
4. **Beschaffenheit:** Ist die Ware mängelfrei (Beschädigungen, Defekte) geliefert worden?

- Die Prüfung der **Identität** erfolgt anhand des Lieferscheins, weiteren Warenbegleitpapieren und der Sichtkontrolle der Waren.
- Die Prüfung der **Quantität** erfolgt durch Messen, Zählen oder Wiegen der angelieferten Waren.
- Die Prüfung der **Qualität** erfolgt durch technische Untersuchungen, Begutachtungen der Waren, Tests oder dem Vergleichen mit Mustern.
- Die Prüfung der **Beschaffenheit** erfolgt durch Sicht- oder Funktionskontrollen.

Die Waren werden im Fall von Massenware (wie hier) anhand von Stichproben kontrolliert.

Sollte es sich dagegen bei einer Lieferung um Wertartikel handeln, werden die gelieferten Produkte einzeln sorgfältig geprüft.

1.3

Bei Pos. 1, den 50 fehlenden Metall-Briefklammern, blau, handelt es sich um eine mangelhafte Lieferung (Sachmangel: Mangel in der Menge). Der Kunde wird in diesem Fall eine unverzügliche Nachlieferung verlangen.

Bei Pos. 3 (den defekten Klammernspendern) lässt die Art der Beschädigung der Ware auf einen **Transportschaden** schließen, der vom Frachtführer verursacht wurde. Die Waren wurden von dem Lieferer ausreichend gegen Beschädigungen gesichert und den Frachtpapieren ist eine einwandfreie Übergabe zu entnehmen. Der Außenkarton, in dem die Ware transportiert wurde, weist beim Wareneingang jedoch eine Beschädigung auf.

In diesem Fall gelten die folgenden gesetzlichen Regelungen, aus denen sich eine Haftung des Frachtführers für den vorliegenden Schaden ergibt:

> **HGB § 425 Haftung für Güter- und Verspätungsschäden. Schadensteilung**
>
> (1) Der Frachtführer haftet für den Schaden, der durch Verlust oder Beschädigung des Gutes in der Zeit von der Übernahme zur Beförderung bis zur Ablieferung oder durch Überschreitung der Lieferfrist entsteht.
>
> (2) Hat bei der Entstehung des Schadens ein Verhalten des Absenders oder des Empfängers oder ein besonderer Mangel des Gutes mitgewirkt, so hängen der Verpflichtung zum Ersatz sowie der Umfang des zu leistenden Ersatzes davon ab, inwieweit diese Umstände zu dem Schaden beigetragen haben.

Der Transportschaden ist dem Frachtführer **unverzüglich** bei Ablieferung anzuzeigen, falls der Schaden sofort erkennbar ist (in diesem Fall gegeben). Sind die Schäden oder die verlorene Ware nicht äußerlich erkennbar, so hat der Empfänger **innerhalb von sieben Tagen** den Tatbestand anzuzeigen.

1.3

HGB § 438 Schadensanzeige

(1) Ist ein Verlust oder eine Beschädigung des Gutes äußerlich erkennbar und zeigt der Empfänger oder der Absender dem Frachtführer Verlust oder Beschädigung nicht spätestens bei Ablieferung des Gutes an, so wird vermutet, dass das Gut in vertragsgemäßem Zustand abgeliefert worden ist. Die Anzeige muss den Schaden hinreichend deutlich kennzeichnen.

(2) Die Vermutung nach Absatz 1 gilt auch, wenn der Verlust oder die Beschädigung äußerlich nicht erkennbar war und nicht innerhalb von sieben Tagen nach Ablieferung angezeigt worden ist.

(3) Ansprüche wegen Überschreitung der Lieferfrist erlöschen, wenn der Empfänger dem Frachtführer die Überschreitung der Lieferfrist nicht innerhalb von einundzwanzig Tagen nach Ablieferung anzeigt.

(4) Eine Schadensanzeige nach Ablieferung ist in Textform zu erstatten. Zur Wahrung der Frist genügt die rechtzeitige Absendung.

(5) Werden Verlust, Beschädigung oder Überschreitung der Lieferfrist bei Ablieferung angezeigt, so genügt die Anzeige gegenüber demjenigen, der das Gut abliefert.

1.4

Wareneingangsschein	Nr.: K 12 65 669	Datum: 20..-11-11
Laufweg: WA-WE-EK	Ort: Frankfurt am Main	Uhrzeit: 11:30 Uhr
Bestell-Nr.: 456 123	Frachtführer: XYZ Logistik	Versandart: LKW
Bestell-Datum: 20..-11-05		
Lieferschein-Nr.: Fold.001/20..	Verpackung: Insgesamt 2 Kartons: Nr. 1: (in Ordnung) Inhalt BK101 und BK102 Nr. 2 : Inhalt KS500 (Außenkarton beschädigt)	Lieferant: Clipsos KG Sonnenstraße 13 60435 Frankfurt am Main

Art.-Nr.	Bezeichnung	Menge Soll	Menge Ist	Mengeneinheit	Mängel
BK101	Metall-Briefklammern, blau, 32 mm	400 Packungen à 100 Stück	350 Packungen à 100 Stück	Packungen à 100 Stück	50 Packungen fehlen (d. h. 5 000 Stück Briefklammern)
BK102	Metall-Briefklammern, rot, 32 mm	300 Packungen à 100 Stück	300 Packungen à 100 Stück	Packungen à 100 Stück	
KS500	Klammernspender, Kunststoff, schwarz	200 Packungen à 10 Stück	200 Packungen à 10 Stück	Packungen à 10 Stück	50 Klammernspender zersplittert (Kunststoff gebrochen)

1.5

Die gelieferten Briefklammern können anschließend an das Warenlager weitergeleitet werden. Dort werden sie im Warenwirtschaftssystem erfasst und auf dem entsprechenden Lagerplatz eingelagert. Mit den Klammernspendern, die keine Mängel aufweisen, ist ebenso zu verfahren. Die 50 defekten Klammernspender sind vom Empfänger bis zur Antwort des Lieferanten auf die Mängelanzeige aufzubewahren. (Eine Rücksendung wäre in diesem Falle unwirtschaftlich.)

HGB § 379

(1) Ist der Kauf für beide Teile ein Handelsgeschäft, so ist der Käufer, wenn er die ihm von einem anderen Ort übersendete Ware beanstandet, verpflichtet, für ihre einstweilige Aufbewahrung zu sorgen.

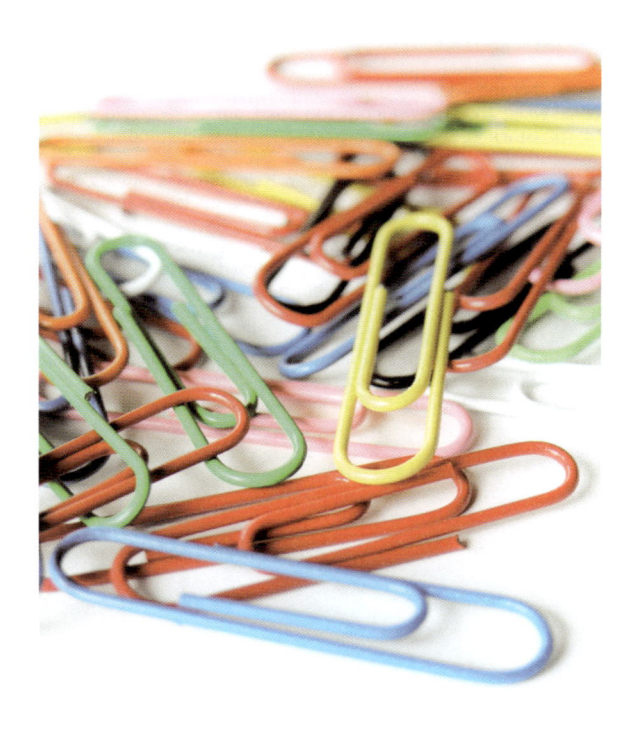

1.6

Folder GmbH

Hans-Maier-Straße 12 – 16
60323 Frankfurt am Main
Telefon +69 3775-0
Telefax: +69 37751

Folder GmbH • Hans-Maier-Str. 12 – 16 • 60323 Frankfurt

Clipsos KG
Herrn Hans Andres
Sonnenstraße 13
60435 Frankfurt am Main

Ihr Zeichen, Ihre Nachricht vom	Unser Zeichen, unsere Nachricht vom	Tel.-Durchwahl, Name	Datum
ma-ri	we-kl	-234 Fabian Werner	20..-11-11

Mängelanzeige – Ihre Lieferung vom 11. November 20..
Auftrags-Nr. Fold.001/20.. vom 20..-11-05

Sehr geehrter Herr Andres,

wir haben soeben Ihre obige Lieferung erhalten. Eine unverzügliche Überprüfung der Ware ergab folgende Mängel:

Pos. 1 – Art.-Nr. BK101 – Metall-Briefklammern, blau
Der Lieferschein weist 400 Packungen à 100 Stück auf, geliefert wurden jedoch nur 350 Packungen à 100 Stück, d. h. es fehlen 5 000 Stück Briefklammern.

Pos. 3 – Art.-Nr. KS500 – Klammernspender, Kunststoff, schwarz
50 Klammernspender sind defekt; das Kunststoffgehäuse ist zersplittert.

Der Schaden bei Pos. 3 ist vermutlich auf einen Transportschaden zurückzuführen, da der Karton beschädigt war und geöffnet bei uns angeliefert wurde. Der Tatbestand wurde bei der Warenannahme in Anwesenheit des Frachtführers aufgenommen und vom Fahrer auf den Versandpapieren bestätigt.

Bitte liefern Sie uns die fehlenden 50 Packungen Metall-Briefklammern, blau, nach und senden Sie uns 50 neue Klammernspender als Ersatz. Die defekte Ware steht Ihnen zur Verfügung. Bitte teilen Sie uns mit, wie wir mit den beschädigten Artikeln verfahren sollen.

Mit freundlichen Grüßen

Folder GmbH

i. A.

Fabian Werner

Folder GmbH	Amtsgericht – Registergericht	Musterbank AG
Geschäftsführer	Frankfurt am Main	Frankfurt am Main
Dr. Ruthard Rumor	HRB 16848	BLZ 380 200 60
		Konto Nr. 39 652 504

2. Aufgabe

2.1

Berechnung Eigenlagerung:

	Personalkosten/Jahr =	15.000,00 €
+	Abschreibungen/Jahr =	1.500,00 €
+	Energiekosten/Jahr =	600,00 €
+	Versicherungskosten/Jahr =	800,00 €
+	Reinigungskosten/Jahr =	1.000,00 €
=	Summe fixe Kosten/Jahr =	18.900,00 €
=	**Summe fixe Kosten/Monat =**	1.575,00 €
+	variable Kosten (7 €/m² · 350 m²) =	2.450,00 €
	Summe Eigenlagerung=	4.025,00 €

Berechnung Fremdlagerung:

39 €/m² im Quartal / 3 Monate = monatlich 13 €/m²

13 €/m² · 350 m² = **4.550,00 €**

Bei einer Lagerfläche von 350 m² ist die Eigenlagerung im Monat um 525 € günstiger als die Fremdlagerung der Waren. Betrachtet man nur die Kosten der Lagerung, so ist hier die Eigenlagerung vorzuziehen.

2.2

Kapazitätsänderungen: Die Entscheidung für eine Fremdlagerung oder eine Eigenlagerung hängt auch von den Veränderungen der Warenmengen ab, da das Eigenlager nur über begrenzte Kapazitäten verfügt und sich zusätzliche Lagerflächen deshalb nicht so flexibel wie bei der Fremdlagerung beschaffen lassen.

Lagerdauer: Die Entscheidung für eine Fremdlagerung oder eine Eigenlagerung hängt auch vom Zeitraum der Nutzung ab, da man in der Regel länger an ein Eigenlager gebunden ist, als an ein Fremdlager.

Lagerausstattung: Die Entscheidung für eine Fremdlagerung oder eine Eigenlagerung hängt auch von den benötigten Lagereinrichtungen ab, da die gegebenenfalls notwendigen Spezialausstattungen nicht vorhanden sind oder teuer beschafft werden müssten.

Zusatzleistungen: Die Entscheidung für eine Fremdlagerung oder eine Eigenlagerung hängt auch von den erforderlichen Dienstleistungen (Entsorgung, Verteilung, Kommissionierung) ab, die zum Handling der Waren notwendig sind.

2.3

notwendige Lagerfläche in m²	fixe Kosten Eigenlagerung in €/Monat	variable Kosten Eigenlagerung in €/Monat	Gesamtkosten Eigenlagerung in €/Monat	Gesamtkosten Fremdlagerung in €/Monat
200	1.575,00	1.400,00	2.975,00	2.600,00
250	1.575,00	1.750,00	3.325,00	3.250,00
300	1.575,00	2.100,00	3.675,00	3.900,00
350	1.575,00	2.450,00	4.025,00	4.550,00
400	1.575,00	2.800,00	4.375,00	5.200,00
450	1.575,00	3.150,00	4.725,00	5.850,00
500	1.575,00	3.500,00	5.075,00	6.500,00

2.3

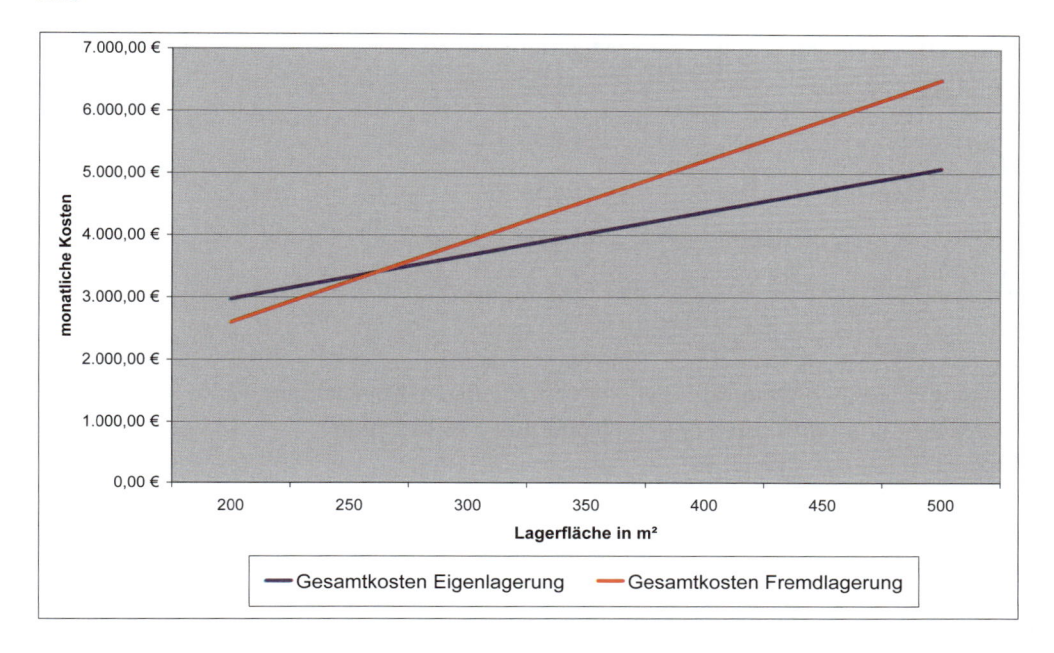

Die Gesamtkosten der Eigenlagerung ergeben sich aus der Addition der fixen und variablen Kosten der Eigenlagerung, die Gesamtkosten der Fremdlagerung steigen hingegen variabel an. Die Grafik lässt erkennen, dass die Gesamtkosten der Eigenlagerung (aufgrund der Fixkosten) bei einer geringeren Quadratmeterzahl höher sind als die Gesamtkosten der Fremdlagerung. Die Fixkosten werden aber mit zunehmender Quadratmeterzahl durch die niedrigeren variablen Kosten der Eigenlagerung kompensiert, sodass mit steigender Quadratmeterzahl die Gesamtkosten der Eigenlagerung günstiger werden.

2.4

Kosten der Fremdlagerung	=	Kosten der Eigenlagerung
13 €/m² · x m²	=	1.575 € + 7 €/m² · x m²
13 €/m² · x m² − 7 €/m² · x m²	=	1.575 €
6 €/m² · x m²	=	1.575 €
x	=	1.575 € / 6 €/m²
x	=	**262,50 m²**

Bei einer kritischen Quadratmeterzahl von 262,50 m² entsprechen die Kosten der Fremdlagerung den Kosten der Eigenlagerung und betragen 262,50 · 13 € = 3.412,50 €.

2.5

Das Eigenlager hat eine maximale Lagerkapazität von 600 m². Bei einer kritischen Quadratmeterzahl von 262,50 m² berechnet sich der Auslastungsgrad folgendermaßen:

600 m² entsprechen 100 %

262,50 m² entsprechen x %

262,50 · 100 / 600 = **43,75 %**

Der Auslastungsgrad bei einer kritischen Quadratmeterzahl von 262,50 m² beträgt **43,75 %**.

2.6

Vorteile Fremdlager	Nachteile Fremdlager
Keine Investitions- und Finanzierungskosten für den Bau oder Kauf eines Eigenlagers	Abhängigkeit von externen Dienstleistungsanbietern
Keine Leerstandskosten bei geringerer Auslastung des Eigenlagers	Kein direkter Einfluss auf die Mitarbeiterqualifikation und die Lagerausstattung
Einsparung von Fixkosten, wie z. B. Personalkosten, Abschreibungen	Gegebenenfalls Imageverlust
Flexiblere Nutzung bei variablen Lagermengen	Größerer Organisations- und Abstimmungsaufwand

Entladungskontrolle

3. Aufgabe

3.1

Der Lagerschein wurde vom Lagerhalter nicht vollständig ausgefüllt. Der Lagerschein soll zur genauen Identifikation der eingelagerten Güter folgende Angaben enthalten:

> **HGB § 475c Lagerschein**
>
> (1) Über die Verpflichtung zur Auslieferung des Gutes kann von dem Lagerhalter, nachdem er das Gut erhalten hat, ein Lagerschein ausgestellt werden, der die folgenden Angaben enthalten soll:
>
> 1. Ort und Tag der Ausstellung des Lagerscheins;
> 2. Name und Anschrift des Einlagerers;
> 3. Name und Anschrift des Lagerhalters;
> 4. Ort und Tag der Einlagerung;
> 5. die übliche Bezeichnung der Art des Gutes und die Art der Verpackung, bei gefährlichen Gütern ihre nach den Gefahrgutvorschriften vorgesehene, sonst ihre allgemein anerkannte Bezeichnung;
> 6. Anzahl, Zeichen und Nummern der Packstücke;
> 7. Rohgewicht oder die anders angegebene Menge des Gutes;
> 8. im Falle der Sammellagerung einen Vermerk hierüber.
>
> (2) In den Lagerschein können weitere Angaben eingetragen werden, die der Lagerhalter für zweckmäßig hält.
>
> (3) Der Lagerschein ist vom Lagerhalter zu unterzeichnen. Eine Nachbildung der eigenhändigen Unterschrift durch Druck oder Stempel genügt.

D. h. auf dem vorliegenden Lagerschein fehlen die Angaben zu:

- Bezeichnung der Art des Gutes = z. B. Bürostühle Modell xyz
- Menge des Gutes = z. B. 400 Stück
- Zeichen und Nummer der Packstücke = z. B. Nr. B001 bis B400

Ohne diese Angaben lässt sich nicht erkennen, wie viele und welche Art Bürostühle in den 400 Packstücken enthalten sind. Zudem ist eine exakte Identifikation der einzelnen Packstücke nicht möglich.

3.2

Die Rechte der Raumschiff SuperNatural KG als Lagerhalter ergeben sich u. a. aus den §§ 467, 475b sowie 473 HGB.

1. Anspruch auf Vergütung

Der Lagerhalter hat Anspruch auf Vergütung durch den Einlagerer.

HGB § 467 Lagergeschäft

(2) Der Einlagerer wird verpflichtet, die vereinbarte Vergütung zu zahlen.

---

2. Pfandrecht an der Ware

Der Lagerhalter hat ein Pfandrecht an der Ware, um seine Forderungen abzudecken.

HGB § 475b Pfandrecht

(1) Der Lagerhalter hat wegen aller durch den Lagervertrag begründeten Forderungen sowie wegen unbestrittener Forderungen aus anderen mit dem Einlagerer abgeschlossenen Lager-, Fracht- und Speditionsverträgen ein Pfandrecht an dem Gut. Das Pfandrecht erstreckt sich auch auf die Forderung aus einer Versicherung sowie auf die Begleitpapiere.

(2) Ist ein Orderlagerschein durch Indossament übertragen worden, so besteht das Pfandrecht dem legitimierten Besitzer des Lagerscheins gegenüber nur wegen der Vergütungen und Aufwendungen, die aus dem Lagerschein ersichtlich sind oder ihm bei Erwerb des Lagerscheins bekannt oder infolge grober Fahrlässigkeit unbekannt waren.

(3) Das Pfandrecht besteht, solange der Lagerhalter das Gut in seinem Besitz hat, insbesondere solange er mittels Konnossements, Ladescheins oder Lagerscheins darüber verfügen kann.

Fortsetzung auf der nächsten Seite.

3.2

3. Kündigungs- und Rücknahmerecht

Der Lagerhalter kann verlangen, dass der Einlagerer das Gut nach einer bestimmten Frist wieder abholt. Bei Vorliegen eines wichtigen Grundes kann der Lagerhalter auch fristlos die Rücknahme des eingelagerten Gutes verlangen.

> **HGB § 473 Dauer der Lagerung**
>
> (2) Der Lagerhalter kann die Rücknahme des Gutes nach Ablauf der vereinbarten Lagerzeit oder bei Einlagerung auf unbestimmte Zeit nach Kündigung des Vertrags unter Einhaltung einer Kündigungsfrist von einem Monat verlangen. Liegt ein wichtiger Grund vor, so kann der Lagerhalter auch vor Ablauf der Lagerzeit und ohne Einhaltung einer Kündigungsfrist die Rücknahme des Gutes verlangen.
>
> (3) Ist ein Lagerschein ausgestellt, so sind die Kündigung und das Rücknahmeverlangen an den letzten dem Lagerhalter bekannt gewordenen legitimierten Besitzer des Lagerscheins zu richten.

3.3

Die Pflichten der Raumschiff SuperNatural KG als Lagerhalter ergeben sich u. a. aus den §§ 467, 470, 471, 475 sowie 475e HGB.

1. Güterlagerung und -aufbewahrung

Der Lagerhalter ist verpflichtet, das Gut vertragsgemäß zu lagern.

> **HGB § 467 Lagergeschäft**
>
> (1) Durch den Lagervertrag wird der Lagerhalter verpflichtet, das Gut zu lagern und aufzubewahren.

2. Benachrichtigungspflicht

Der Lagerhalter muss den Einlagerer unverzüglich benachrichtigen, wenn bei Empfang des Gutes erkennbar ist, dass die Ware Mängel aufweist.

> **HGB § 470 Empfang des Gutes**
>
> Befindet sich Gut, das dem Lagerhalter zugesandt ist, beim Empfang in einem beschädigten oder mangelhaften Zustand, der äußerlich erkennbar ist, so hat der Lagerhalter Schadenersatzansprüche des Einlagerers zu sichern und dem Einlagerer unverzüglich Nachricht zu geben.

3.3

3. Informations- und Zutrittspflicht

Der Lagerhalter hat dem Einlagerer die Besichtigung des Gutes sowie die Entnahme von Proben zu gestatten.

Bei einer Veränderung des Zustandes des Lagergutes, z. B. einer Verschlechterung der Qualität, die Verluste erwarten lässt, muss der Lagerhalter dem Einlagerer oder dem letzten legitimierten Besitzer des Gutes darüber Meldung machen.

HGB § 471 Erhaltung des Gutes

(1) Der Lagerhalter hat dem Einlagerer die Besichtigung des Gutes, die Entnahme von Proben und die zur Erhaltung des Gutes notwendigen Handlungen während der Geschäftsstunden zu gestatten. Er ist jedoch berechtigt und im Falle der Sammellagerung auch verpflichtet, die zur Erhaltung des Gutes erforderlichen Arbeiten selbst vorzunehmen.

(2) Sind nach dem Empfang Veränderungen an dem Gut entstanden oder zu befürchten, die den Verlust oder die Beschädigung des Gutes oder Schäden des Lagerhalters erwarten lassen, so hat der Lagerhalter dies dem Einlagerer oder, wenn ein Lagerschein ausgestellt ist, dem letzten ihm bekannt gewordenen legitimierten Besitzer des Scheins unverzüglich anzuzeigen und dessen Weisungen einzuholen. Kann der Lagerhalter innerhalb angemessener Zeit Weisungen nicht erlangen, so hat er die angemessen erscheinenden Maßnahmen zu ergreifen. [...]

---

4. Haftungspflicht

Der Lagerhalter haftet während der Einlagerung für Schäden an dem Gut im Rahmen der Sorgfaltspflicht eines ordentlichen Kaufmanns.

HGB § 475 Haftung für Verlust oder Beschädigung

Der Lagerhalter haftet für den Schaden, der durch Verlust oder Beschädigung des Gutes in der Zeit von der Übernahme zur Lagerung bis zur Auslieferung entsteht, es sei denn, dass der Schaden durch die Sorgfalt eines ordentlichen Kaufmanns nicht abgewendet werden konnte. [...]

Fortsetzung auf der nächsten Seite.

3.3

5. Herausgabepflicht

Gegen Rückgabe des Lagerscheins muss der Lagerhalter das Gut wieder herausgeben.

> **HGB § 475e Auslieferung gegen Rückgabe des Lagerscheins**
>
> ==(1) Ist ein Lagerschein ausgestellt, so ist der Lagerhalter zur Auslieferung des Gutes nur gegen Rückgabe des Lagerscheins, auf dem die Auslieferung bescheinigt ist, verpflichtet.==
>
> (2) Die Auslieferung eines Teils des Gutes erfolgt gegen Abschreibung auf dem Lagerschein. Der Abschreibungsvermerk ist vom Lagerhalter zu unterschreiben.
>
> (3) Der Lagerhalter haftet dem rechtmäßigen Besitzer des Lagerscheins für den Schaden, der daraus entsteht, dass er das Gut ausgeliefert hat, ohne sich den Lagerschein zurückgeben zu lassen oder ohne einen Abschreibungsvermerk einzutragen.

3.4

Bei dem Lagerschein handelt es sich um ein **Warenwertpapier,** d. h. der Lagerschein verbrieft das Verfügungsrecht an den angegebenen Gütern. Der Lagerhalter ist verpflichtet, die Güter nur an den Besitzer des Lagerscheins und gegen Rückgabe des Lagerscheins herauszugeben (siehe oben § 475e HGB).

3.5

Die Güter dürfen vom Lagerhalter nur an den Empfänger ausgeliefert werden, der gemäß Lagerschein dazu berechtigt ist, die Güter zu empfangen. Alternativ kann auch ein Orderlagerschein ausgestellt werden, auf dem die Herausgaberechte durch Indossament (Weitergabevermerk) an die Kunden der Folder GmbH übertragen werden.

> **HGB § 475f Legitimation durch Lagerschein**
>
> Zum Empfang des Gutes legitimiert ist derjenige, an den das Gut nach dem Lagerschein ausgeliefert werden soll oder auf den der Lagerschein, wenn er an Order lautet, durch Indossament übertragen ist. Der Lagerhalter ist nicht verpflichtet, die Echtheit der Indossamente zu prüfen.

> **HGB § 475g Traditionsfunktion des Orderlagerscheins**
>
> Ist von dem Lagerhalter ein Lagerschein ausgestellt, der durch Indossament übertragen werden kann, so hat, wenn das Gut vom Lagerhalter übernommen ist, die Übergabe des Lagerscheins an denjenigen, den der Lagerschein zum Empfang des Gutes legitimiert, für den Erwerb von Rechten an dem Gut dieselben Wirkungen wie die Übergabe des Gutes.

3.6

In diesem Fall haftet die Raumschiff SuperNatural KG als Lagerhalter für den verursachten Schaden an den Bürostühlen, da der Schaden während der Lagerung der Güter entstanden ist.

> **HGB § 475 Haftung für Verlust oder Beschädigung**
>
> Der Lagerhalter haftet für den Schaden, der durch Verlust oder Beschädigung des Gutes in der Zeit von der Übernahme zur Lagerung bis zur Auslieferung entsteht, es sei denn, dass der Schaden durch die Sorgfalt eines ordentlichen Kaufmanns nicht abgewendet werden konnte. Dies gilt auch dann, wenn der Lagerhalter gemäß § 472 Abs. 2 das Gut bei einem Dritten einlagert.

4. Aufgabe

4.1

- Die Lagerung der Güter in einem vollautomatischen Lager erfolgt nach einem „chaotischen Lagersystem", d. h. die Waren werden auf freien Plätzen eingelagert. Bei der Lagerung in einem flexiblen System gibt es keine festen Lagerplätze und keinen festen Lagerplan.
- Die Lagerung der Güter in einem Festplatzsystem erfolgt nach den Vorgaben eines Lagerplans, der für jeden Artikel einen definierten Lagerplatz bzw. -ort angibt.

Vorteile „Flexible Einlagerung"	Vorteile „Starre Einlagerung"
Lagerung der Waren nach wirtschaftlichen Kriterien, z. B. Umschlagshäufigkeit	Geringe Investitionskosten und niedrige Lagerkosten
Platzsparende Unterbringung der Waren; bessere Lagerplatzausnutzung	Unabhängigkeit von elektronischen Lagersystemen/Computern
Schnelle Anpassung an Sortimentsänderungen	Geringe Störanfälligkeit
Verknüpfung mit Warenwirtschaftssystemen ist einfach realisierbar	Schnelle Einarbeitung des Personals
Geringerer Personalbedarf	Einfachere Ermittlung von falsch eingelagerter Ware
Direkter Zugriff auf einzelne Waren	Geringerer Organisationsaufwand bei kleinen Mengen
Schnelle Ein- und Auslagerung möglich	Übersichtliche Lagerstruktur

4.2

Bei der Einlagerung und Entnahme der Waren unterscheidet man zwei Verbrauchsfolgeverfahren:

- **Lifo-Verfahren (Last in – first out)** Die zuletzt beschaffte bzw. eingelagerte Ware wird zuerst entnommen, verkauft bzw. ausgelagert. Dieses Verfahren wird seltener angewendet, da die Gefahr besteht, dass die zuerst eingelagerte Ware zu lange gelagert wird. Dieser Einlagerungsgrundsatz wird vor allem bei Schüttgütern angewendet.

- **Fifo-Verfahren (First in – first out)** Die zuerst beschaffte bzw. eingelagerte Ware wird zuerst entnommen, verkauft bzw. ausgelagert. Das Verfahren setzt voraus, dass die älteste Ware zuerst entnommen wird, um ein Veralten der Waren zu verhindern. Dieser Einlagerungsgrundsatz wird bei den meisten Waren realisiert und ist bei verderblichen Waren zwingend notwendig.

Für die Tintenpatronen muss das Fifo-Verfahren eingesetzt werden, da die Patronen ein Haltbarkeitsdatum tragen (siehe Abbildung im Aufgabenteil). Somit wird gewährleistet, dass die ältesten Patronen zuerst verkauft werden und das Haltbarkeitsdatum nicht überschritten wird.

Für die Umsetzung des Fifo-Verfahrens bieten sich in einem Festplatzsystem unterschiedliche Regaltypen an, z. B.:

Durchlaufregale, da die Waren hier separat ein- und ausgelagert werden und sich hintereinander von der Einlagerungsseite zur Auslagerungsseite bewegen. Damit ist automatisch ein Fifo-Verfahren gewährleistet.

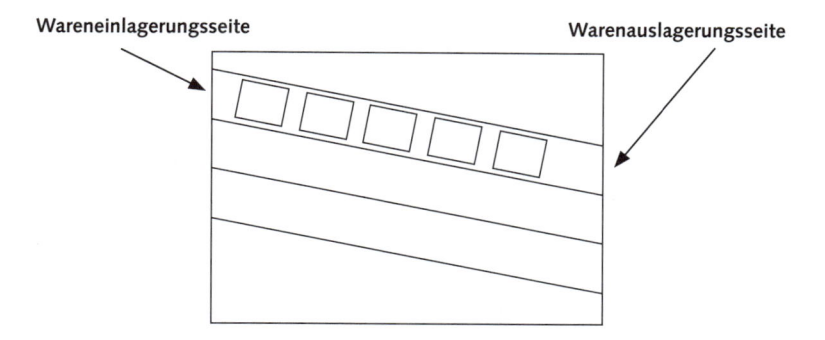

Fachbodenregale, allerdings muss hier die Ware kontinuierlich von hinten nach vorne umgeschichtet werden oder ausschließlich von hinten entnommen werden (vergleichbar Supermarktregale), damit ein Fifo-Verfahren gewährleistet ist.

4.3

Das **Lagerplatz-Nummernsystem** könnte folgenden Aufbau haben:

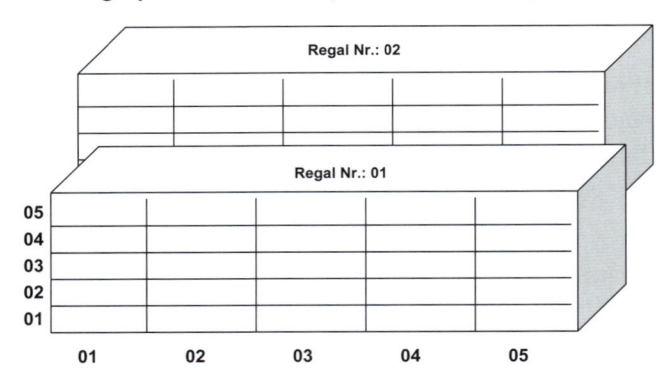

Die **Lagerplatznummer**, z. B. **01 04 02**, könnte somit folgenden Aufbau bzw. folgende Bedeutung haben:

Regalnummer	Vertikalposition	Horizontalposition
01	04	02

Mithilfe dieses Systems lassen sich die 50 unterschiedlichen Tintenpatronen exakt einem Lagerplatz zuordnen und eindeutig identifizieren.

4.4

Es handelt sich um eine GTIN (Global Trade Item Number, Globale Artikelidentnummer), die seit Anfang 2009 die ehemalige EAN (Europäische Artikel-Nummerierung) ersetzt. Die GTIN enthält eine Basisnummer (Länderpräfix und Unternehmensnummer), eine individuelle Artikelnummer sowie eine Prüfziffer. Wie auch bei der EAN handelt es sich um ein codiertes Identifikationssystem, mit dem per Scanner die Unternehmensnummer des Herstellers, das Länderkennzeichen und die Artikelnummer ermittelt werden kann. Verbindet man die Daten des GTIN-Codes in einem Computersystem mit weiteren Informationen, wie z.B. dem Preis oder dem Namen des Produkts, so ist eine wirtschaftliche Steuerung des Waren- und Datenflusses möglich.

Der **Aufbau des GTIN Strichcodes** ist folgendermaßen strukturiert:

Globale Artikelidentnummer (GTIN)		
Basisnummer	Individueller Nummernteil	Prüfziffer
4 0 1 2 3 4 5	0 0 0 0 0	9
4 2 1 2 3 4 5 6	0 0 0 0	5
4 3 1 2 3 4 5 6 7	0 0 0	5

4.5

Durch den Einsatz eines Codesystems ergeben sich folgende **Vorteile:**

- Die Warenwirtschaftssysteme lassen sich effizienter nutzen, da die Wareninformationen elektronisch erfasst werden können.
- Die Fehlerhäufigkeit sinkt, da die Daten nicht mehr manuell eingegeben werden müssen.
- Die Wirtschaftlichkeit des Warenflusses lässt sich verbessern, da die Lagerkennzahlen einfacher ausgewertet werden können und schnelle Anpassungen an geänderte Gegebenheiten möglich sind.
- Preisanpassungen lassen sich schneller vornehmen, da die Daten nur noch im Computersystem geändert werden müssen und nicht mehr auf allen Waren.

4.6

RFID steht für „Radio Frequency Identification" und bedeutet, dass die Daten nicht mehr optisch (wie beim Strichcode), sondern elektromagnetisch gelesen werden. Die Ware wird mit einem Transponder versehen, der durch ein Lesegerät berührungslos erkannt und ausgelesen werden kann. Folgende **Vorteile** gegenüber der optischen Erfassung sind damit gegeben:

- Kontaktlose Identifikation und Lokalisierung von Waren. Dadurch lassen sich die Daten schneller erfassen und unbemerkt auslesen (z. B. Diebstahlsicherung).
- Größere Datenmengen lassen sich auf dem Transponder speichern. Dadurch können z. B. Transportzeiten, Transportwege und detaillierte Warendaten gespeichert werden.
- Die Datenerfassung und Speicherung kann automatisiert werden. Dadurch werden Personalkosten reduziert und große Datenmengen können auf einmal bearbeitet werden.

5. Aufgabe

5.1

Der Meldebestand berechnet sich folgendermaßen:

Meldebestand = täglicher Verbrauch · Lieferzeit + Mindestbestand

Monat	August Stück	September Stück
Täglicher Verbrauch	50	60
Lieferzeit in Tagen	3	3
Mindestbestand	50	50
Meldebestand	200	230

Der größere Verbrauch führt zu einem höheren Meldebestand, d. h. der Meldebestand steigt um 30 Stück.

5.2

Monat August:

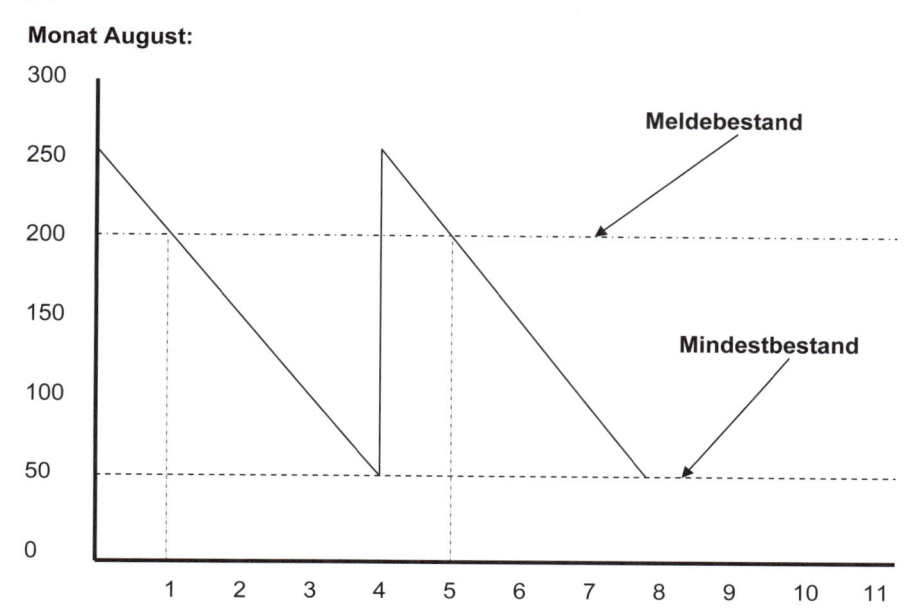

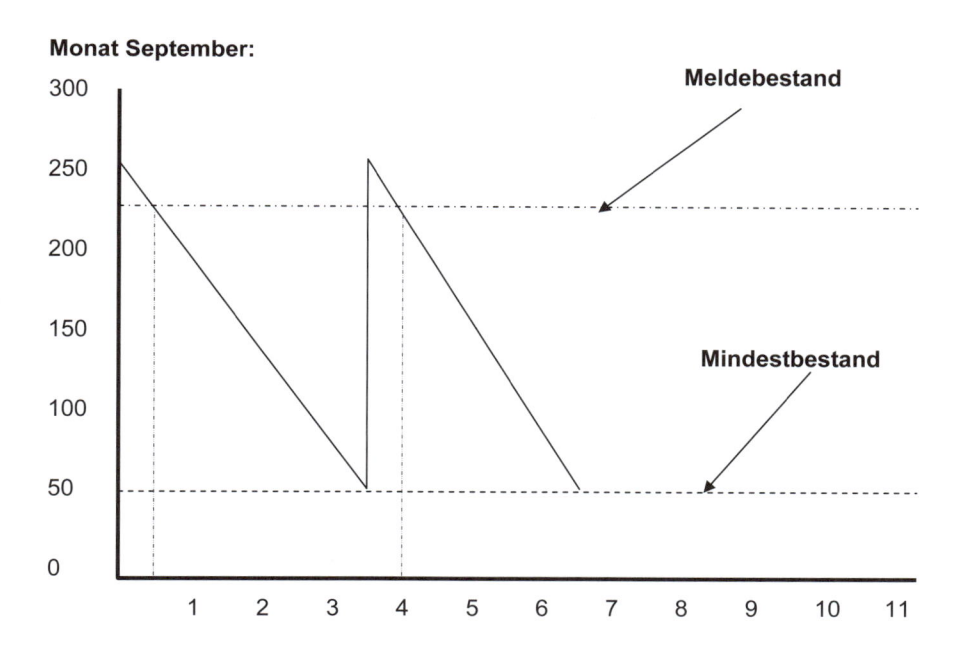

[Diagramm: Lagerbestandsverlauf mit Meldebestand bei 200 und Mindestbestand bei 50]

Monat September:

[Diagramm: Lagerbestandsverlauf mit Meldebestand bei 230 und Mindestbestand bei 50]

Der höhere Verbrauch führt zu einer steileren Verbrauchskurve, d. h. die Bestellungen müssen in kürzeren Abständen erfolgen und der Meldebestand steigt auf 230 Stück.

5.3

Sollte der Meldebestand nicht angepasst werden, d. h. weiterhin bei 200 Stück belassen werden, muss der Mindestbestand angegriffen werden. Die Folder GmbH könnte dann allerdings in Lieferrückstand geraten, falls es zu Störungen beim Versand oder der Beschaffung kommen sollte. Alternativ können aber auch andere Veränderungen in Erwägung gezogen werden, z. B. eine Reduzierung der Lieferzeit zu erreichen oder eine Erhöhung des Mindestbestands festzulegen.

5.4

Der Meldebestand kann bei folgenden Einflüssen gesenkt werden:

- Wenn der Mindestbestand reduziert wird, z. B. durch eine optimierte Logistik
- Wenn die Lieferzeit gesenkt wird, z. B. durch eine optimierte Liefererstruktur
- Wenn der Tagesverbrauch gesenkt wird, z. B. durch Absatzrückgänge

5.5

Höchstbestand: Der maximale Bestand, der erreicht wird, wenn eine maximale Bestellmenge eintrifft und eingelagert wird. Der Höchstbestand sollte nicht zu groß kalkuliert werden, da es andernfalls zu einer unnötigen Kapitalbindung mit steigenden Lagerkosten kommt.

Meldebestand: Die Menge an Waren, bei deren Erreichen eine Neubestellung erfolgen muss, da andernfalls bei gleichbleibendem Absatz der Mindestbestand angegriffen wird.

Mindestbestand (eiserne Reserve): Die Menge an Waren, die kontinuierlich auf Lager sein muss, um eine Lieferfähigkeit auch dann noch zu gewährleisten, wenn es zu Störungen im Beschaffungsprozess kommen sollte. Auch der Mindestbestand sollte nicht zu groß kalkuliert werden, da es andernfalls zu einer unnötigen Kapitalbindung mit steigenden Lagerkosten kommt.

5.6

Meldebestand = täglicher Verbrauch · Lieferzeit + Mindestbestand

Monat	August Stück	September Stück	Oktober Stück
Täglicher Verbrauch	50	60	60
Lieferzeit in Tagen	3	3	5
Mindestbestand	50	50	50
Meldebestand	200	230	350

Die längere Lieferzeit von 5 Tagen statt 3 Tagen führt zu einem höheren Meldebestand, d. h. 350 Stück; zudem muss die Bestellmenge erhöht werden, damit es nicht zu Lieferengpässen kommt.

Kapitel 4   Wareneingang, Warenlagerung und Warenausgang; Warenwirtschaftssystem

6. Aufgabe:

6.1

Der durchschnittliche Lagerbestand berechnet sich folgendermaßen:

$$\varnothing \text{ Lagerbestand} = \frac{\text{Jahresanfangsbestand} + 12 \text{ Monatsendbestände}}{13}$$

Jahr	Jahr 1	Jahr 2
Jahresanfangsbestand	180 Stück	190 Stück
Monatsendbestand Januar	190 Stück	110 Stück
Monatsendbestand Februar	100 Stück	100 Stück
Monatsendbestand März	120 Stück	160 Stück
Monatsendbestand April	190 Stück	80 Stück
Monatsendbestand Mai	90 Stück	140 Stück
Monatsendbestand Juni	120 Stück	60 Stück
Monatsendbestand Juli	110 Stück	140 Stück
Monatsendbestand August	210 Stück	120 Stück
Monatsendbestand September	180 Stück	160 Stück
Monatsendbestand Oktober	150 Stück	100 Stück
Monatsendbestand November	200 Stück	120 Stück
Monatsendbestand Dezember	110 Stück	80 Stück
∅ Lagerbestand	150 Stück	120 Stück

Beispiel Jahr 1 (Stück):

$$\varnothing \text{ Lagerbestand} = \frac{180+190+100+120+190+90+120+110+210+180+150+200+110}{13}$$

$$= \text{Durchschnittlicher Lagerbestand 150 Stück}$$

Beispiel Jahr 2 (Stück):

$$\varnothing \text{ Lagerbestand} = \frac{190+110+100+160+80+140+60+140+120+160+100+120+80}{13}$$

$$= \text{Durchschnittlicher Lagerbestand 120 Stück}$$

6.2

Der durchschnittliche Lagerbestand ist vom Jahr Jahr 1 zum Jahr Jahr 2 um 30 Stück auf 120 Stück gefallen. Da der durchschnittliche Lagerbestand einen Mittelwert darstellt, ist hier zu erkennen, dass über das gesamte Jahr gerechnet die gelagerte Menge rückläufig ist. Dies führt in der Regel zu geringeren Lagerkosten, da weniger Warenwerte im Lager gebunden sind. Der optimale Lagerbestand sollte deshalb möglichst gering gehalten werden, allerdings unter Berücksichtigung einer ausreichenden Lieferfähigkeit und abgestimmt auf die optimale Bestellmenge. Zusätzlich muss beachtet werden, dass es sich um Durchschnittswerte handelt, die keine exakten Aussagen über die Zeiträume zwischen den Anfangs- und Endbeständen zulassen. Der Aussagewert ist deshalb umso genauer, je mehr Messwerte betrachtet werden.

6.3

Der Ist-Bestand lässt sich durch eine Inventur ermitteln, d. h. in Form einer körperlichen Bestandsaufnahme, durch Messen, Zählen oder Wiegen. Abweichungen können z. B. entstehen durch:

- Diebstahl
- Erfassungsfehler
- Verderb

6.4

Die Lagerumschlagshäufigkeit berechnet sich folgendermaßen:

$$\text{Lagerumschlagshäufigkeit} = \frac{\text{Verbrauch pro Jahr (Wareneinsatz)}}{\varnothing \text{ Lagerbestand}}$$

oder

$$\frac{360}{\varnothing \text{ Lagerdauer}}$$

Der Verbrauch pro Jahr (Wareneinsatz) berechnet sich folgendermaßen:

Jahresanfangsbestand
+ Zugänge pro Jahr
− Jahresendbestand
= Verbrauch pro Jahr (Wareneinsatz)

Demnach ergeben sich für die Folder GmbH folgende Wareneinsätze für die beiden Jahre:

Verbrauch im Jahr 1:

    180 Stück

+ 1 130 Stück

−   110 Stück

= 1 200 Stück

Verbrauch im Jahr 2:

    190 Stück

+ 1 810 Stück

−   80 Stück

= 1 920 Stück

6.4

Demnach ergeben sich für die Folder GmbH folgende Lagerumschlagshäufigkeiten für die beiden Jahre:

$$\text{Lagerumschlagshäufigkeit Jahr 1} = \frac{1200 \text{ Stück}}{150 \text{ Stück}} = 8$$

$$\text{Lagerumschlagshäufigkeit Jahr 2} = \frac{1920 \text{ Stück}}{120 \text{ Stück}} = 16$$

Die Ø Lagerdauer wird auf ein Jahr (360 Tage) berechnet und in Tagen angegeben. Sie berechnet sich folgendermaßen:

$$\text{Ø Lagerdauer} = \frac{360}{\text{Lagerumschlagshäufigkeit}}$$

Demnach ergibt sich für die Folder GmbH folgende durchschnittliche Lagerdauer für die beiden Jahre:

$$\text{Ø Lagerdauer Jahr 1} = \frac{360 \text{ Tage}}{8} = 45 \text{ Tage}$$

$$\text{Ø Lagerdauer Jahr 2} = \frac{360 \text{ Tage}}{16} = 22,5 \text{ Tage}$$

Jahr	Jahr 1	Jahr 2
Jahresanfangsbestand	180 Stück	190 Stück
Zugänge pro Jahr	1 130 Stück	1 810 Stück
Jahresendbestand	110 Stück	80 Stück
Ø Lagerbestand	150 Stück	120 Stück
Lagerumschlagshäufigkeit	8	16
Ø Lagerdauer	45 Tage	22,5 Tage

6.5

Die Umschlagshäufigkeit beschreibt, wie oft der durchschnittliche Lagerbestand in einem Betrachtungszeitraum umgesetzt wurde.

Die durchschnittliche Lagerdauer beschreibt, wie viele Tage eine Ware in einem Betrachtungszeitraum durchschnittlich vom Wareneingang bis zum Warenausgang gelagert wurde.

Die zwei Lagerkennziffern verhalten sich dabei umgekehrt proportional, d. h. je größer die Umschlagshäufigkeit ist, desto kürzer ist die durchschnittliche Lagerdauer einer Ware.

Eine **hohe Umschlagshäufigkeit bzw. eine kurze durchschnittliche Lagerdauer** wird von Unternehmen angestrebt, da

- die Kapitalbindung reduziert wird
- die Rentabilität erhöht wird
- die Lagerkosten reduziert werden
- das Lagerrisiko reduziert wird.

Die Folder GmbH hat in diesem Lager die **Umschlagshäufigkeit** im Vergleich der Jahre 1 und 2 **verdoppelt** und die **durchschnittliche Lagerdauer halbiert.**

Im **Vergleich zu den anderen Lagern** der Folder GmbH ergeben sich folgende Erkenntnisse:

- Das Lager für die Drucker hatte im Jahr 1 schlechtere Lagerkennzahlen als die Durchschnittswerte der anderen Läger.
- Das Lager für die Drucker hatte im Jahr 2 bessere Lagerkennzahlen als die Durchschnittswerte der anderen Läger.

Die **Verbesserung der Lagerkennziffern** kann z. B. aus folgenden Ursachen resultieren:

- Erhöhung des Wareneinsatzes bzw. Verbrauchs, z. B. durch Marketing- und Verkaufsaktivitäten oder Sonderverkäufe
- Senkung des durchschnittlichen Lagerbestands, z. B. durch kleinere Bestellmengen oder regelmäßige Bestandskontrollen

6.6

Die Lagerzinsen geben die Zinsen für das im Lager gebundene Kapital an. Sie werden (abgeleitet von der allgemeinen Zinsformel) folgendermaßen berechnet:

$$\text{Lagerzinsen} = \frac{\varnothing \text{ Lagerbestand} \cdot \text{Einstandspreis} \cdot \text{Zinssatz} \cdot \varnothing \text{ Lagerdauer}}{100 \cdot 360}$$

Demnach ergeben sich für die Folder GmbH folgende Lagerzinsen für die beiden Jahre (Die Werte für den durchschnittlichen Lagerbestand und die durchschnittliche Lagerdauer ergeben sich aus den Lösungen zu Aufgabe 6.1 und 6.4):

$$\text{Lagerzinsen Jahr 1} = \frac{150 \text{ Stück} \cdot 400 \text{ €} \cdot 12 \cdot 45 \text{ Tage}}{100 \cdot 360} = 900 \text{ €}$$

$$\text{Lagerzinsen Jahr 2} = \frac{120 \text{ Stück} \cdot 350 \text{ €} \cdot 14 \cdot 22{,}5 \text{ Tage}}{100 \cdot 360} = 367{,}50 \text{ €}$$

Jahr	Jahr 1	Jahr 2
Ø Lagerbestand in Stück	150 Stück	120 Stück
Einstandspreis in €	400 €	350 €
banküblicher Zinssatz in %	12 %	14 %
Ø Lagerdauer in Tagen	45 Tage	22,5 Tage
Lagerzinsen in €	900 €	367,50 €

7. Aufgabe

7.1

In diesem Lagerbereich handelt es sich um eine **statische Bereitstellung** der Waren, d. h. einem **Person-zur-Ware-System**. Bei diesem Kommissioniersystem bewegt sich der Kommissionierer zum Lagerplatz der Ware und entnimmt die Menge dem Kommissionierauftrag entsprechend. Die Waren sind häufig in Fachbodenregalen, Regalen mit manuell bedienbaren Regalförderzeugen oder Verschieberegalen gelagert.

Vorteile einer statischen Bereitstellung der Waren:

- Geringer Investitionsbedarf für die Lagerausstattung
- Hohe Flexibilität bei Sonderaufträgen
- Unabhängigkeit von technischer Ausstattung (Ausfallsicherheit)

7.2

Die Kommissionierleistung könnte gegebenenfalls durch eine **dynamische Bereitstellung** der Waren, d. h. durch ein **Ware-zur Person-System** gesteigert werden. Bei diesem Kommissioniersystem werden die Waren vom Lagerplatz mithilfe von automatischen Regalförderzeugen zum Kommissionierer gebracht. Die dynamische Bereitstellung wird z. B. mit vollautomatischen Umlauf-, Durchlauf- oder Hochregallagern sowie Turmregalen realisiert.

Vorteile einer dynamischen Bereitstellung der Waren:

- Hohe Kommissionierleistung durch Senkung der Kommissionierzeiten
- Direkte Anbindung an ein Warenwirtschaftssystem
- Reduzierung von Kommissionierfehlern

7.3

Wird eine auftragsorientierte, serielle Kommissioniermethode gewählt, so werden die einzelnen Aufträge (auftragsorientiert) nacheinander (seriell) abgearbeitet. Bei drei Mitarbeitern können die vorliegenden Aufträge folgendermaßen kommissioniert werden:

a) **Mitarbeiter A**

Der Mitarbeiter A übernimmt den Auftrag 102 776, geht zur Lagerzone 2, entnimmt 15 Scheren und 12 Lupen, geht zu Lagerzone 3, entnimmt 2 Papierkörbe und übergibt die kommissionierten Waren an den Versand.

b) **Mitarbeiter B**

Der Mitarbeiter B übernimmt den Auftrag 102 777, geht zu Lagerzone 1, entnimmt 100 Buchstützen, geht zu Lagerzone 2, entnimmt 20 Lupen, geht zu Lagerzone 3, entnimmt 5 Papierkörbe und übergibt die kommissionierten Waren an den Versand.

c) **Mitarbeiter C**

Der Mitarbeiter C übernimmt den Auftrag 102 778, geht zu Lagerzone 1, entnimmt 12 Locher, geht zu Lagerzone 2, entnimmt 20 Scheren, geht zu Lagerzone 3, entnimmt 8 Papierkörbe und übergibt die kommissionierten Waren an den Versand.

Für diese Kommissioniermethode sprechen die einfache Einarbeitungszeit der Mitarbeiter und die geringen organisatorischen Strukturen. Dagegen sprechen die langen Kommissionierzeiten (vor allem Wegezeiten) sowie die langen Auftragsbearbeitungszeiten.

7.4

Wird eine auftragsorientierte, parallele Kommissioniermethode gewählt, so wird ein einzelner Auftrag (auftragsorientiert) zunächst nach Waren bestimmter Lagerzonen aufgeteilt und von den Mitarbeitern gleichzeitig (parallel) kommissioniert. Nach der parallelen Bearbeitung in den einzelnen Lagerzonen werden die Waren an einem Übergabepunkt wieder zu einem Auftrag zusammengeführt und anschließend der nächste Auftrag bearbeitet.

Zunächst wird der Auftrag **102 776** bearbeitet:

a) **Mitarbeiter A (zuständig für Lagerzone 1)**

In diesem Auftrag sind keine Waren aus der Lagerzone 1 enthalten, deshalb ist er an der Bearbeitung des Auftrags nicht beteiligt.

b) **Mitarbeiter B (zuständig für Lagerzone 2)**

Der Mitarbeiter B geht zu Lagerzone 2, entnimmt 15 Scheren und 12 Lupen und geht mit den Waren zum Übergabepunkt.

c) **Mitarbeiter C (zuständig für Lagerzone 3)**

Der Mitarbeiter C geht zu Lagerzone 3, entnimmt 2 Papierkörbe und geht mit den Waren zum Übergabepunkt.

Anschließend werden die Waren der einzelnen Lagerzonen am Übergabepunkt wieder zusammengeführt und an den Versand übergeben.

Als Nächstes wird der Auftrag **102 777** bearbeitet:

a) **Mitarbeiter A (zuständig für Lagerzone 1)**

Der Mitarbeiter A geht zu Lagerzone 1, entnimmt 100 Buchstützen und geht mit den Waren zum Übergabepunkt.

b) **Mitarbeiter B (zuständig für Lagerzone 2)**

Der Mitarbeiter B geht zu Lagerzone 2, entnimmt 20 Lupen und geht mit den Waren zum Übergabepunkt.

7.4

c) **Mitarbeiter C (zuständig für Lagerzone 3)**

Der Mitarbeiter C geht zu Lagerzone 3, entnimmt 5 Papierkörbe und geht mit den Waren zum Übergabepunkt.

Anschließend werden die Waren der einzelnen Lagerzonen am Übergabepunkt wieder zusammengeführt und an den Versand übergeben.

Als Nächstes wird der Auftrag **102 778** bearbeitet:

a) **Mitarbeiter A (zuständig für Lagerzone 1)**

Der Mitarbeiter A geht zu Lagerzone 1, entnimmt 12 Locher und geht mit den Waren zum Übergabepunkt.

b) **Mitarbeiter B (zuständig für Lagerzone 2)**

Der Mitarbeiter B geht zu Lagerzone 2, entnimmt 20 Scheren und geht mit den Waren zum Übergabepunkt.

c) **Mitarbeiter C (zuständig für Lagerzone 3)**

Der Mitarbeiter C geht zu Lagerzone 3, entnimmt 8 Papierkörbe und geht mit den Waren zum Übergabepunkt.

Anschließend werden die Waren der einzelnen Lagerzonen am Übergabepunkt wieder zusammengeführt und an den Versand übergeben.

Für diese Kommissioniermethode spricht, dass die Kommissionierzeiten geringer sind als bei der auftragsorientierten, seriellen Kommissionierung. Dagegen sprechen die ungleichmäßigen Auslastungen der Kommissionierzonen und die komplexeren Organisationsstrukturen zur Aufteilung und Zusammenführung der einzelnen Aufträge.

7.5

Wird eine serienorientierte, parallele Kommissioniermethode gewählt, so werden mehrere Aufträge gesammelt und zusammengefasst (serienorientiert). Die einzelnen Waren der gesammelten Aufträge werden nach Lagerzonen aufgeteilt und von den Mitarbeitern gleichzeitig (parallel) kommissioniert. Nach der Sammelentnahme werden die Waren am Übergabepunkt wieder auf die einzelnen Aufträge verteilt.

Zunächst werden die Waren der drei Aufträge auf die einzelnen Lagerzonen verteilt:

Lagerzone 1:

- 100 Buchstützen (aus Auftrag 102 777)
- 12 Locher (aus Auftrag 102 778)

Lagerzone 2:

- 15 Scheren (aus Auftrag 102 776)
- 20 Scheren (aus Auftrag 102 778)
- 12 Lupen (aus Auftrag 102 776)
- 20 Lupen (aus Auftrag 102 777)

Lagerzone 3:

- 2 Papierkörbe (aus Auftrag 102 776)
- 5 Papierkörbe (aus Auftrag 102 777)
- 8 Papierkörbe (aus Auftrag 102 778)

Anschließend werden die Waren von den zuständigen Mitarbeitern der Lagerzonen parallel kommissioniert:

a) **Mitarbeiter A (zuständig für Lagerzone 1)**

   Der Mitarbeiter A geht zu Lagerzone 1, entnimmt 12 Locher sowie 100 Buchstützen und geht mit den Waren zum Übergabepunkt.

7.5

b) **Mitarbeiter B (zuständig für Lagerzone 2)**

Der Mitarbeiter B geht zu Lagerzone 2, entnimmt 35 Scheren sowie 32 Lupen und geht mit den Waren zum Übergabepunkt.

c) **Mitarbeiter C (zuständig für Lagerzone 3)**

Der Mitarbeiter C geht zu Lagerzone 3, entnimmt 15 Papierkörbe und geht mit den Waren zum Übergabepunkt.

Anschließend werden die Waren der einzelnen Lagerzonen am Übergabepunkt wieder auf die einzelnen Aufträge verteilt und an den Versand übergeben.

Für diese Kommissioniermethode spricht, dass die Kommissionierzeiten optimiert werden, da möglichst geringe Wegezeiten anfallen. Dagegen sprechen die sehr komplexen Organisationsstrukturen zur Aufteilung und Zusammenführung der einzelnen Aufträge sowie die längeren Auftragsbearbeitungszeiten, da die einzelnen Aufträge nicht sofort bearbeitet werden können.

8. Aufgabe

8.1

Mithilfe eines modernen Warenwirtschaftssystems werden Waren- und Informationsflüsse innerhalb der Geschäftsprozesse eines Unternehmens abgebildet und die an den Geschäftsprozessen beteiligten Bereiche miteinander verbunden. Im Bereich des Lagers werden z. B. Daten aus dem Einkauf und dem Verkauf direkt in die Lagerverwaltung übernommen, um die Warenbestände effizient zu steuern. Folgende Informationen kann das Warenwirtschaftssystem zur Verfügung stellen, um die Lagerverwaltung zu unterstützen:

Kosten: Das Warenwirtschaftssystem kann schnell Daten über wichtige Lagerkennzahlen liefern, wie z. B. Umschlagshäufigkeiten (Renner-Penner-Listen) oder Lagerkosten. Die Daten sind dann die Entscheidungsgrundlage für Lagerplätze, Kommissioniermethoden oder den Lageraufbau und die Ausstattung.

Bestände: Das Warenwirtschaftssystem kann Daten über Warenzugänge und -abgänge sowie aktuelle Bestände übersichtlich abbilden. Diese Daten lassen sich auswerten und bilden z. B. die Entscheidungsgrundlage für Mindestbestände, Meldebestände oder Höchstbestände.

Prognosen: Das Warenwirtschaftssystem speichert Daten aus der Vergangenheit, die sich auswerten und hochrechnen lassen. Die vergangenen Entwicklungen lassen sich mithilfe von Prognosemodellen auf die Zukunft übertragen und bilden die Grundlage für zielorientierte Entscheidungen.

8.2

Bewegungsdaten sind Daten, die sich durch betriebliche Leistungsprozesse verändern. In diesem Warenwirtschaftssystem liegen folgende Bewegungsdaten vor:

- Datum
- Zugänge
- Abgänge
- Bestand

8.3

Stammdaten sind Daten, die sich über einen längeren Zeitraum nicht verändern und einen festen Zustand beschreiben. Neben der Artikelbezeichnung trifft dies in einem Warenwirtschaftssystem auch auf folgende Daten zu:

- Artikelnummer
- Meldebestand
- Mindestbestand
- Kundenstammdaten

8.4

Inventur (Tätigkeit): Erfassen des tatsächlichen Bestands von Vermögen und Schulden durch Messen, Zählen und Wiegen zu einem bestimmten Zeitpunkt. Bei der Inventur werden die Mengen und Werte durch eine körperliche Bestandsaufnahme (Mengen) und buchhalterische Bestandsaufnahme (Werte) ermittelt.

Inventar (Verzeichnis): Eine Auflistung des Vermögens und der Schulden eines Unternehmens, die durch die Inventur emittelt wurde und ein ausführliches Bild aller Bestände nach Art, Menge und Wert zeigt.

8.5

Ablauf	Tätigkeit
1	Festlegen eines Inventurtermins
2	Festlegen von Inventurarbeiten und Verteilen von Inventurlisten
3	Bestandsaufnahme durch Messen, Zählen, Wiegen
4	Erfassen des Bestands auf Inventurlisten
5	Kontrolle der Listen durch Unterschrift
6	Erfassen der Differenzen durch Fortschreibung oder Rückrechnung
7	Bewerten der Waren

8.6

Die Inventur sollte in der Regel am Geschäftsjahresschluss (hier 31. Dezember) durchgeführt werden (Stichtagsinventur). Allerdings erlaubt das Handelsgesetzbuch eine **verlegte Inventur** innerhalb der letzten drei Monate vor dem Geschäftsjahresschluss oder innerhalb der ersten zwei Monate nach dem Geschäftsjahresschluss. Die an diesem Tag ermittelten Bestände sind die Grundlage für das Inventar. Für die Ermittlung des wertmäßigen Bestands zum Geschäftsjahresschluss werden die Zugänge bzw. Abgänge fortgeschrieben oder zurückgerechnet. Da die Folder GmbH ihren Geschäftsjahresschluss am 31. Dezember hat, kann eine verlegte Inventur am 1. Dezember oder am 31. Januar durchgeführt werden.

HGB § 241 Inventurvereinfachungsverfahren

(3) In dem Inventar für den Schluß eines Geschäftsjahrs brauchen Vermögensgegenstände nicht verzeichnet zu werden, wenn

1. der Kaufmann ihren Bestand auf Grund einer körperlichen Bestandsaufnahme oder auf Grund eines nach Absatz 2 zulässigen anderen Verfahrens nach Art, Menge und Wert in einem besonderen Inventar verzeichnet hat, das für einen Tag innerhalb der letzten drei Monate vor oder der ersten beiden Monate nach dem Schluß des Geschäftsjahrs aufgestellt ist, und

2. auf Grund des besonderen Inventars durch Anwendung eines den Grundsätzen ordnungsmäßiger Buchführung entsprechenden Fortschreibungs- oder Rückrechnungsverfahrens gesichert ist, daß der am Schluß des Geschäftsjahrs vorhandene Bestand der Vermögensgegenstände für diesen Zeitpunkt ordnungsgemäß bewertet werden kann.

8.7

Für den Mobil Standard Taschenrechner erfolgt die wertmäßige Bestandsermittlung durch Rückrechnung (100 + 150 − 100 + 70 + 90 − 250 + 50 = **110 Stück**):

Mobil Standard Taschenrechner			
Datum	Zugänge	Abgänge	Bestand
31. Dezember			**110**
4. Januar		50	
7. Januar	250		
16. Januar		90	
22. Januar		70	
26. Januar	100		
29. Januar		150	
31. Januar			100

Der wertmäßige Bestand am 31. Dezember beträgt demnach
110 Stück · 15 € = **1.650 €**.

Für den Mobil Solar Taschenrechner erfolgt die wertmäßige Bestandsermittlung durch Fortschreibung (150 − 50 + 220 − 110 − 180 + 200 = **230 Stück**):

Mobil Solar Taschenrechner			
Datum	Zugänge	Abgänge	Bestand
1. Dezember			150
14. Dezember		50	
16. Dezember	220		
20. Dezember		110	
24. Dezember		180	
27. Dezember	200		
31. Dezember			**230**

Der wertmäßige Bestand am 31. Dezember beträgt demnach 230 Stück · 18 € = **4.140 €**

8.8

Mobil Standard Taschenrechner			
Datum	Zugänge Stück	Abgänge Stück	Bestand Stück
1. Dezember			**230**
12. Dezember	120		
14. Dezember		110	
21. Dezember		80	
23. Dezember	150		
28. Dezember		200	
31. Dezember			110
4. Januar		50	
7. Januar	250		
16. Januar		90	
22. Januar		70	
26. Januar	100		
29. Januar		150	
31. Januar			100

Der Buchbestand gemäß Warenwirtschaftssystem ist um 30 Stück höher als der tatsächliche Bestand von 200 Stück im Lager. Diese Abweichung könnte z. B. folgende Ursachen haben:

- Warenentnahmen wurden nicht im Warenwirtschaftssystem gebucht
- Ware wurde gestohlen
- Im Warenwirtschaftssystem wurden zu hohe Wareneingänge gebucht (Fehlbuchung)

8.9

Mobil Solar Taschenrechner			
Datum	Zugänge Stück	Abgänge Stück	Bestand Stück
1. Dezember			150
14. Dezember		50	
16. Dezember	220		
20. Dezember		110	
24. Dezember		180	
27. Dezember	200		
31. Dezember			230
6. Januar		150	
12. Januar	130		
16. Januar	100		
24. Januar		170	
25. Januar		60	
28. Januar	100		
31. Januar			**180**

Der Buchbestand gemäß Warenwirtschaftssystem ist um 20 Stück niedriger als der tatsächliche Bestand von 200 Stück im Lager. Diese Abweichung könnte z. B. folgende Ursachen haben:

- Warenentnahmen wurden im Warenwirtschaftssystem zu hoch gebucht (Fehlbuchung)
- Warenzugänge wurden nicht in das Warenwirtschaftssystem eingebucht
- Warenrücksendungen wurden nicht wieder eingebucht

8.10

Gemäß Handelsgesetzbuch darf unter bestimmten Voraussetzungen auch eine permanente Inventur oder eine Stichprobeninventur durchgeführt werden.

HGB § 241 Inventurvereinfachungsverfahren

(1) Bei der Aufstellung des Inventars darf der Bestand der Vermögensgegenstände nach Art, Menge und Wert ==auch mit Hilfe anerkannter mathematisch-statistischer Methoden auf Grund von Stichproben ermittelt werden. Das Verfahren muß den Grundsätzen ordnungsmäßiger Buchführung entsprechen.== Der Aussagewert des auf diese Weise aufgestellten Inventars muß dem Aussagewert eines auf Grund einer körperlichen Bestandsaufnahme aufgestellten Inventars gleichkommen.

(2) Bei der Aufstellung des Inventars für den Schluß eines Geschäftsjahrs bedarf es einer körperlichen Bestandsaufnahme der Vermögensgegenstände für diesen Zeitpunkt nicht, soweit ==durch Anwendung eines den Grundsätzen ordnungsmäßiger Buchführung entsprechenden anderen Verfahrens gesichert ist, daß der Bestand der Vermögensgegenstände nach Art, Menge und Wert auch ohne die körperliche Bestandsaufnahme für diesen Zeitpunkt festgestellt werden kann.==

(3) In dem Inventar für den Schluß eines Geschäftsjahrs brauchen Vermögensgegenstände nicht verzeichnet zu werden, wenn

1. der Kaufmann ihren Bestand auf Grund einer körperlichen Bestandsaufnahme oder auf Grund eines nach Absatz 2 zulässigen anderen Verfahrens nach Art, Menge und Wert in einem besonderen Inventar verzeichnet hat, das für einen Tag innerhalb der letzten drei Monate vor oder der ersten beiden Monate nach dem Schluß des Geschäftsjahrs aufgestellt ist, und

2. auf Grund des besonderen Inventars durch Anwendung eines den Grundsätzen ordnungsmäßiger Buchführung entsprechenden Fortschreibungs- oder Rückrechnungsverfahrens gesichert ist, daß der am Schluß des Geschäftsjahrs vorhandene Bestand der Vermögensgegenstände für diesen Zeitpunkt ordnungsgemäß bewertet werden kann.

Gemäß den Steuerrichtlinien müssen folgende **Voraussetzungen** erfüllt sein, damit eine **Stichprobeninventur** durchgeführt werden kann:

- Ein mindestens 2 000 Artikel umfassendes Lager muss vorhanden sein.
- Ein EDV gestütztes Lagerbuchführungssystem muss vorhanden sein.
- 5 % der gelagerten Bestände müssen mindestens 40 % des Lagerwertes abdecken.

8.10

Gemäß den Steuerrichtlinien müssen folgende **Voraussetzungen** erfüllt sein, damit eine **permanente Inventur** durchgeführt werden kann:

- Für alle Bestände, Zugänge und Abgänge müssen nachprüfbare Belege mit Angaben zu Datum, Art und Menge vorhanden sein.
- Mindestens einmal im Jahr muss durch eine körperliche Inventur ein Soll-Ist-Abgleich vorgenommen werden und gegebenenfalls müssen Korrekturen durchgeführt werden.
- Die Inventurunterlagen müssen mindestens 10 Jahre aufbewahrt werden.

5 Das Außenhandelsgeschäft

1. Aufgabe

1.1

Der Pressemitteilung ist zu entnehmen, dass die rumänische Währung „Leu" unter einem deutlichen Verfall ihres Wertes leidet. Für die Folder GmbH ist demnach ein gestiegenes **Wechselkursrisiko** gegeben, da die Verträge in der Währung „Leu" abgeschlossen wurden.

Unter dem Wechselkurs versteht man das Verhältnis zweier Währungen zueinander, d. h. in diesem Fall Euro zu Leu. Verändern sich die Wechselkurse, sind dadurch auch die Verträge zwischen der Folder GmbH und ihren ausländischen Kunden betroffen. Je nach Veränderung des Wechselkurses wirken sich die Kursänderungen positiv oder negativ auf die Außenhandelsgeschäfte aus. Werden die Verträge in einer ausländischen Währung abgeschlossen, so besteht dieses Wechselkursrisiko, wenn die Folder GmbH Waren exportiert und der Wert der entsprechenden Währung im Verhältnis zum Euro sinkt oder wenn die Folder GmbH Waren importiert und der Wert der entsprechenden Währung im Verhältnis zum Euro steigt.

1.2

Berechnung des Wertes von 30.000 Leu bei Vertragsabschluss:

1 €   entspricht   3,5 Leu
x €   entsprechen   30.000 Leu

demnach entsprechen 30.000 Leu am Tag des Vertragsabschlusses

= 8.571,428 € ≈ **8.571,43 €**.

Berechnung des Wertes von 30.000 Leu am Zahlungstermin:

Wenn der Kurs der Währung „Leu" um 5 % fällt, d. h. der Euro stärker wird oder man mehr Leu für einen Euro bekommt, dann sieht die Berechnung folgendermaßen aus:

1 €   entspricht   3,675 Leu
x €   entsprechen   30.000 Leu

demnach entsprechen 30.000 Leu am Tag der Zahlung = 8.163,265 € ≈ **8.163,27 €**.

Für die Folder GmbH entsteht durch den schwächeren „Leu" ein **Wechselkursverlust** von 8.571,43 € − 8.163,27 € = **408,16 €**.

1.3

Folgende Möglichkeiten bestehen für die Folder GmbH, um sich gegen Wechselkursrisiken abzusichern:

- Vertragsabschluss in der inländischen Währung (hier: Euro)
- Vertragliche Vereinbarungen, die eine Anpassung an mögliche Wechselkursschwankungen vorsieht
- Verkaufspreiskalkulationen mit einer Risikoprämie für Wechselkursschwankungen
- Barkauf oder Vorauszahlungen auf den Kaufpreis

1.4

Wechselkursrisiken sind auch bei Handelsgeschäften mit russischen Unternehmen zu berücksichtigen. Bei Handelsgeschäften mit slowenischen Unternehmen sind keine Wechselkursrisiken zu berücksichtigen, da Slowenien als Mitglied in der Europäischen Währungsunion auch in der Landeswährung Euro fakturiert.

Weitere Außenhandelsrisiken, wie z. B. die ebenfalls angeführten Kreditrisiken durch ein schlechteres Zahlungsverhalten der Unternehmen, sind gegebenenfalls auch in den Ländern Slowenien und Russland zu prüfen.

1.5

Neben den Wechselkursrisiken müssen im Bereich der Außenhandelsgeschäfte auch immer die folgenden Risiken geprüft werden:

a) **Transportrisiken**

Außenhandelsgeschäfte sind unter Umständen mit größeren Transportrisiken verbunden, da die Waren über weitere Strecken transportiert werden müssen und damit die Gefahr des Verderbs, Verlusts oder der Beschädigung der Waren steigt. Teilweise wird das größere Transportrisiko auch durch gefährliche Verkehrswege (z. B. Piraterie in den Gewässern Indonesiens) oder durch politische Veränderungen (Beschlagnahmung von Waren) verursacht.

b) **Kreditrisiken**

Außenhandelsgeschäfte sind unter Umständen mit größeren Kreditrisiken verbunden, da die wirtschaftliche Situation in vielen Staaten starken Schwankungen unterliegt und damit die Gefahr eines negativen Zahlungsverhaltens (Zahlungs-

1.5

verzug, Zahlungsausfälle, Zahlungsunfähigkeit) oder von Abnahmerisiken der Waren steigt.

c) Politische Risiken

Außenhandelsgeschäfte sind unter Umständen mit politischen Risiken verbunden, da nicht alle Staaten über politisch und rechtlich stabile Systeme verfügen. Dadurch besteht die Gefahr von Streiks, Boykott, Korruption, Krieg, Blockade usw., mit den damit verbundenen negativen Konsequenzen für die Handelsgeschäfte.

1.6

Die Absicherung von Transportrisiken kann erfolgen durch:

- Übertragung des Transportrisikos auf den Käufer, z. B. durch Vereinbarung entsprechender Incoterms im Kaufvertrag
- Abschluss von Transportversicherungen, z. B. für Warensendungen mit hohen Werten

Die Absicherung von politischen Risiken kann erfolgen durch:

- Vereinbarung eines Barkaufs, von Vorauskasse oder Anzahlung
- Abschluss von Lieferantenkreditversicherungen, z. B. über die Euler Hermes Kreditversicherungs-AG (Hermes-Deckung)

Die Absicherung von Kreditrisiken kann erfolgen durch:

- Vereinbarungen der Zahlung gegen Dokumenteninkasso oder Dokumentenakkreditiv
- Vereinbarung eines Barkaufs, von Vorauskasse oder Anzahlung
- Abschluss von Lieferantenkreditversicherungen, z. B. über die Euler Hermes Kreditversicherungs-AG (Hermes-Deckung)
- Forfaitierung oder Exportfactoring (Verkauf von Forderungen)

1.7

Folgende Institutionen können Ihnen ausführliche Informationen zu Risiken im Außenhandel liefern:

- Industrie- und Handelskammern
- Deutsche Außenhandelskammern
- Bundesministerium für auswärtige Angelegenheiten
- Bundesagentur für Außenwirtschaft
- Bundesverband Groß- und Außenhandel
- International Chamber of Commerce

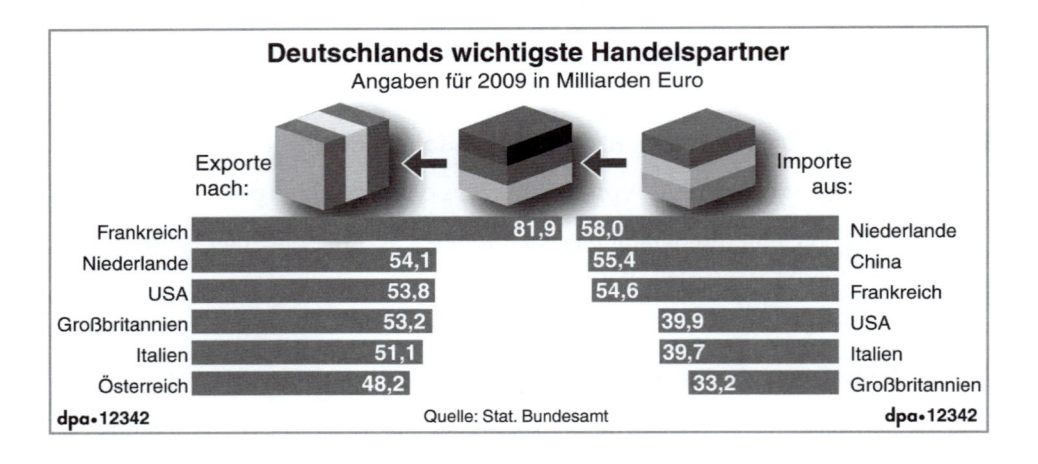

Deutschlands wichtigste Handelspartner
Angaben für 2009 in Milliarden Euro

Exporte nach:
Frankreich	81,9
Niederlande	54,1
USA	53,8
Großbritannien	53,2
Italien	51,1
Österreich	48,2

Importe aus:
Niederlande	58,0
China	55,4
Frankreich	54,6
USA	39,9
Italien	39,7
Großbritannien	33,2

Quelle: Stat. Bundesamt
dpa·12342

2. Aufgabe

2.1

Bei den angebotenen Zahlungsbedingungen der Chibasket Ltd. handelt es sich um zwei Formen des **Dokumenteninkassos**. Mithilfe des Dokumenteninkassos werden Zahlungen im Außenhandel abgesichert und abgewickelt. Die Handelspartner bedienen sich dabei der Hilfe von Kreditinstituten, die die notwendigen Dokumente (z. B. Warenrechnung, Transportdokumente, Versicherungspolice) nur gegen Zahlung oder Bankakzept von Wechseln aushändigen. Aus diesem Grund bezeichnet man das Dokumenteninkasso auch als „Zug-um-Zug-Geschäft".

Man unterscheidet folgende zwei Formen des Dokumenteninkassos:

a) **D**ocuments against **P**ayment **D/P (Dokumente gegen Kasse)**

Der Importeur (Folder GmbH) erhält die Dokumente für die Rechte an der Ware gegen Zahlung der vereinbarten Summe an das abwickelnde Kreditinstitut. In diesem Fall erhält der Exporteur (Chibasket Ltd.) garantiert den Rechnungsbetrag, da die Dokumente nur gegen eine konkrete Zahlung herausgegeben werden.

b) **D**ocuments against **A**cceptance **D/A (Dokumente gegen Akzept)**

Der Importeur (Folder GmbH) erhält die Dokumente für die Rechte an der Ware gegen das Akzeptieren eines beigefügten Wechsels. Der Wechsel wird anschließend vom Exporteur (Chibasket Ltd.) bei seinem Kreditinstitut zum Inkasso oder Diskont eingereicht. In diesem Fall ist das Risiko für den Exporteur höher, da es sich um ein Zahlungsversprechen handelt und keine Garantie für eine Zahlungsfähigkeit des Importeurs am Fälligkeitstag besteht.

2.2

Die **Zahlungsabwicklung mit einem Dokumenteninkasso** erfolgt in der folgenden Reihenfolge:

1. Der Exporteur übergibt die Waren zur Verladung.

2. Der Exporteur reicht die Inkassodokumente mit einem Inkassoauftrag bei seinem Kreditinstitut ein.

3. Das Kreditinstitut des Exporteurs leitet die Inkassodokumente mit dem Inkassoauftrag an das beauftragte Kreditinstitut des Importeurs weiter.

4. Das Kreditinstitut des Importeurs prüft formal den Inkassoauftrag sowie die Vollständigkeit der Dokumente und informiert den Importeur.

5. Der Importeur leistet die vereinbarte Zahlung oder akzeptiert einen Wechsel und erhält im Gegenzug die vereinbarten Dokumente.

6. Das Kreditinstitut leitet die Zahlung oder das Akzept an den Exporteur weiter.

7. Der Importeur holt mit den Dokumenten die Waren ab.

2.3

Bei den angebotenen Zahlungsbedingungen der Plastbasket Ltd. handelt es sich um ein **Dokumentenakkreditiv.** Mithilfe von Dokumentenakkreditiven und dem damit verbundenen Zahlungsversprechen des Kreditinstituts des Importeurs werden häufig Außenhandelsgeschäfte abgewickelt, da diese Form der Zahlungsabwicklung eine weitestgehende Sicherheit für beide Handelspartner gewährleistet. Im Gegensatz zum Dokumenteninkasso wird beim Dokumentenakkreditiv ein unabhängiges Rechtsgeschäft vereinbart, das auf der Vorlage ordnungsgemäßer Dokumente basiert. Bei Vorlage der ordnungsgemäßen Dokumente erhält der Exporteur den vereinbarten Kaufbetrag und der Importeur muss nur den Kaufbetrag bezahlen, wenn die vereinbarte Ware geliefert wurde.

In diesem Fall fordert der Exporteur zudem eine spezielle Form des Dokumentenakkreditivs, da es hier ein unwiderrufliches und bestätigtes Akkreditiv sein muss. Mit dieser Vereinbarung sichert sich der Exporteur ab, da das einmal ausgestellte Akkreditiv nicht widerrufen werden kann (unwiderruflich ist) und zusätzlich auch eine Zahlungsverpflichtung der Bank des Exporteurs besteht (bestätigt ist), auch wenn die Bank des Importeurs nicht zahlen kann.

2.4

Die **Zahlungsabwicklung mit einem Dokumentenakkreditiv** erfolgt in der folgenden Reihenfolge:

1. Vertragsabschluss mit der Zahlungsvereinbarung Dokumentenakkreditiv zwischen Importeur und Exporteur.
2. Der Importeur erteilt seinem Kreditinstitut (Importeurbank) den Auftrag ein Akkreditiv in Höhe des Kaufpreises unwiderruflich zugunsten des Exporteurs zu eröffnen.
3. Die Importeurbank unterrichtet das Kreditinstitut des Exporteurs (Exporteurbank) über die Eröffnung des Akkreditivs.
4. Die Exporteurbank informiert den Exporteur über die Eröffnung des Akkreditivs.
5. Der Exporteur verlädt die Waren.
6. Der Exporteur reicht die im Akkreditiv vereinbarten Dokumente bei der Exporteurbank ein.
7. Die Exporteurbank prüft die vereinbarten Dokumente und zahlt den Kaufpreis (falls Exporteurbank als Zahlstelle festgelegt wurde) an den Exporteur aus.
8. Die Exporteurbank leitet die Dokumente an die Importeurbank weiter und diese zahlt nach Prüfung der Dokumente den Kaufpreis an die Exporteurbank.
9. Die Importeurbank leitet die Dokumente an den Importeur weiter, der nach Prüfung der Dokumente den Kaufpreis an die Importeurbank zahlt.
10. Der Importeur verschafft sich mithilfe der Dokumente den Besitz an der Ware.

Fortsetzung auf der nächsten Seite.

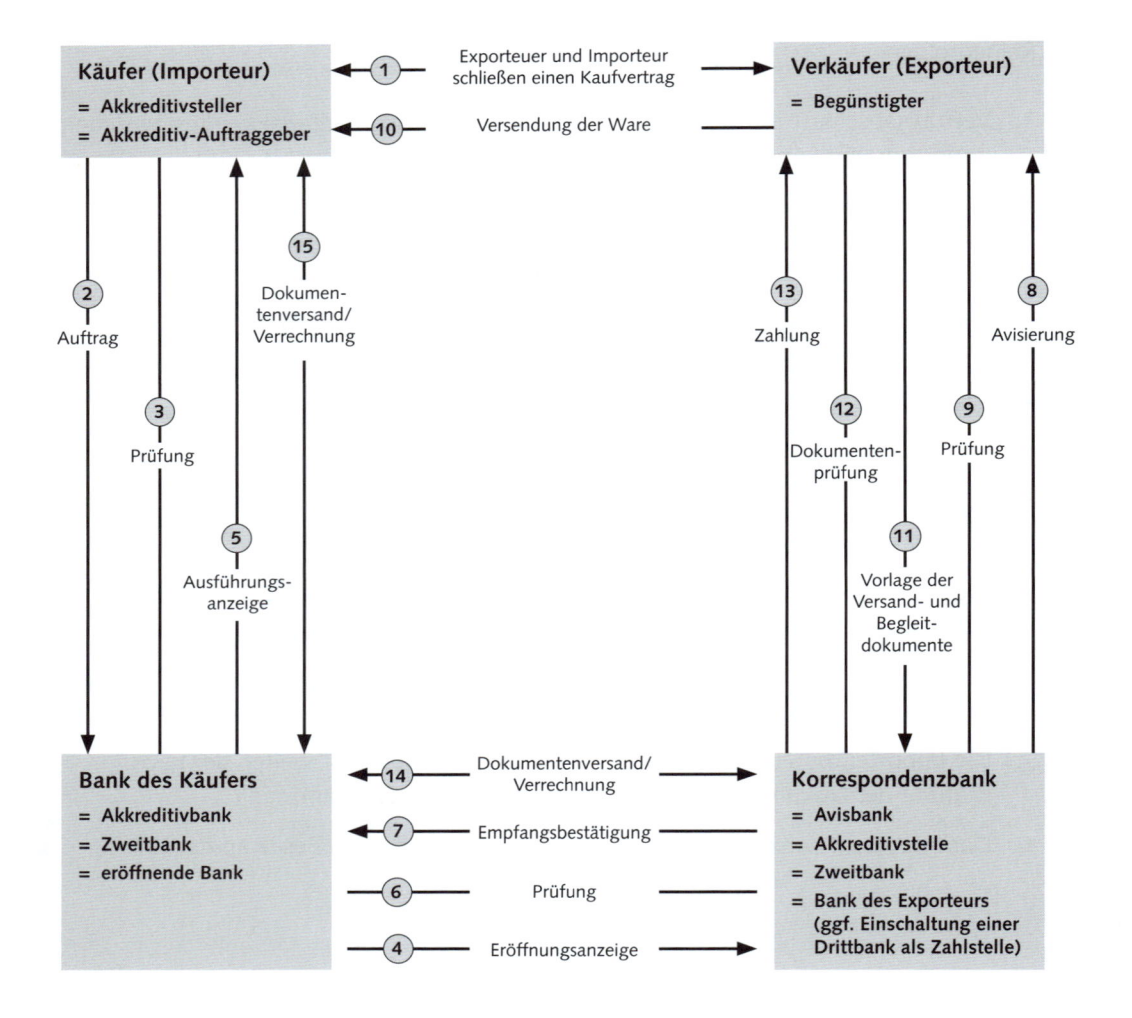

2.4

Käufer (Importeur)		Verkäufer (Exporteur)
= Akkreditivsteller = Akkreditiv-Auftraggeber	① Exporteur und Importeur schließen einen Kaufvertrag → ⑩ Versendung der Ware →	= Begünstigter

- ② Auftrag
- ③ Prüfung
- ⑤ Ausführungsanzeige
- ⑮ Dokumentenversand/Verrechnung
- ⑧ Avisierung
- ⑨ Prüfung
- ⑪ Vorlage der Versand- und Begleitdokumente
- ⑫ Dokumentenprüfung
- ⑬ Zahlung

Bank des Käufers		Korrespondenzbank
= Akkreditivbank = Zweitbank = eröffnende Bank	⑭ Dokumentenversand/Verrechnung ⑦ Empfangsbestätigung ⑥ Prüfung ④ Eröffnungsanzeige →	= Avisbank = Akkreditivstelle = Zweitbank = Bank des Exporteurs (ggf. Einschaltung einer Drittbank als Zahlstelle)

2.5

Vorteile des Dokumentenakkreditivs für die Folder GmbH (Importeur)

- Liquiditätsschonende Zahlungsabwicklung, da das Konto des Importeurs erst beim Eintreffen der Ware belastet wird.
- Liefertermingarantie, wenn der Importeur das Akkreditiv entsprechend befristet.
- Mangelfreie Warenlieferungen, wenn in dem Akkreditiv Zertifikate von Warenprüfungsgesellschaften oder Qualitätszeugnisse vereinbart sind.

Vorteile des Dokumentenakkreditivs für die Plastbasket Ltd. (Exporteur)

- Schnelle Zahlung des Kaufpreises, da der Exporteur schon den Kaufbetrag gutgeschrieben bekommt, sobald er die Dokumente bei der Exporteurbank einreicht.
- Zahlungssicherheit, da ein unabhängiges Zahlungsversprechen gegenüber der Importeurbank (ggf. auch der Exporteurbank) besteht.

2.6

Sie können z. B. folgende Informationsquellen zur Ermittlung von Lieferanten aus China nutzen:

- Industrie- und Handelskammern bzw. Außenhandelskammern
- Lieferantenverzeichnisse, wie z. B. „Wer liefert was?"
- Messebesuche in Deutschland oder im Ausland
- Internetrecherche über Verzeichnisse oder Suchmaschinen
- Chinesische Industrievertretungen in Deutschland
- Kontakte zu Handelspartnern

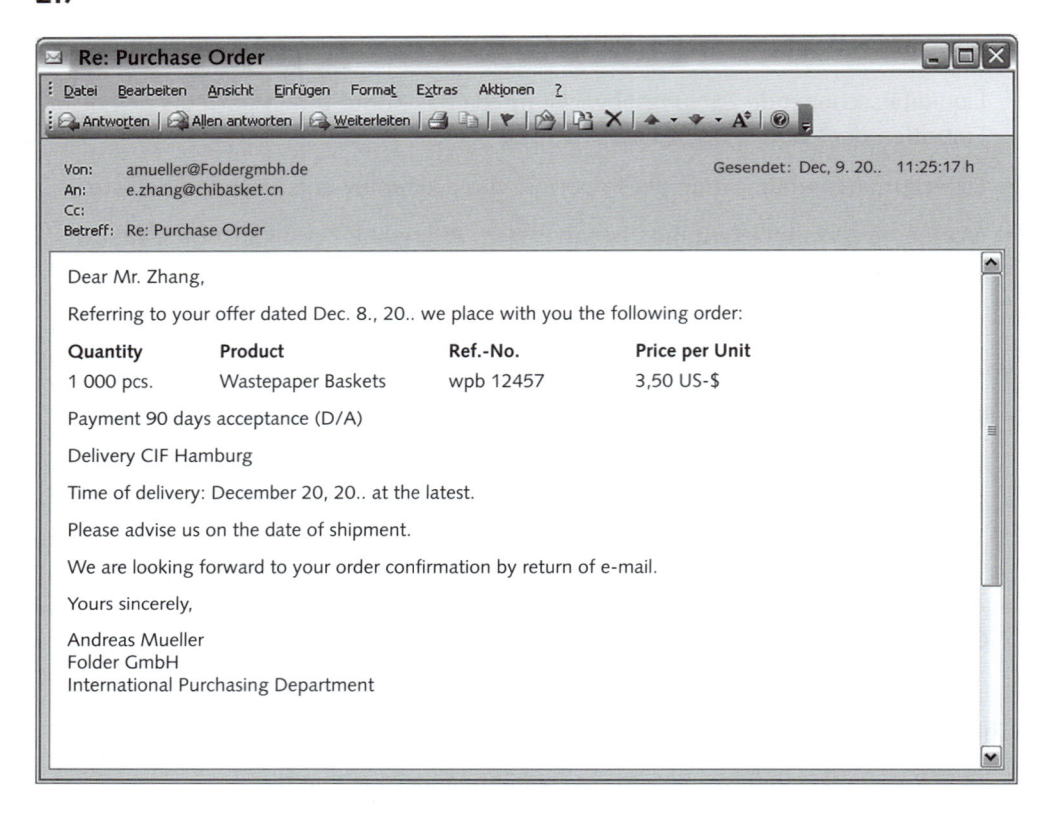

2.7

Re: Purchase Order

Datei Bearbeiten Ansicht Einfügen Format Extras Aktionen ?

Antworten | Allen antworten | Weiterleiten |

Von: amueller@Foldergmbh.de
An: e.zhang@chibasket.cn
Cc:
Betreff: Re: Purchase Order

Gesendet: Dec, 9. 20.. 11:25:17 h

Dear Mr. Zhang,

Referring to your offer dated Dec. 8., 20.. we place with you the following order:

Quantity	Product	RefNo.	Price per Unit
1 000 pcs.	Wastepaper Baskets	wpb 12457	3,50 US-$

Payment 90 days acceptance (D/A)

Delivery CIF Hamburg

Time of delivery: December 20, 20.. at the latest.

Please advise us on the date of shipment.

We are looking forward to your order confirmation by return of e-mail.

Yours sincerely,

Andreas Mueller
Folder GmbH
International Purchasing Department

3. Aufgabe

Hinweise zu den Lösungen 3.1 und 3.2:

Die folgenden Lösungshinweise beziehen sich auf die Incoterms 2000.

Am 1. Januar 2011 treten die neuen Incoterms 2010 in Kraft, in denen die Zahl der Klauseln von 13 auf 11 reduziert wird. Vier nicht häufig verwendete Klauseln (DAF, DES, DEQ und DDU) werden gestrichen und zwei neue Klauseln (DAP und DAT) werden hinzugefügt. Der Kosten- und Gefahrübergang bei den Klauseln FOB, CFR und CIF wird neu geregelt. Die Gliederung der Klauseln erfolgt in zwei Gruppen. Zum einen in sieben multimodal anwendbare Klauseln, zum anderen in vier nur für See- und Binnenschiffstransport geeignete Klauseln.

3.1

Incoterms (**In**ternational **Co**mmercial **Terms**) sind international festgelegte Vereinbarungen, um eine einheitliche Abwicklung von Außenhandelsgeschäften zu gewährleisten. Die Incoterms werden in Kaufverträgen festgelegt und regeln die Rechte und Pflichten der Vertragspartner in den Bereichen:

- Transportkosten
- Transportrisiko bzw. Gefahrenübergang

Die Incoterms werden von der International Chamber of Commerce (ICC) in Paris herausgegeben und sind in der Version Incoterms 2000 mit 13 Regeln gültig. Mithilfe von Incoterms können Interpretationen und Missverständnisse in Handelsgeschäften vermieden und Vertragsverhandlungen vereinfacht werden. Die 13 Incoterms sind in vier Gruppen (C-Gruppe, D-Gruppe, E-Gruppe, F-Gruppe) eingeteilt und verlagern tendenziell das Transportrisiko und die Transportkosten in alphabetischer Ordnung vom Käufer auf den Verkäufer.

3.2

Die aufgeführten Incoterms stehen für folgende Vereinbarungen:

EXW (ex works) = ab Werk

Der Verkäufer muss die Ware termin- und transportgerecht auf seinem Betriebsgelände bereitstellen. Sobald der Verkäufer die Waren zur Verfügung gestellt hat, gehen die Kosten und die Risiken zu Lasten des Käufers.

Fortsetzung auf der nächsten Seite.

3.2

FCA (free carrier) = frei Frachtführer

Zwischen dem Käufer und dem Verkäufer wird ein Lieferort bestimmt, an dem die Ware dem Frachtführer übergeben wird. Die Kosten und die Risiken bis zur Übergabe an den Frachtführer trägt der Verkäufer, ab dort der Käufer. Die Verladung erfolgt durch den Verkäufer, wenn der Lieferort beim Verkäufer liegt; andernfalls hat der Verkäufer die Ware nur zur Verladung bereitzustellen.

FOB (free on board) = frei an Bord

Gängige Vereinbarung beim Schiffstransport. Zwischen dem Käufer und dem Verkäufer wird ein Verschiffungshafen festgelegt. Der Verkäufer trägt die Transportkosten und -risiken bis die Ware die Schiffsreling (Ladekante) überschritten hat, ab dort der Käufer. Die Ware muss vom Verkäufer zur Ausfuhr freigemacht werden.

CIF (cost, insurance, freight) = Kosten, Versicherung, Fracht

Gängige Vereinbarung beim Schiffstransport. Hierbei handelt es sich um eine Zweipunktklausel, da die Transportrisiken an einem anderen Ort übergehen als die Transportkosten. Zwischen dem Käufer und dem Verkäufer wird ein Bestimmungshafen festgelegt. Der Verkäufer trägt die Transportrisiken (wie bei FOB) bis die Ware die Schiffsreling im Verschiffungshafen überschritten hat, zusätzlich trägt der Verkäufer aber auch die Transportkosten bis zum Bestimmungshafen inklusive der Kosten der Seetransportversicherung. Die Ware muss vom Verkäufer zur Ausfuhr freigemacht werden.

CPT (carriage paid to) = frachtfrei

Hierbei handelt es sich auch um eine Zweipunktklausel, da die Transportrisiken an einem anderen Ort übergehen als die Transportkosten. Diese Klausel kann bei allen Transportarten vereinbart werden. Zwischen dem Käufer und dem Verkäufer wird ein Bestimmungsort festgelegt. Der Verkäufer trägt die Risiken bis zur Übergabe an den ersten Frachtführer sowie die Transportkosten bis zum Bestimmungsort. Die Ware muss vom Verkäufer zur Ausfuhr freigemacht werden.

DDP (delivered duty paid) = geliefert verzollt

Zwischen dem Käufer und dem Verkäufer wird ein Bestimmungsort festgelegt. Der Verkäufer trägt die Transportkosten sowie die Transportrisiken bis zum Bestimmungsort inklusive der gesamten Einfuhrabfertigung und muss die Waren am Bestimmungsort bereitstellen.

3.2

INCOTERMS 2000

EXW	Ex Works ... (named place)	
	Ab Werk ... (benannter Ort)	
FCA	Free Carrier ... (named place)	
	Frei Frachtführer ... (benannter Ort)	
FAS	Free Alongside Ship ... (named port of shipment)	
	Frei Längsseite Seeschiff ... (benannter Verschiffungshafen)	
FOB	Free on Board ... (named port of shipment)	
	Frei an Bord ... (benannter Verschiffungshafen)	
CFR	Cost and Freight ... (named port of destination)	
	Kosten und Fracht ... (benannter Bestimmungshafen)	
CIF	Cost, Insurance and Freight ... (named port of destination)	
	Kosten, Versicherung und Fracht ... (benannter Bestimmungshafen)	
CPT	Carriage Paid To ... (named place of destination)	
	Frachtfrei ... (benannter Bestimmungsort)	
CIP	Carriage and Insurance Paid To ... (named place of destination)	
	Frachtfrei versichert ... (benannter Bestimmungsort)	
DAF	Delivered At Frontier ... (named place)	
	Geliefert frei Grenze ... (benannter Ort)	
DES	Delivered Ex Ship ... (named port of destination)	
	Geliefert ab Schiff ... (benannter Bestimmungshafen)	
DEQ	Delivered Ex Quay (duty paid) ... (named port of destination)	
	Geliefert ab Kai (verzollt) ... benannter Bestimmungshafen)	
DDU	Delivered Duty Unpaid ... (named place of destination)	
	geliefert unverzollt ... (benannter Bestimmungsort)	
DDP	Delivered Duty Paid ... (named place of destination)	
	geliefert verzollt ... (benannter Bestimmungsort)	

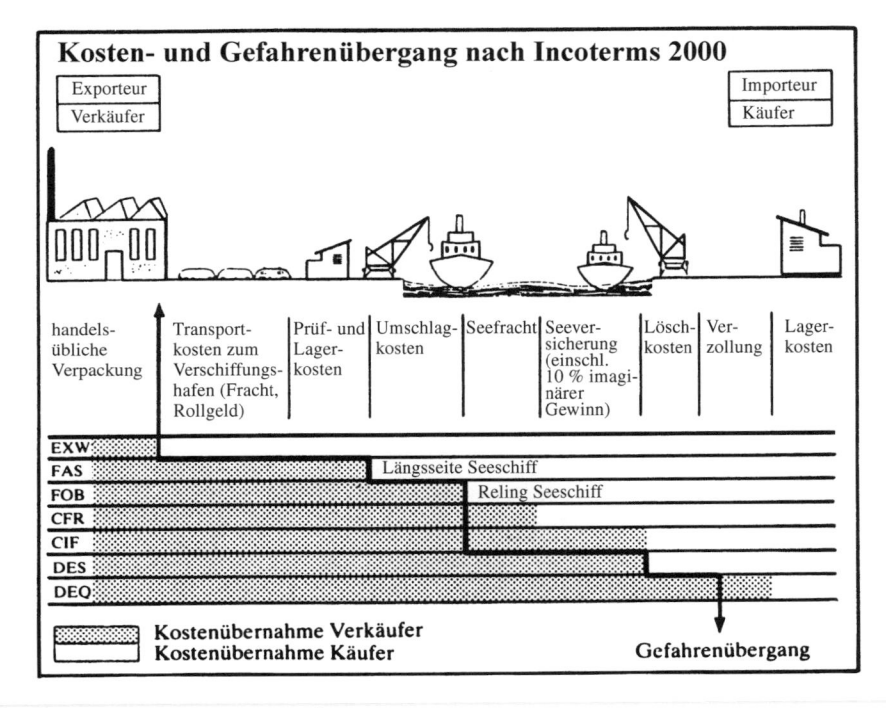

Kosten- und Gefahrenübergang nach Incoterms 2000

Exporteur / Verkäufer — Importeur / Käufer

Kostenbestandteile (von links nach rechts):
- handelsübliche Verpackung
- Transportkosten zum Verschiffungshafen (Fracht, Rollgeld)
- Prüf- und Lagerkosten
- Umschlagkosten
- Seefracht
- Seeversicherung (einschl. 10 % imaginärer Gewinn)
- Löschkosten
- Verzollung
- Lagerkosten

Klauseln: EXW, FAS, FOB, CFR, CIF, DES, DEQ

FAS: Längsseite Seeschiff
FOB: Reling Seeschiff

Kostenübernahme Verkäufer / Kostenübernahme Käufer

Gefahrenübergang

3.3

Wenn die Folder GmbH Waren als Importeur aus Asien bezieht, dann ist die Incoterm DDP die günstigste Variante, da die Transportkosten und die Transportrisiken vollständig von dem Verkäufer im Ausland getragen werden müssen. Hingegen stellt die Incoterm EXW die Folder GmbH am schlechtesten, da dann die meisten Bedingungen an den Importeur gestellt werden.

3.4

Das abgebildete Transportdokument (Abb. 1 zu Aufgabe 3 im Aufgabenteil) ist ein **Konnossement (Bill of Lading B/L)** und dient als Urkunde im Seefrachtverkehr. Das Konnossement wird vom Verfrachter ausgestellt und bestätigt dem Exporteur, dass er die Ware an den Verfrachter übergeben (Übernahmekonnossement) oder dass der Verfrachter die Ware an Bord eines Schiffs verladen hat (Bordkonnossement). Zugleich ist das Konnossement auch ein Traditionspapier, mit dem die Übergabe der Ware durch ein Dokument ersetzt wird. Zudem verspricht der Verfrachter mit dem ausgestellten Konnossement, dass er die Waren befördert und an den legitimierten Empfänger ausliefert.

In der Regel beinhaltet ein Konnossement folgende **Angaben:**

HGB § 643

Das Konnossement enthält:

1. den Namen des Verfrachters;
2. den Namen des Kapitäns;
3. den Namen und die Nationalität des Schiffes;
4. den Namen des Abladers;
5. den Namen des Empfängers;
6. den Abladungshafen;
7. den Löschungshafen oder den Ort, an dem Weisung über ihn einzuholen ist;
8. die Art der an Bord genommenen oder zur Beförderung übernommenen Güter, deren Maß, Zahl oder Gewicht, ihre Merkzeichen und ihre äußerlich erkennbare Verfassung und Beschaffenheit;
9. die Bestimmung über die Fracht;
10. den Ort und den Tag der Ausstellung;
11. die Zahl der ausgestellten Ausfertigungen.

3.5

Die rechtlichen Bedeutungen des Konnossements sind:

- **Dokumentation** der Warenübergabe
- **Legitimation** der Berechtigung an der Ware
- **Nachweis** des Eigentums an der Ware
- **Verfügung** über die Ware während des Transports
- **Beweis** der Aushändigung der Ware

3.6

Das abgebildete Transportdokument (Abb. 2 zu Aufgabe 3, Kapitel 5, im Aufgabenteil) ist ein internationaler Frachtbrief im Straßengüterverkehr (**C**onvention relative au **c**ontrat de transport international de **m**archandises par **r**oute = **CMR** Frachtbrief), der als Transportdokument im internationalen Straßengüterverkehr eingesetzt wird. Mithilfe des CMR Frachtbriefs wird der Abschluss eines Beförderungsvertrags belegt und er dient als Transportpapier im grenzüberschreitenden Güterverkehr.

4. Aufgabe

4.1

In diesem Fall hat der Zoll eine Einfuhrüberwachung vorgenommen und überprüft, ob die eingeführten Waren den gesetzlichen Vorschriften entsprechen. Die Zollstellen überwachen die Übereinstimmung von aus Drittländern eingeführten Erzeugnissen mit den geltenden Produktsicherheitsvorschriften. Dadurch soll gewährleistet werden, dass nur sicherheitstechnisch unbedenkliche Waren auf den Markt der Europäischen Gemeinschaft gelangen. Ein Hinweis für die Erfüllung der grundlegenden Sicherheitsanforderungen einer Ware kann die CE-Kennzeichnung sein, mit der ein Hersteller oder dessen Beauftragter in der EU bestätigt, dass seine Ware die geltenden europäischen Richtlinien erfüllt.

4.2

Der Zollverwaltung gehören unterschiedliche Abteilungen an:

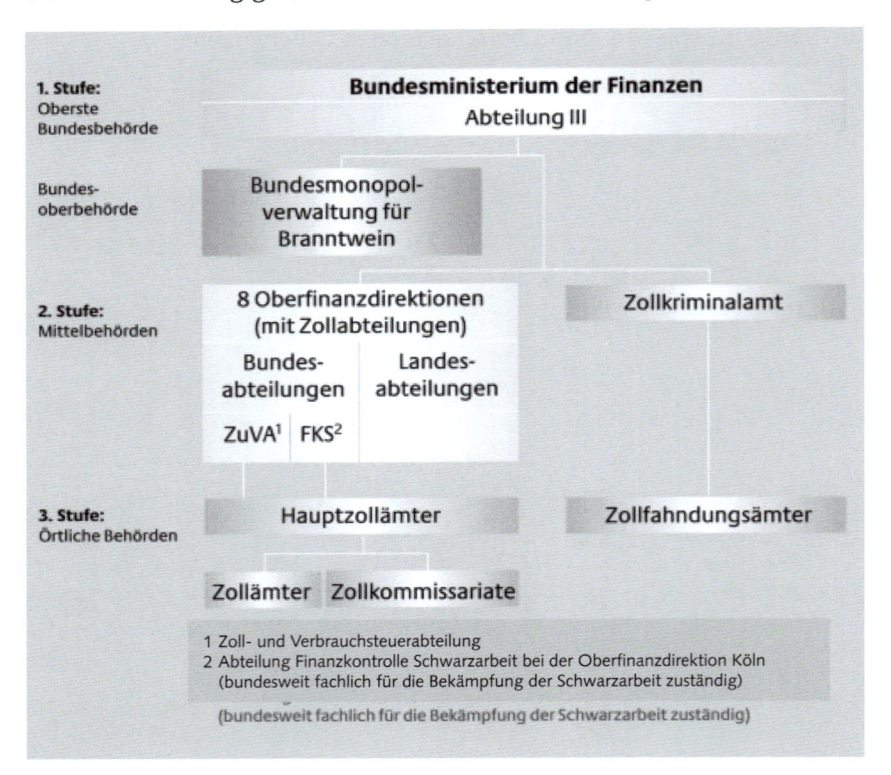

Stufe	Behörde	Struktur
1. Stufe: Oberste Bundesbehörde	Bundesministerium der Finanzen – Abteilung III	
Bundesoberbehörde	Bundesmonopolverwaltung für Branntwein	
2. Stufe: Mittelbehörden	8 Oberfinanzdirektionen (mit Zollabteilungen) – Bundesabteilungen (ZuVA[1] FKS[2]), Landesabteilungen	Zollkriminalamt
3. Stufe: Örtliche Behörden	Hauptzollämter – Zollämter, Zollkommissariate	Zollfahndungsämter

[1] Zoll- und Verbrauchsteuerabteilung
[2] Abteilung Finanzkontrolle Schwarzarbeit bei der Oberfinanzdirektion Köln (bundesweit fachlich für die Bekämpfung der Schwarzarbeit zuständig)
(bundesweit fachlich für die Bekämpfung der Schwarzarbeit zuständig)

Quelle: Bundesministerium der Finanzen

4.2

Wesentliche **Aufgaben im Außenhandel** übernehmen z. B. die **Zollämter:**

- Warenerfassung, einschließlich Prüfung, ob alle eingeführten Waren richtig erfasst sind
- vorübergehende Verwahrung gestellter Waren
- Annahme und Prüfung der Zollanmeldung, u. a.: Beschau, Prüfung der Einhaltung der Vorschriften über die Verbote und Beschränkungen für den Warenverkehr, insbesondere der Einfuhrliste, Anerkennung von Präferenzpapieren
- Berechnung der Einfuhrabgaben und deren buchmäßige Erfassung
- Überlassung der Waren zum angemeldeten Zollverfahren
- Sicherstellung und Beschlagnahme der Waren, wenn die Überlassung unzulässig ist oder nicht in Anspruch genommen wird
- Gestellung zur Ausfuhr, Ausfuhrüberwachung, Ausstellung der Präferenzpapiere.

4.3

Der Importeur hat gegen folgende gesetzliche Vorschriften verstoßen:

- Produktsicherheitsgesetz
- Richtlinie zur Kennzeichnung mit dem vorgeschrieben CE-Kennzeichen
- Verstoß gegen die Verpflichtung Anleitungen und Warnhinweise in deutscher Sprache beizufügen

4.4

Gängige **Zolldokumente** sind z. B.:

- Handelsfaktura
- Konsulatsfaktura
- Zollfaktura
- Ursprungszeugnis oder Ursprungserklärung
- Zoll-Einheitspapiere

Bildnachweis

Fotos	**Seite**
Coop	183
Creatas	136
B. Krone GmbH	66
Metro AG	149
MEV	32, 141, 160
www.stockxpert.com (user: chlo68)	24
www.stockxpert.com (user: XPhantom)	24
www.stockxpert.com (user: Zela)	143
www.sxc.hu (user: Scyza)	163

Titelbild
© erikdegraaf – Fotolia.com

Prüfung? Kein Problem!

Prüfungs- und Arbeitshilfen für die kaufmännische Ausbildung

Sicher in die Abschlussprüfung

Mit den U-Form-Prüfungstrainern halten Sie das Originalrezept für erfolgreiche Prüfungen in Ihren Händen.

Das Erfolgsrezept? Ganz einfach: Die Themengebiete der Prüfungstrainer und die Art der gestellten Fragen orientieren sich an den original IHK-Prüfungsaufgaben.

Das leistet nur U-Form:

- **Übersichtlich:** alle Prüfungsthemen in einer Mappe
- **Sicher:** Prüfungsnahe Fragestellungen
- **Ausführlich:** Erklärte Lösungen im separaten Lösungsteil
- **Komplett:** Aufgabenteil, Lösungsteil und Lösungsbogen in einem Paket

Prüfungstrainer Zwischenprüfung
Best.-Nr. 421

- alle Fächer der Zwischenprüfung
- erläuterter Lösungsteil
- 260 Seiten A4

22,90 €

Prüfungstrainer Kfm. Steuerung und Kontrolle, Organisation
Best.-Nr. 423

- alle Aufgabengebiete des Prüfungsfaches Kfm. Steuerung und Kontrolle, Organisation
- erläuterter Lösungsteil
- 476 Seiten (Format: 17 x 24 cm)

23,50 €

Prüfungstrainer „Text-Training"
Best.-Nr. 732

- „Text-Training" ist ideal für alle Auszubildenden, die für Prüfung und Praxis das Formulieren von Texten trainieren wollen.
- 274 Seiten A4

14,90 €

Erläuterung der Zeichen:

Prüfungstrainer   CD-Rom

u|form

Prüfung? Kein Problem!

Prüfungs- und Arbeitshilfen
für die kaufmännische Ausbildung

Die U-Form-Ratgeber

Clevere Tipps

Die cleveren U-Form-Ratgeber verraten wichtige Tipps und Tricks für die tägliche Berufspraxis, die Berufsschule und die Prüfungsvorbereitung.

- praxisnah und relevant
- einfach zu lesen, leicht zu behalten
- im handlichen Hosentaschenformat
- mit Checklisten zur Prüfungsvorbereitung

Der clevere Formel-Trainer
Best.-Nr. 973

- **Auflage 2011**
- über 100 Rechenaufgaben rund um das Thema Rechnungswesen auf 144 Seiten A5

11,90 €

Der clevere Rechentrainer
Best.-Nr. 974

- über 100 Rechenaufgaben zu allen Grundrechenarten mit einfach erläuterten Lösungen
- 216 Seiten A5

12,80 €

Das clevere Formelheftchen
Best.-Nr. 971

- **Auflage 2011**
- Alle wichtigen kaufmännischen Rechenarten und Formeln werden anhand eines Beispiels ausführlich erklärt.
- 88 Seiten A6

6,30 €

Clevere Tipps zum Prüfungsendspurt
Best.-Nr. 981

- Praxisnah und locker gibt es viele Tipps und Tricks rund um die letzten Monate der Berufsausbildung.
- 96 Seiten A6

6,30 €

Prüfung? Kein Problem!

Prüfungs- und Arbeitshilfen für die kaufmännische Ausbildung

IHK-Aufgabensätze

Original IHK-Abschlussprüfung (Großhandel)

Winter 09/10
Best.-Nr. 7821209
Sommer 10
'Best.-Nr. 7821110
Winter 10/11
Best.-Nr. 7821210

- bundeseinheitlich bis auf Baden-Württemberg
- mit Musterlösungen für die Fächer Steuerung und Kontrolle, Organisation, WiSo

je 11,25 €

Lösungserläuterungen IHK-Abschlussprüfung

Zur Fachrichtung Großhandel

Winter 09/10
Best.-Nr. 542209
Sommer 10
Best.-Nr. 542110
Winter 10/11
Best.-Nr. 542210

- Erläuterungen der Lösungen für alle Prüfungsfächer der Fachrichtung Großhandel

je 9,80 €

Original IHK-Abschlussprüfung (Außenhandel)

Sommer 09
Best.-Nr. 7822109
Winter 09/10
Best.-Nr. 7822209
Sommer 10
Best.-Nr. 7822110
Winter 10/11
Best.-Nr. 7822210

- bundeseinheitlich bis auf Baden-Württemberg
- mit Musterlösungen für die Fächer Steuerung und Kontrolle, Organisation, WiSo

je 11,25 €

Noch mehr clevere Ideen zur Prüfungsvorbereitung finden Sie unter www.u-form.de

Erläuterung der Zeichen:

- kleiner Ratgeber
- ergänzendes Angebot
- Lösungen
- IHK-Prüfungen

Bestellschein

Bitte hier Ihre Kunden-Nummer eintragen:

U-Form-Verlag
Hermann Ullrich (GmbH & Co) KG
Cronenberger Straße 58
42651 Solingen

Absender/Stempel (genaue Versandanschrift)

E-Mail

Datum/Unterschrift

Bitte achten Sie darauf, dass Sie nur auf einem Weg bestellen, um Doppellieferungen zu vermeiden.
Telefon 0212 22207-0 oder **Fax 0212 208963** oder E-Mail: uform@u-form.de oder **Internet: www.u-form.de**

Titel	Bestell-Nr.	Anzahl	Einzel-preis	Gesamt-preis

Preise einschließlich Mehrwertsteuer (außer bei Einstellungstests), zuzüglich Versandkostenpauschale von 5,60 €, Angebot freibleibend

☐ Eilservice 5,50 €

Summe

Zusätzlich möchte ich einen kostenlosen Prospekt zu den angekreuzten Themen:

☐ Automobilkaufmann/-frau
☐ Bankkaufmann/-frau
☐ Bürokaufmann/-frau
☐ Florist/Floristin
☐ Gastgewerbe
☐ Industriekaufmann/-frau
☐ Immobilienkaufmann/-frau

☐ IT-Berufe
☐ Kfm./Kffr. f. Bürokommunik.
☐ Kfm./Kffr. für Versicherungen und Finanzen
☐ Kfm./Kffr. im Einzelhandel Verkäufer/in
☐ Kfm./Kffr. im Groß- und Außenhandel

☐ Reiseverkehrskfm./-frau
☐ Kfm./Kffr. f. Spedition und Logistikdienstleistung
☐ Einstellungstests
☐ Kfm. Allgemein
☐ AkA/IHK Veröffentlichungen

Andreas Eiling

Kaufmann/Kauffrau im Groß- und Außenhandel Großhandelsgeschäfte

Prüfungstrainer Abschlussprüfung
Übungsaufgaben und erläuterte Lösungen

Aufgabenteil

Bestell-Nr. 422

U-Form-Verlag Hermann Ullrich (GmbH & Co) KG

Ihre Meinung ist uns wichtig!

Bei Fragen, Anregungen oder Kritik zu diesem Produkt senden Sie bitte eine E-Mail an:

feedback@u-form.de

Wir freuen uns auf Ihre Rückmeldung.

Bitte beachten Sie:

Zu diesem Prüfungstrainer gehört auch noch ein Lösungsteil.

COPYRIGHT

U-Form-Verlag, Hermann Ullrich (GmbH & Co) KG
Cronenberger Straße 58 · 42651 Solingen
Telefon 0212 22207-0 · Telefax 0212 208963
Internet: www.u-form.de · E-Mail: uform@u-form.de

Alle Rechte liegen beim Verlag bzw. sind der Verwertungsgesellschaft Wort, Goethestraße 49, 80336 München, Telefon 089 514120, zur treuhänderischen Wahrnehmung überlassen. Damit ist jegliche Verbreitung und Vervielfältigung dieses Werkes – durch welches Medium auch immer – untersagt.

4. Auflage 2011 · ISBN 978-3-88234-422-6

Vorwort

Dieser Prüfungstrainer enthält Aufgaben mit erläuterten Lösungen zur Vorbereitung auf einen Teil der **Abschlussprüfung** des Ausbildungsberufes **„Kaufmann/Kauffrau im Groß- und Außenhandel"** nach der Ausbildungsverordnung vom 14. Februar 2006.

Die Abschlussprüfung unterteilt sich in die Fachrichtungen Großhandel oder Außenhandel, je nachdem, welche Fachrichtung der Prüfling gewählt hat.

Die in diesem Prüfungstrainer behandelten Fächer betreffen den Prüfungsbereich **„Großhandelsgeschäfte" der Fachrichtung Großhandel.**

Die Fächer „Kaufmännische Steuerung und Kontrolle, Organisation" und „Wirtschafts- und Sozialkunde" sind ebenfalls Bestandteil der Abschlussprüfung – sowohl der Fachrichtung Großhandel als auch der Fachrichtung Außenhandel. Dazu bietet der U-Form-Verlag separate Prüfungstrainer.

Praktische Hinweise

Der Prüfungstrainer besteht aus **zwei Teilen:** einem **Aufgabenteil** und einem **Lösungs- und Erläuterungsteil.** Im Lösungs- und Erläuterungsteil finden Sie die Lösungen der Aufgaben so ausführlich erläutert, dass es Ihnen leichtfallen wird, Zusammenhänge zu erkennen, Sachverhalte zu beurteilen und im Prüfungsfall auf andere Aufgabenstellungen zu übertragen. Dadurch sollen Sie in die Lage versetzt werden, Lösungen zu handlungsorientierten Prüfungsaufgaben eigenständig zu entwickeln.

Zur selbstständigen Bearbeitung der in diesem Prüfungstrainer enthaltenen Aufgaben und zum Feststellen eventueller Wissenslücken empfiehlt es sich, den Lösungsteil zunächst zur Seite zu legen. Sie sollten ihn erst zur Hand nehmen, nachdem Sie die erste Arbeitsphase abgeschlossen haben.

Autor und Verlag wünschen Ihnen viel Erfolg bei Ihrer Prüfung!

Inhaltsverzeichnis Aufgabenteil

Hinweise zur Abschlussprüfung .... 8 – 9
Arbeitsanleitungen für ungebundene Aufgaben.......................... 10 – 16
Musterunternehmen 17

Kapitel 1   Das Ausbildungsunternehmen

Aufgaben-Nr.   **Seite**

1. Aufgabe – Situation 21
    1.1 – 1.8 .... 21 – 22
2. Aufgabe – Situation 23
    2.1 – 2.6 .... 23 – 25

Kapitel 2   Beschaffung und Logistik

Aufgaben-Nr.   **Seite**

1. Aufgabe – Situation 29
   1.1 – 1.6 30
2. Aufgabe – Situation .... 31 – 33
   2.1 – 2.5 33
3. Aufgabe – Situation 34
   3.1 – 3.3 34
4. Aufgabe – Situation 35
   4.1 – 4.6 .... 35 – 37
5. Aufgabe – Situation 38
   5.1 – 5.2 39
6. Aufgabe – Situation 40
   6.1 – 6.4 40
7. Aufgabe – Situation 41
   7.1 – 7.5 .... 41 – 43
8. Aufgabe – Situation 44
   8.1 – 8.3 44
9. Aufgabe – Situation 45
   9.1 – 9.5 .... 45 – 46
10. Aufgabe – Situation .... 47 und 49 – 50
    10.1 – 10.4 .... 47 – 48
11. Aufgabe – Situation .... 51 und 52
    11.1 – 11.5 51
12. Aufgabe – Situation .... 53 und 54
    12.1 – 12.9 .... 53 – 56

Kapitel 3 Vertrieb und Kundenorientierung

Aufgaben-Nr.   **Seite**

1. Aufgabe – Situation 59
   1.1 – 1.6 .... 59 – 60
2. Aufgabe – Situation 61
   2.1 – 2.5 61
3. Aufgabe – Situation 62
   3.1 – 3.5 .... 62 – 63
4. Aufgabe – Situation 64
   4.1 – 4.4 64
5. Aufgabe – Situation 65
   5.1 – 5.4 65
6. Aufgabe – Situation 66
   6.1 – 6.4 66
7. Aufgabe – Situation 67
   7.1 – 7.5 67
8. Aufgabe – Situation 68
   8.1 – 8.3 .... 68 – 70
9. Aufgabe – Situation 71
   9.1 – 9.4 71
10. Aufgabe – Situation 72
    10.1 – 10.7 .... 72 – 73
11. Aufgabe – Situation 74
    11.1 – 11.7 .... 75 – 76
12. Aufgabe – Situation 77
    12.1 – 12.5 .... 77 – 78
13. Aufgabe – Situation 79
    13.1 – 13.3 79
14. Aufgabe – Situation 80
    14.1 – 14.5 .... 80 – 81
15. Aufgabe – Situation 82
    15.1 – 15.4 82
16. Aufgabe – Situation 83
    16.1 – 16.5 .... 83 – 84

Inhaltsverzeichnis Aufgabenteil

Kapitel 4 Wareneingang, Warenlagerung und Warenausgang; Warenwirtschaftssystem

Aufgaben-Nr. **Seite**

1. Aufgabe – Situation	87
1.1 – 1.6	87 – 90
2. Aufgabe – Situation	91
2.1 – 2.6	91 – 92
3. Aufgabe – Situation	93
3.1 – 3.6	94
4. Aufgabe – Situation	95
4.1 – 4.6	95 – 96
5. Aufgabe – Situation	97
5.1 – 5.6	97 – 98
6. Aufgabe – Situation	99
6.1 – 6.6	99 – 100
7. Aufgabe – Situation	101
7.1 – 7.5	102
8. Aufgabe – Situation	103
8.1 – 8.10	104 – 105

Kapitel 5 Das Außenhandelsgeschäft

Aufgaben-Nr. **Seite**

1. Aufgabe – Situation	109
1.1 – 1.7	110
2. Aufgabe – Situation	111
2.1 – 2.7	112
3. Aufgabe – Situation	113 – 114
3.1 – 3.6	115
4. Aufgabe – Situation	116
4.1 – 4.4	116
Bildnachweis	117

Die Abschlussprüfung im Ausbildungsberuf „Kaufmann/Kauffrau im Groß- und Außenhandel" gliedert sich in folgende Bereiche:

Theoretischer Teil (schriftlich)

- **Fachrichtung Großhandel**
    - **Großhandelsgeschäfte**
        - ungebundene Aufgaben
        - 180 Minuten Prüfungszeit
    - **Kaufmännische Steuerung und Kontrolle, Organisation**
        - überwiegend gebundene Aufgaben
        - 90 Minuten Prüfungszeit
    - **Wirtschafts- und Sozialkunde**
        - überwiegend gebundene Aufgaben
        - 60 Minuten Prüfungszeit

Oder (je nach gewählter Fachrichtung):

- **Fachrichtung Außenhandel**
    - **Außenhandelsgeschäfte**
        - ungebundene Aufgaben
        - 180 Minuten Prüfungszeit
    - **Kaufmännische Steuerung und Kontrolle, Organisation**
        - überwiegend gebundene Aufgaben
        - 90 Minuten Prüfungszeit
    - **Wirtschafts- und Sozialkunde**
        - überwiegend gebundene Aufgaben
        - 60 Minuten Prüfungszeit

Für beide Fachrichtungen:

Fallbezogenes Fachgespräch

Der Prüfling hat hier eine von zwei ihm zur Wahl gestellten praxisbezogenen Aufgaben zu bearbeiten. Nähere Informationen finden Sie unter § 9 und § 10 der Ausbildungsverordnung. Für die Vorbereitung der gewählten Aufgabe ist eine Zeit von höchstens 15 Minuten vorzusehen. Das Fachgespräch soll die Dauer von 30 Minuten nicht überschreiten.

Abschlussprüfung im Prüfungsbereich Großhandelsgeschäfte

Die Aufgaben der Abschlussprüfung werden bundeseinheitlich gestellt (mit Ausnahme von Baden-Württemberg).

Die einzelnen Gebiete können Sie dem Inhaltsverzeichnis dieses Prüfungstrainers entnehmen. Die Aufteilung entspricht dem Prüfungskatalog für die Abschlussprüfungen der AkA (Aufgabenstelle für kaufmännische Abschluss- und Zwischenprüfungen, Nürnberg[*]).

Dem Prüfungsteilnehmer wird ein Aufgabensatz mit ca. 4 ungebundenen handlungsorientierten Aufgaben (Fällen) ausgehändigt. Dem Prüfungssatz sind die entsprechenden Arbeitsanweisungen zu entnehmen.

Die Prüfungsdauer für das Fach Großhandelsgeschäfte beträgt 180 Minuten.

Insgesamt kann der Prüfling im Fach Großhandelsgeschäfte 100 Punkte erzielen (in den Fächern Kaufmännische Steuerung und Kontrolle, Organisation sowie Wirtschafts- und Sozialkunde können ebenfalls je 100 Punkte erreicht werden).

---

[*] Prüfungskataloge für die IHK-Abschlussprüfungen Kaufmann/Kauffrau im Groß- und Außenhandel, Hrsg. AkA Nürnberg, sowie Prüfungssätze vergangener Prüfungstermine (soweit verfügbar) sind über den U-Form-Verlag, Solingen, erhältlich.

Arbeitsanleitungen für ungebundene Aufgaben

Das Fach **Großhandelsgeschäfte** wird in ungebundener Form geprüft.*

Bei diesen Aufgaben muss der Prüfungsteilnehmer die Lösung mit eigenen Worten formulieren oder Berechnungen bzw. Eintragungen vornehmen.

Diese handlungsorientierten Aufgaben für die Fachrichtung Großhandel setzen sich wie folgt zusammen:

Die Musterunternehmung

Den Aufgabenstellungen wird in der Regel die Beschreibung einer Musterunternehmung vorweggestellt. Diese Angaben zur Musterunternehmung sind auch zur Aufgabenbearbeitung von Bedeutung. Es ist wichtig, bei der Lösung von Aufgaben diese Angaben immer wieder zu lesen und zu prüfen, inwieweit die Lösung von der Beschreibung der Musterunternehmung abhängt.

Ungebundene Aufgaben

Manchmal werden diese Aufgaben auch als „konventionelle" Aufgaben bezeichnet. Bei diesen Aufgaben müssen die Lösungen mit eigenen Worten formuliert werden (im Gegensatz dazu werden bei „programmierten" oder „gebundenen" Aufgaben Lösungsziffern eingetragen).

Ungebundene Aufgaben sind nicht maschinell auswertbar, sondern werden individuell von Hand korrigiert. Achten Sie auf eine deutliche Schrift und eine klare, leserliche Darstellung!

Die **Aufgabenstellungen** finden Sie auf dem Aufgabenbogen. Beachten Sie bei der Lösung der Aufgaben auch die **Belege und Abbildungen,** die praxisgerecht zu der Aufgabe präsentiert werden. Bei diesen Unterlagen kann es sich um Korrespondenz, Aufträge, Reklamationen, Gesetzestexte usw. handeln.

Den Aufgaben sind **Ausgangssituationen** vorangestellt. Lesen Sie diese Ausgangssituation sorgfältig durch. An diese Ausgangssituation schließen sich **mehrere Fragen** an. Eine handlungsorientierte Aufgabe besteht also aus mehreren Unterpunkten.

Achten Sie auf die Formulierung der unterschiedlichen Fragestellungen. Aus der Aufgabenstellung ergibt sich, welche Form und welchen Umfang die Lösung haben soll.

---

* Nähere Informationen finden Sie in dem Titel „Kaufmann/Kauffrau im Groß- und Außenhandel, AkA-Informationen 30, Bestell-Nr. 6030, der über den U-Form-Verlag, Solingen erhältlich ist.

Arbeitsanleitungen für ungebundene Aufgaben

Denkbar sind z. B. **Aufforderungen** wie:

- Schlagen Sie vor ...
- Beurteilen Sie ...
- Stellen Sie die Vor- und Nachteile dar ...
- Begründen Sie Ihre Entscheidung für ...
- Welcher Fehler liegt hier vor?
- Korrigieren Sie die Rechnung ...
- Berechnen Sie ...
- Schreiben Sie einen Geschäftsbrief als Antwort ...
- Legen Sie einen geeigneten Termin fest.
- Nennen Sie ... /Führen Sie Beispiele auf für ...
- Erläutern Sie ...
- Beschreiben Sie ... /Schildern Sie ...

Aus der Aufgabenstellung geht auch hervor, ob die Antwort in ganzen Sätzen, in Form eines Briefes oder lediglich als Aufzählung bestimmter Merkmale erfolgen soll. Wichtig: Beachten Sie genau die Aufgabenstellung!

Die Aufgaben weisen eine unterschiedliche Komplexität auf (entsprechend der Punktevergabe). Halten Sie sich genau an die Aufforderung, die aus der Aufgabe hervorgeht!

An einigen Beispielen soll nun aufgezeigt werden, wie die Lösungen aussehen könnten.

Nennen Sie ...

Diese Aufforderung verlangt von Ihnen lediglich eine bestimmte Angabe bzw. eine Aufzählung. Wenn Sie darüber hinaus noch Erklärungen abgeben, erhalten Sie dadurch nicht mehr Punkte.

Beispiel:

> Das Musterunternehmen will sein Sortiment um Weihnachtskarten erweitern.
>
> Nennen Sie sieben Bestandteile eines Werbeplans zur Vermarktung dieser Weihnachtskarten.
>
> **Lösungsmöglichkeit:**
>
> Ein Werbeplan hat folgende Bestandteile:
>
> - Werbeetat
> - Streukreis
> - Streugebiet
> - Streuzeit
> - Streuweg
> - Werbeinhalt
> - Erfolgskontrolle

Bei dieser Aufgabenstellung sollten Sie die einzelnen Möglichkeiten also wirklich nur **nennen** und nicht näher erklären. Wenn Sie mehr Angaben machen (in diesem Falle z. B. mehr als sieben Positionen aufführen), erhalten Sie dafür nicht mehr Punkte.

Andere Formulierungen für Aufgaben, bei denen ebenfalls nur Aufzählungen erwartet werden, könnten sein:

Zählen Sie auf, welche ...

Geben Sie ... Gründe an!

Geben Sie ... Beispiele für ...!

Geben Sie ... Ursachen an!

Erläutern Sie ...

Hier kommt es darauf an, dass Sie zusätzlich zu einer Erklärung der Begriffe oder Vorgänge schreiben, warum, unter welchen Bedingungen, unter welchen Umständen, wann, wo, womit, mit wem, für wen usw. etwas so ist oder geschieht.

Beispiel:

> **Erläutern Sie,** wann Sie bei einem zweiseitigen Handelsgeschäft für einen Warenkauf keine Ansprüche aus Kaufvertragsstörungen mehr geltend machen können. (Wann verjähren Ihre Ansprüche bei einem zweiseitigen Handelsgeschäft?)
>
> **Lösungsmöglichkeit:**
>
> Die Vertragspartner können bei einem zweiseitigen Handelsgeschäft – falls keine Hemmung der Verjährung gegeben ist – spätestens nach zwei Jahren (Regelfall) oder maximal drei Jahren (bei arglistig verschwiegenen Mängeln) keine Ansprüche aus Kaufvertragsstörungen mehr geltend machen. (Vgl. BGB)

Beschreiben Sie .../Schildern Sie ...

Die Aufforderung „Beschreiben Sie .../Schildern Sie ..." verlangt eine klare Darstellung eines Vorgangs, z. B. eines Arbeitsablaufs. Dazu müssen Sie Kenntnisse von wesentlichen Einzelheiten nachweisen: Sie sollen nämlich beschreiben, wie etwas ist oder wie etwas abläuft. (Ihre eigene Stellungnahme oder Wertung wird hier nicht erwartet.)

Beispiel:

> Sie sind im Kundendienstbüro auch für die Bearbeitung von Kundenreklamationen zuständig. Ein Kunde erscheint dort persönlich und bringt einen defekten Tintenstrahldrucker mit. Der Kunde reklamiert diesen vor längerer Zeit erworbenen Drucker, da der Blatteinzug nicht mehr einwandfrei funktioniert.
>
> Beschreiben Sie, was Sie zunächst in der Angelegenheit der Druckerreklamation prüfen.
>
> **Lösungsmöglichkeit:**
>
> Zunächst prüfen Sie anhand der Ihnen vom Kunden vorgelegten Rechnung bzw. des Kaufbeleges, wann und wo dieses Gerät erworben wurde. Falls keine Belege vorgelegt werden können, ist es auch möglich, den Kauf auf andere Weise nachzuweisen, z. B. durch Nennung von Zeugen für den Kauf.
>
> Wenn diese organisatorischen Schritte ergeben haben, dass nach der kaufmännischen Rechtslage eine Reklamation vorliegt, die Ihr Unternehmen betrifft, wenden Sie sich dem technischen Problem zu.
>
> Sie werden zuerst ausschließen, dass es sich um einen Bedienungsfehler handelt. Sollte das Problem nicht auf eine fehlerhafte Handhabung zurückzuführen sein, so ist im nächsten Schritt dieses Gerät der Abteilung technischer Kundendienst zuzuleiten, um eine Fehlerdiagnose und Behebung des Fehlers durchzuführen (Nachbesserung).
>
> Falls eine Beseitigung des Fehlers nicht möglich ist (und nur dann!), hat der Kunde das Recht auf Lieferung einer mangelfreien Sache (d. h. auf ein mangelfreies Ersatzgerät) auf Kosten des Verkäufers.

Textentwürfe (z. B. Briefe)

Zu den ungebundenen Aufgaben können auch **Textentwürfe (z. B. Briefe)** gehören.

Obwohl das Telefon eine überragende Rolle im Geschäftsleben spielt, muss ein Kaufmann im Groß- und Außenhandel natürlich auch in der Lage sein, schriftliche Mitteilungen (Briefe, E-Mails, Faxmitteilungen usw.) korrekt und ansprechend zu gestalten. Bedenken Sie, dass ein Schriftstück als Visitenkarte Ihres Hauses in der Hand des Empfängers bleibt! Es muss also sowohl inhaltlich, sprachlich als auch der äußeren Form nach „Werbecharakter" haben. Das bedeutet nicht, dass jedes Mal ein langer, aufwändiger Brief die richtige Form ist. Jede Geschäftssituation erfordert eine andere Textsorte, das kann durchaus auch eine E-Mail oder ein Telefax sein.

Für Ihre Prüfungsvorbereitung auf ungebundene Aufgabenstellungen ist es allerdings wichtig, dass Sie sich auf die Textsorte „Brief" gut vorbereiten. Auch hier gilt: Nur regelmäßige Übung gibt Ihnen die nötige Sicherheit!

Beachten Sie bei der Briefgestaltung die Regeln des Geschäftsbriefes DIN 5008.

Eine verkleinerte Abbildung eines Vordrucks Geschäftsbrief nach DIN 676 finden Sie nachstehend.

Vorlage Geschäftsbrief (Beispiel: Folder GmbH):

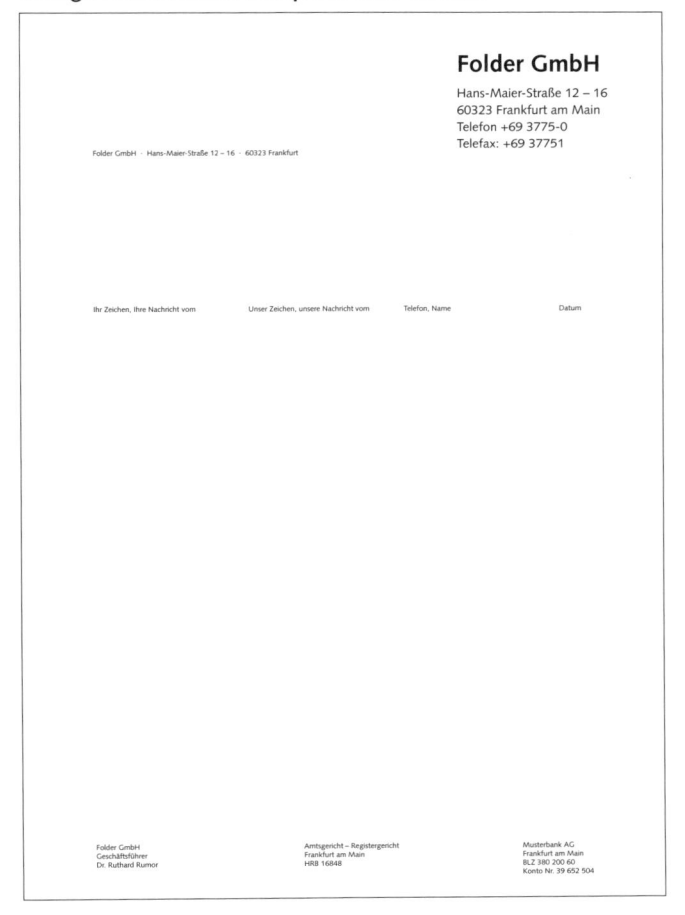

Arbeitsanleitungen für ungebundene Aufgaben

Es wird in diesen situationsbezogenen Aufgaben nicht nur **Wissen** und **Verständnis** der Geschäftssituation geprüft, sondern es werden auch **Kompetenzen** gefordert.

Dabei kann es sich inhaltlich z. B. darum handeln etwas zu **planen:**

Beispiele:

- Voraussehen, wie lange die Erledigung eines Kundenauftrages dauern wird (Liefertermin festlegen)
- Die einzelnen Schritte zur Erledigung des Auftrages veranlassen
- Personaleinsatz planen

Etwas zu **berechnen,** z. B.:

- **Rechnerische Prüfung einer Eingangsrechnung**

Etwas zu **kontrollieren** (auf sachliche Richtigkeit, Vollständigkeit etc.):

- Vergleichen Sie den Lieferschein mit der Rechnung. Welcher Fehler liegt vor? Wen informieren Sie und auf welche Weise?

Etwas zu **entscheiden,** z. B.:

- Ihnen liegen auf Ihre Anfrage folgende Angebote vor …
    - Für welches Angebot entscheiden sie sich?
    - Begründen Sie Ihre Entscheidung.

Musterunternehmen Folder GmbH

Die Folder GmbH stellt sich vor:

Unternehmensbeschreibung:	
Name: Geschäftssitz: Rechtsform:	Folder GmbH Hans-Maier-Straße 12 – 16, 60323 Frankfurt am Main GmbH
Handelsregister:	Amtsgericht Frankfurt am Main HRB 16848
Geschäftsjahr:	1. Januar – 31. Dezember
Bankverbindungen:	Musterbank AG, Frankfurt am Main BLZ 380 200 60 Konto-Nr. 39 652 504
Betriebszweck:	Großhandel im Bereich Büromaterial, Bürobedarf und Büroartikel
Vertriebsstruktur:	Zentrale in Frankfurt am Main, sechs Vertriebsbüros in Deutschland sowie drei Vertriebsbüros im europäischen Ausland
Lagerstruktur:	Ein vollautomatisches Hochregallager auf dem Gelände der Unternehmenszentrale, vier dezentrale Läger in Deutschland sowie drei dezentrale Läger in Frankreich, England und Polen
Kundenstruktur:	Unternehmen aller Branchen sowie Einzelhändler
Sortiment:	ca. 12 500 unterschiedliche Artikel, die weltweit von verschiedenen Herstellern beschafft werden
Absatzorgane:	Handlungsreisende Verkaufsniederlassungen Handelsvertreter Kommissionäre Handelsmakler
Abteilungen:	Geschäftsleitung (Geschäftsführer: Dr. Ruthard Rumor) Sekretariat Einkauf Logistik Lager Vertrieb/Marketing Verkauf Rechnungswesen Personal
Mitarbeiter Zentrale:	180 Arbeitnehmer (100 kfm. Mitarbeiter, 80 gew. Mitarbeiter) 10 Auszubildende (Kaufleute im Groß- und Außenhandel)

1 Das Ausbildungsunternehmen

1. Aufgabe

Situation

Als Mitarbeiter/-in im Sekretariat der Geschäftsleitung der Folder GmbH werden Sie damit beauftragt, das Protokoll der vergangenen Betriebsversammlung zu verfassen, um es anschließend im Intranet des Unternehmens zu veröffentlichen. Dazu gehört unter anderem auch der folgende Auszug der Eröffnungsrede des Geschäftsführers der Folder GmbH, Herrn Dr. Ruthard Rumor, zur zukünftigen Entwicklung des Unternehmens:

„Liebe Kolleginnen und Kollegen,

die Folder GmbH steht in einem zunehmenden Wettbewerb mit europäischen, aber auch weltweit tätigen Großhandelsunternehmen im Bereich Büroartikel. Damit wir unsere führende Position weiter ausbauen können, müssen wir uns kontinuierlich weiterentwickeln.

Unsere Strategie zielt dabei vor allem auf einen größeren Marktanteil, eine Erweiterung unseres Sortiments sowie einen positiven Return on Investment. Deshalb werden wir zukünftig neben unseren Aufgaben der Sortimentsbildung sowie der Raum- und Zeitüberbrückung, zunehmend mehr Service-, Finanzierungs- und Beratungsaufgaben für unsere Kunden übernehmen ...

In der direkten Nachbarschaft zu unserer Unternehmenszentrale in Frankfurt am Main werden wir außerdem eine neue Betriebsform testen und im kommenden Jahr einen Cash-and-Carry-Großhandel eröffnen. Zudem werden wir verstärkt horizontale und vertikale Kooperationen nutzen, um unsere Chancen am Markt und unsere Qualität zu verbessern ...

Diese veränderten Sachziele der Folder GmbH möchten wir gemeinsam mit Ihnen erreichen, allerdings ohne dabei unsere Formalziele aus den Augen zu verlieren!"

1.1

Erläutern Sie die sechs Aufgaben des Großhandels, die vom Geschäftsführer der Folder GmbH in seiner Eröffnungsrede genannt wurden.

1.2

Erarbeiten Sie für die genannten Aufgaben des Großhandels jeweils ein praktisches Beispiel, mit denen die Folder GmbH ihre Kunden unterstützen kann.

1.3

Erläutern Sie die neu einzuführende Betriebsform der Folder GmbH und nennen Sie zwei Vorteile, die für die Einführung sprechen.

1.4

Beschreiben Sie, welche Ziele die Folder GmbH mit Kooperationen erreichen kann.

1.5

Erarbeiten Sie jeweils drei Möglichkeiten, welche vertikalen und horizontalen Kooperationen die Folder GmbH nutzen kann, um die Ziele des Geschäftsführers zu erreichen.

1.6

Erläutern Sie den Unterschied zwischen Sachziel und Formalziel.

1.7

Analysieren Sie zwei Sach- und zwei Formalziele, die die Folder GmbH laut Aussage des Geschäftsführers verfolgt.

1.8

Erläutern Sie an zwei Beispielen, wie es zu einem Zielkonflikt zwischen den Sachzielen und den Formalzielen der Folder GmbH kommen kann.

2. Aufgabe

Situation

Die Sicherheit und der Gesundheitsschutz der Mitarbeiter sowie die Einhaltung von Umweltschutzvorschriften ist ein maßgebliches Ziel der Folder GmbH. Sie unterstützen zurzeit den Sicherheitsbeauftragten und den Umweltschutzbeauftragten des Unternehmens bei der Umsetzung rechtlicher Vorschriften. In diesem Zusammenhang arbeiten Sie auch intensiv mit der zuständigen Berufsgenossenschaft zusammen. Sie möchten die Flucht- und Rettungspläne aktualisieren, eine Mitarbeiterbelehrung zu den gesetzlichen Meldevorschriften durchführen und die Maßnahmen zum Schutz der Umwelt im Unternehmen optimieren.

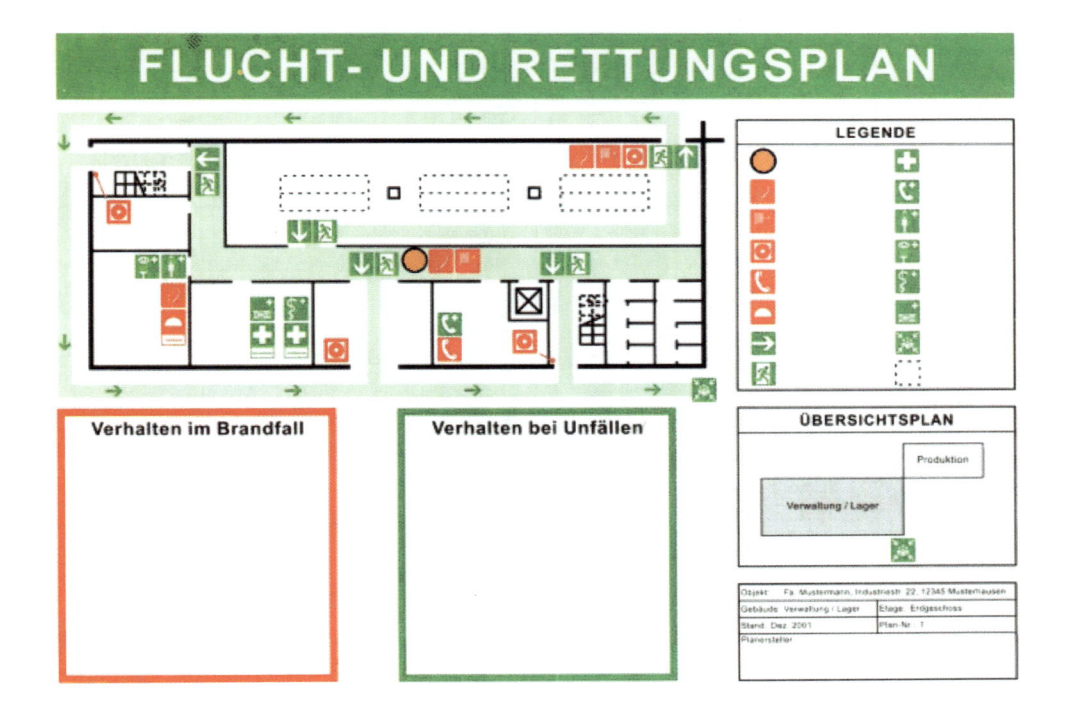

2.1

Erstellen Sie für den abgebildeten Flucht- und Rettungsplan eine Anweisung für das Verhalten im Brandfall, die den rechtlichen Vorschriften entspricht.

Kapitel 1 — Das Ausbildungsunternehmen

2.2

Erstellen Sie für den abgebildeten Flucht- und Rettungsplan eine Anweisung für das Verhalten bei Unfällen, die den rechtlichen Vorschriften entspricht.

2.3

Beschriften Sie die folgenden Symbole für die Legende des Flucht- und Rettungsplans mit den entsprechenden Bezeichnungen.

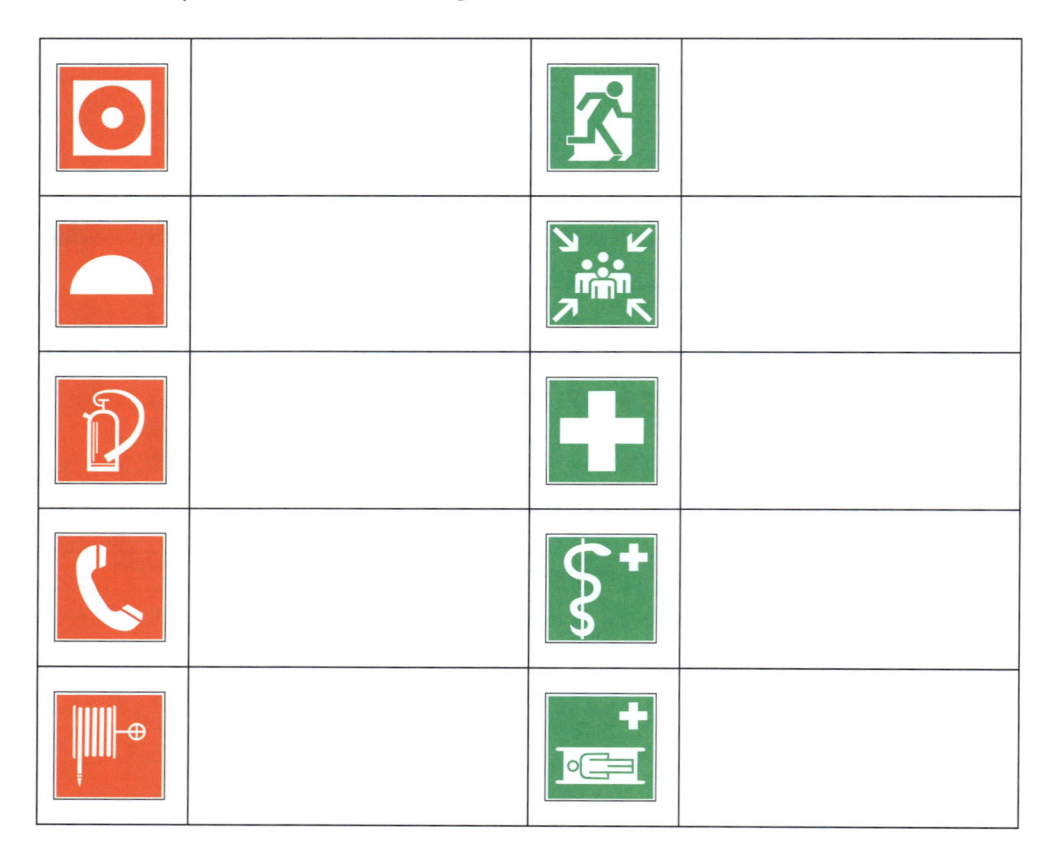

Symbol	Bezeichnung	Symbol	Bezeichnung
🔴 Brandmelder		🟢 Notausgang	
🔴 Feuermelder		🟢 Sammelstelle	
🔴 Feuerlöscher		🟢 Erste Hilfe	
🔴 Telefon		🟢 Arzt	
🔴 Löschschlauch		🟢 Krankentrage	

2.4

Erläutern Sie drei Aufgaben, die die Berufsgenossenschaft als Institution der gesetzlichen Unfallversicherung übernimmt und beschreiben Sie, wie sich die Berufsgenossenschaft finanziert.

Das Ausbildungsunternehmen Kapitel 1

2.5

Vergleichen Sie die beiden abgebildeten Instrumente zur Dokumentation von Unfällen im Betrieb und erläutern Sie, in welchen Fällen diese auszufüllen sind.

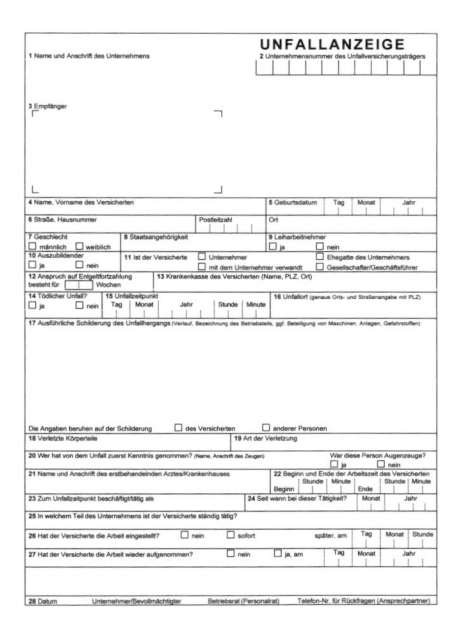

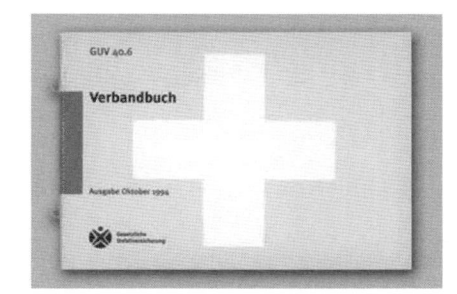

2.6

Stellen Sie jeweils drei Möglichkeiten dar, mit denen die Folder GmbH in den Bereichen Einkauf, Lager, Marketing/Versand und Verwaltung einen Beitrag zum Umweltschutz leisten kann.

2 Beschaffung und Logistik

1. Aufgabe

Situation

Die Folder GmbH verfügt über mehrere Läger in Deutschland, die folgendermaßen strukturiert sind:

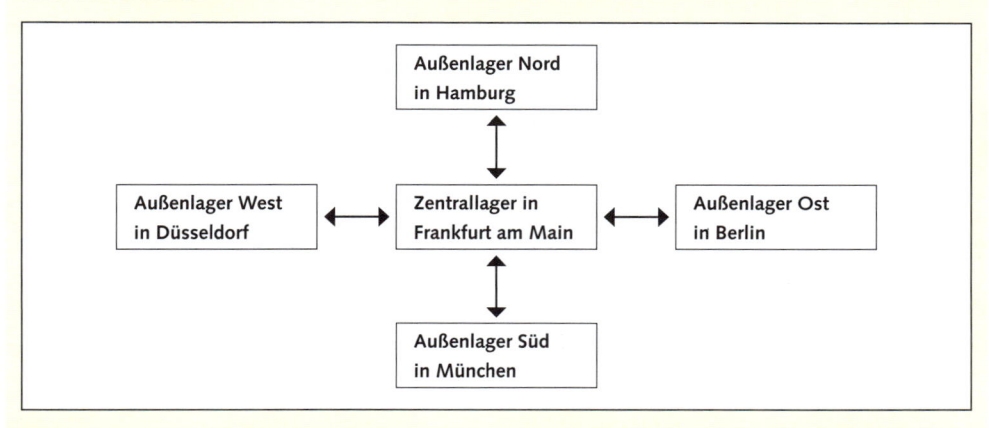

```
                    Außenlager Nord
                    in Hamburg
                          ↕
Außenlager West  ↔  Zentrallager in   ↔  Außenlager Ost
in Düsseldorf       Frankfurt am Main     in Berlin
                          ↕
                    Außenlager Süd
                    in München
```

Das Zentrallager in Frankfurt am Main besteht aus einem vollautomatischen Hochregallager, zwei Bereichen mit Fachbodenregalen sowie einem Lagerbereich mit Palettenregalen. Die Außenläger verfügen nur über Bereiche mit Fachboden- sowie Palettenregalen. Die Waren können entweder direkt von den Herstellern an die entsprechenden Außenläger geliefert werden oder die Außenläger werden über das Zentrallager in Frankfurt am Main beliefert. Die Anlieferung der Waren erfolgt überwiegend per LKW oder kombinierten Verkehr. Als Transportmittel zum Kunden werden LKW, Bahn oder Flugzeug eingesetzt.

Zu Ihren Kunden in Bremen gehören auch die Nordwelt Werke, ein Hersteller von Messinstrumenten. Sie beliefern das Unternehmen regelmäßig mit unterschiedlichen Etikettentypen, die es zur Beschriftung der Messinstrumente in der Produktion benötigt. Die Produktionsmengen unterliegen allerdings starken Schwankungen und zudem werden die verschiedenen Etikettentypen unterschiedlich stark in der Produktion eingesetzt. Deshalb bestellen die Einkäufer der Nordwelt Werke die Etiketten nur in kleinen Versandeinheiten, d. h. in einzelnen Kartons mit jeweils 1 000 Etiketten. Die Kartons müssen allerdings je nach Produktion sehr kurzfristig angeliefert werden.

Hersteller der Etiketten ist die Bestlabel AG in Stuttgart, die die Waren auf Europaletten mit jeweils 20 Kartons in größeren Mengen an das Zentrallager in Frankfurt am Main liefert. Von dort werden die Etiketten in einzelnen Kartons (Inhalt 1 000 Etiketten, Gewicht 5 Kilo je Karton) an das Außenlager in Hamburg weitergeliefert.

Sie sind als Mitarbeiter/-in im Bereich Logistik eingesetzt und unter anderem mit der Optimierung logistischer Prozesse beauftragt.

1.1

Erstellen Sie eine Grafik, die den innerbetrieblichen Warenfluss vom Wareneingang der Etiketten im Zentrallager bis zum Warenausgang an das Außenlager mit allen relevanten Teilaufgaben im Lager übersichtlich darstellt.

1.2

Erläutern Sie zwei Flurförderzeuge, die Sie für den innerbetrieblichen Warenfluss der Etiketten im Zentrallager einsetzen können.

1.3

Wählen Sie ein geeignetes Transportmittel für die Lieferung an die Nordwelt Werke aus und begründen Sie Ihre Entscheidung, indem Sie die Vorteile und Nachteile der möglichen Transportmittel vergleichen.

1.4

Beschreiben Sie zwei Prinzipien des Lean Management, um die Qualität der logistischen Prozesse in den Lägern der Folder GmbH zu optimieren.

1.5

Sie überlegen, wie Sie die Wertschöpfungskette von der Bestlabel AG zu den Nordwelt Werken optimieren können. Erläutern Sie, wie Sie die Geschäftsprozesse besser aufeinander abstimmen können.

1.6

Sie überlegen, das Außenlager in Hamburg zu schließen und die Kunden im Norden direkt aus Frankfurt am Main zu beliefern. Erläutern Sie, welche Kriterien Sie für diese Entscheidung abwägen müssen.

2. Aufgabe

Situation

Die Borger KG, Theodor-Liebig-Straße 165, 90402 Nürnberg bestellt bei der Folder GmbH fünf Messedisplays, die sie schnellstmöglich benötigt. Als Mitarbeiter/-in im Logistikbereich der Folder GmbH entscheiden Sie sich dafür, die Waren mit der 123Blitz Spedition, Gugelstraße 112, 65812 Bad Soden auszuliefern. Die Displays sind einzeln in fünf Paketen aus Karton (80 x 50 x 90 cm) verpackt und haben ein Gewicht von jeweils 15 Kilogramm. Die Pakete werden direkt bei der Folder GmbH abgeholt und haben einen Wert von jeweils 260 Euro. Mit der Borger KG wurde vereinbart, dass die Lieferung frei Haus erfolgt. Sie haben von der 123Blitz Spedition folgendes Formular für Ihren Speditionsauftrag bekommen.

123Blitz Spedition

Speditionsauftrag

Versender:				Absender:		
Empfänger:				Lieferadresse:		
Abnahmeort:				Liefertermin:		
Anzahl:	Verpackung:	Inhalt:		Gewicht:		cbm:
Frankatur:				Warenwert/Währung:		
Anlagen:				Besondere Vermerke:		
Hiermit beauftragen wir die 123Blitz Spedition mit der Versendung des Gutes und verpflichten uns zur Zahlung der anfallenden Kosten.				Für den erteilten Speditionsauftrag gelten die Allgemeinen Deutschen Spediteurbedingungen in der neuesten Fassung als vereinbart.		
Ort, Datum:				Unterschrift:		

Fortsetzung der Situation auf der nächsten Seite.

2. Aufgabe

Fortsetzung

Auf der Rückseite des Speditionsauftrags lesen Sie die folgenden Auszüge aus den Allgemeinen Deutschen Spediteurbedingungen:

Allgemeine Deutsche Spediteur-Bedingungen (ADSp)

Stand: 1. Januar 2003

4. Verpackung, Gestellung von Ladehilfs- und Packmitteln, Verwiegung und Untersuchung des Gutes

4.1 Der dem Spediteur erteilte Auftrag umfasst mangels Vereinbarung nicht

4.1.1 die Verpackung des Gutes,

4.1.2 die Verwiegung, Untersuchung, Maßnahmen zur Erhaltung oder Besserung des Gutes und seiner Verpackung, es sei denn, dies ist geschäftsüblich,

4.1.3 die Gestellung und den Tausch von Paletten oder sonstigen Ladehilfs- und Packmitteln.

4.1.4 Werden diese nicht Zug-um-Zug getauscht, erfolgt eine Abholung nur, wenn ein neuer Auftrag erteilt wird. Dies gilt nicht, wenn der Tausch auf Veranlassung des Spediteurs unterbleibt.

4.2 Die Tätigkeiten nach Ziffer 4.1 sind gesondert zu vergüten.

22 Haftung des Spediteurs, Abtretung von Ersatzansprüchen

22.1 Der Spediteur haftet bei all seinen Tätigkeiten (Ziffer 2.1) nach den gesetzlichen Vorschriften. Es gelten jedoch die folgenden Regelungen, soweit zwingende oder AGB-feste Rechtsvorschriften nichts anderes bestimmen.

22.2 Soweit der Spediteur nur den Abschluss der zur Erbringung der vertraglichen Leistungen erforderlichen Verträge schuldet, haftet er nur für die sorgfältige Auswahl der von ihm beauftragten Dritten.

22.3 In allen Fällen, in denen der Spediteur für Verlust oder Beschädigung des Gutes zu haften hat, hat er Wert- und Kostenersatz entsprechend §§ 429, 430 HGB zu leisten.

22.4 Soweit die §§ 425 ff und 461 Abs. 1 HGB nicht gelten, haftet der Spediteur für Schäden, die entstanden sind aus

22.4.1 – ungenügender Verpackung oder Kennzeichnung des Gutes durch den Auftraggeber oder Dritte;

22.4.2 – vereinbarter oder der Übung entsprechender Aufbewahrung im Freien;

22.4.3 – schwerem Diebstahl oder Raub (§§ 243, 244, 249 StGB);

22.4.4 – höherer Gewalt, Witterungseinflüssen, Schadhaftwerden von Geräten oder Leitungen, Einwirkung anderer Güter, Beschädigung durch Tiere, natürlicher Veränderung des Gutes

nur insoweit, als ihm eine schuldhafte Verursachung des Schadens nachgewiesen wird. Konnte ein Schaden aus einem der vorstehend aufgeführten Umstände entstehen, so wird vermutet, dass er aus diesem entstanden ist.

Fortsetzung der Situation auf der nächsten Seite.

2. Aufgabe

Fortsetzung

---

23. Haftungsbegrenzungen

23.1 Die Haftung des Spediteurs bei Verlust oder Beschädigung des Gutes (Güterschaden) ist mit Ausnahme der verfügten Lagerung der Höhe nach begrenzt

    23.1.1 auf € 5 für jedes Kilogramm des Rohgewichts der Sendung;

    23.1.2 bei einem Schaden, der an dem Gut während des Transports mit einem Beförderungsmittel eingetreten ist, abweichend von Ziffer 23.1.1 auf den für diese Beförderung gesetzlich festgelegten Haftungshöchstbetrag;

    23.1.3 bei einem Verkehrsvertrag über eine Beförderung mit verschiedenartigen Beförderungsmitteln unter Einschluss einer Seebeförderung, abweichend von Ziffer 23.1.1. auf 2 SZR für jedes Kilogramm.

    23.1.4 in jedem Schadenfall höchstens auf einen Betrag von € 1 Mio oder 2 SZR für jedes Kilogramm, je nachdem, welcher Betrag höher ist.

23.2 Sind nur einzelne Packstücke oder Teile der Sendung verloren oder beschädigt worden, berechnet sich die Haftungshöchstsumme nach dem Rohgewicht
 – der gesamten Sendung, wenn die gesamte Sendung entwertet ist,
 – des entwerteten Teils der Sendung, wenn nur ein Teil der Sendung entwertet ist.

2.1

Füllen Sie den beigefügten Speditionsauftrag der 123Blitz Spedition zur Versendung der angegebenen Waren aus.

2.2

Erläutern Sie, welche Hauptpflichten die 123Blitz Spedition bei der Versendung der Waren hat.

2.3

Erklären Sie, ob die 123Blitz Spedition die Waren verpacken muss und ob sie die notwendigen Packmittel zur Verfügung stellen muss.

2.4

Stellen Sie dar, wer für den Verlust haftet, falls die Ware auf dem Transport nach Nürnberg verloren geht.

2.5

Stellen Sie dar, wer für Schäden haftet, wenn die Ware von der Folder GmbH nicht ordnungsgemäß verpackt wurde und auf dem Transport beschädigt wird.

3. Aufgabe

Situation

Für den Transport der Waren in das Außenlager West setzen Sie ebenfalls die 123Blitz Spedition ein, die einmal täglich zwischen der Zentrale in Frankfurt und dem Außenlager in Düsseldorf verkehrt. Als Mitarbeiter/-in der Logistik erhalten Sie von Ihrem Vorgesetzten den Auftrag, zu prüfen, ob man nicht alternativ für diese Strecke den Werkverkehr nutzen sollte. Die Analyse der Kosten hat zu folgendem Ergebnis geführt:

monatlich zu fahrende Kilometer	15 000 km
Anschaffungskosten LKW	216.000 €
AfA LKW	9 Jahre
Steuern, Versicherung	3.360 €/Jahr
Personalkosten Fahrer	43.200 €/Jahr
Kalkulatorische Zinsen	1.800 €/Jahr
laufende Kosten für den LKW	0,4 €/km
Kosten für den Fremdtransport	0,75 €/km

3.1

Ermitteln Sie rechnerisch die Kosten für den Fremdtransport sowie den Eigentransport und wählen Sie die günstigere Transportalternative aus.

3.2

Welche Kriterien müssen Sie zusätzlich bei der Auswahl berücksichtigen, um eine zielorientierte Entscheidung treffen zu können?

3.3

Zusätzlich möchten Sie noch analysieren, welche Folgen eine Veränderung der zu fahrenden Kilometer hätte. Ermitteln Sie deshalb rechnerisch die kritische Kilometerzahl (Ergebnis bitte kaufmännisch gerundet), bei der die Kosten für den Fremdtransport gleich den Kosten für den Eigentransport sind.

Erstellen Sie auch eine grafische Lösung, in der die kritische Kilometerzahl abzulesen ist.

Beschaffung und Logistik | Kapitel 2

4. Aufgabe

Situation

Die Lieferung der Waren aus dem Zentrallager in Frankfurt am Main erfolgt zum Teil mit dem unternehmenseigenen Werkverkehr. Folgende Kunden müssen heute mit den angegebenen Waren beliefert werden:

Kunde	Ort	Stück	Ware	Bemerkungen
Sink AG	Mannheim	13 Pakete	Toner	Warenannahme nur 8 – 12 Uhr
Hoch GmbH	Koblenz	20 Pakete	Ordner	
Tief KG	Trier	44 Pakete	Kopierpapier	
Flach KG	Mainz	16 Pakete	Kugelschreiber	Warenannahme nur nachmittags
Steig GmbH	Saarbrücken	2 Stück	Kopierer	

Zusätzlich müssen heute zwei Paletten mit Kopierpapier in das Außenlager Düsseldorf gebracht werden.

Sie sind als Mitarbeiter/-in im Bereich Logistik tätig und zuständig für den Transport mit dem Werkverkehr. Als Hilfsmittel stehen Ihnen die folgenden Pläne zur Verfügung:

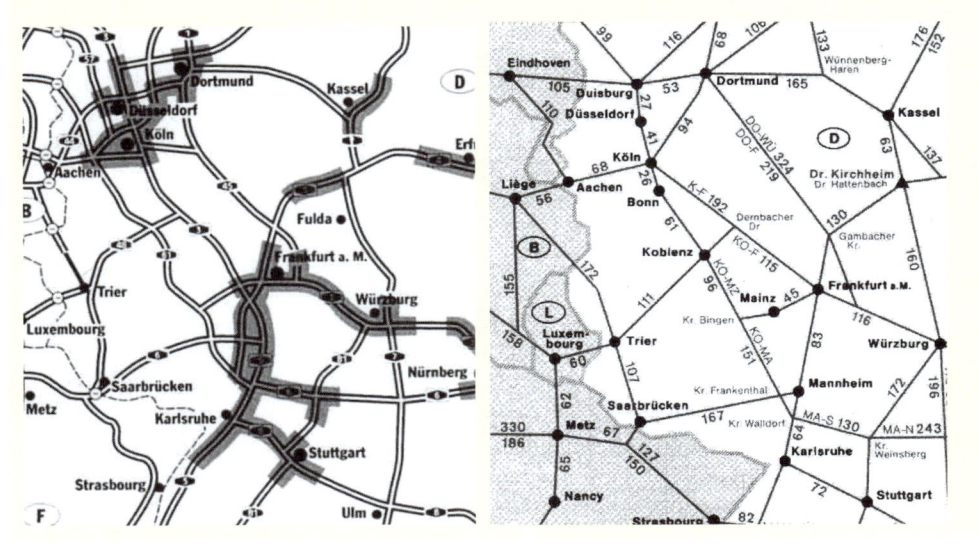

4.1

Erstellen Sie für den Fahrer den Tourenplan mit der kürzesten Fahrtstrecke, der die Reihenfolge der Belieferung Ihrer Kunden sowie die zu fahrenden Kilometer ausweist.

4.2

Erstellen Sie zeichnerisch einen Ladeplan, in dem die einzelnen Lieferungen für die Kunden der Folder GmbH erkennbar sind und begründen Sie Ihre Planung.

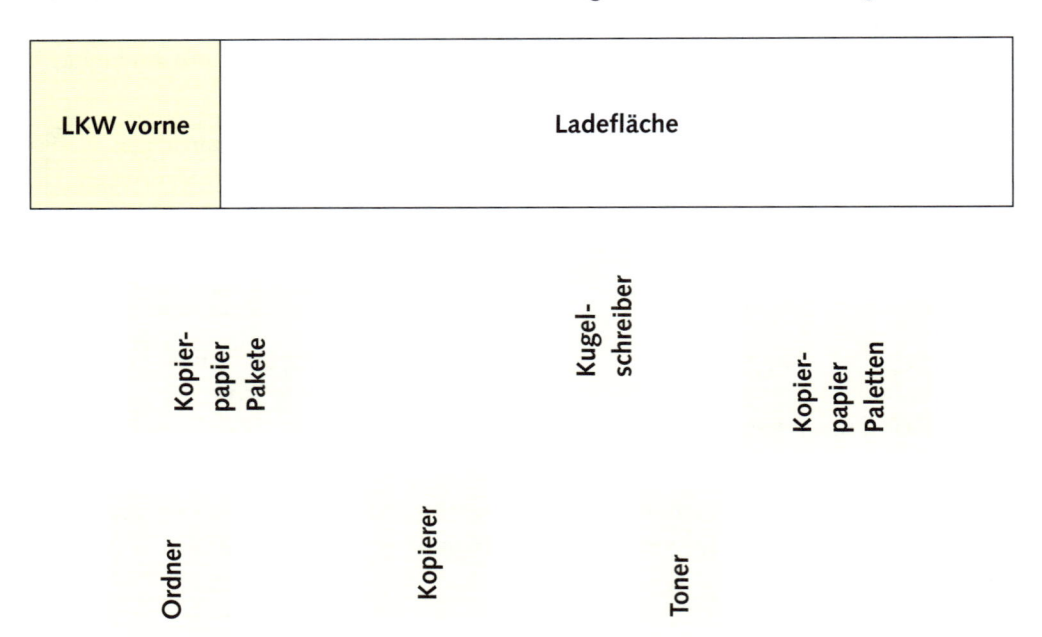

LKW vorne	Ladefläche

Kopierpapier Pakete

Kugelschreiber

Kopierpapier Paletten

Ordner

Kopierer

Toner

4.3

Erläutern Sie, welche zeitlichen Faktoren bei der Planung der angegebenen Tour zu berücksichtigen sind.

4.4

Erläutern Sie, wie die Waren für die Steig GmbH transportsicher zu verpacken sind.

4.5

Entscheiden Sie, welche der folgenden Hinweiszeichen auf der Verpackung der Waren für die Steig GmbH angebracht werden sollten. Begründen Sie Ihre Entscheidung.

4.6

Erklären Sie, welche Konsequenzen sich für die Transporte der Folder GmbH mit dem Werkverkehr aus den zunehmend steigenden Energiekosten ergeben können.

5. Aufgabe

Situation

Sie sind als Mitarbeiter/-in im Einkauf der Folder GmbH beschäftigt und sind in der aktuellen Ausgabe einer Wirtschaftszeitschrift auf den folgenden Text gestoßen (siehe dazu auch die Grafik auf der nächsten Seite):

Geschäftserwartungen auf neuem Höchststand

Ein Blick zurück auf den Verlauf des ifo-Geschäftsklimaindex zeigt: Der aktuelle Wert von 101,8 Zählern ist der höchste Stand seit Mitte 2008. Damals hatte der Geschäftsklimaindex der Münchener Konjunkturforscher 103,3 Zähler erreicht. Im Folgemonat ging er auf 101,0 Punkte zurück. Im Verlauf der globalen Finanz- und Wirtschaftskrise unterschritt er zeitweilig die Marke von 83 Zählern.

Positive Entwicklung auf breiter Front

Die ifo-Zahlen bestätigen den Trend: Chefvolkswirte und Konjunkturexperten sind mehrheitlich der Auffassung, dass die Wirtschaft aus der Krise herauskommt. Dieser Meinung ist zum Beispiel der sogenannte Schattenrat aus Chefvolkswirten und Konjunkturexperten von Financial Times Deutschland. In einer kürzlich veröffentlichten Prognose rechnen sie für das laufende Jahr jetzt mit 2,1 Prozent Wachstum.

Die Deutsche Bundesbank hält in ihrem Juni-Bericht ein preisbereinigtes Wachstum des Bruttoinlandsprodukts 2010 von 1,9 Prozent für möglich. Die von der Weltwirtschaft ausgehenden positiven Impulse setzen sich zunehmend durch. Die Inflation bleibt trotz Euro-Abwertung und zu erwartender höherer Rohölpreise mit 1,2 Prozent moderat.

Auch die Steuereinnahmen steigen wieder. Im Mai lagen die Steuern vom Umsatz um 6,5 Prozent über dem Vorjahresmonat. Das Haushaltsdefizit von 80 Milliarden Euro wird vermutlich um 20 Milliarden niedriger ausfallen.

Quelle: Presse- und Informationsamt der Bundesregierung, 2010

Das ifo Geschäftsklima basiert auf ca. 7 000 monatlichen Meldungen von Unternehmen des verarbeitenden Gewerbes, des Bauhauptgewerbes, des Großhandels und des Einzelhandels. Die Unternehmen teilen ihre gegenwärtige Geschäftslage und ihre Erwartungen für die nächsten sechs Monate mit.

Beschaffung und Logistik | Kapitel 2

5.1

Analysieren Sie die unten abgebildete Grafik in Verbindung mit den Aussagen auf S. 38 zum ifo-Geschäftsklimaindex und beschreiben Sie die Entwicklung des realen Bruttoinlandsproduktes in % vom Jahr 1999 bis zum Jahr 2009.

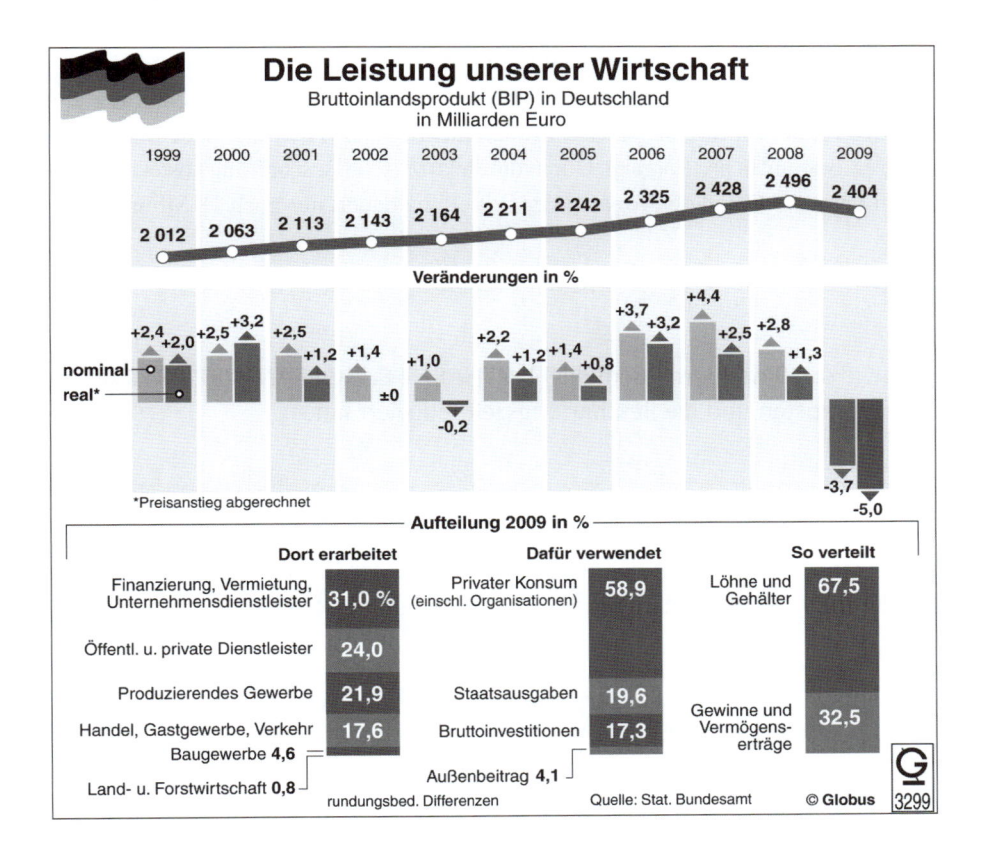

Die Leistung unserer Wirtschaft
Bruttoinlandsprodukt (BIP) in Deutschland in Milliarden Euro

Jahr	1999	2000	2001	2002	2003	2004	2005	2006	2007	2008	2009
BIP	2 012	2 063	2 113	2 143	2 164	2 211	2 242	2 325	2 428	2 496	2 404
nominal (%)	+2,4	+2,5	+3,2	+2,5	±0	+2,2	+1,2	+3,7	+4,4	+2,5	-3,7
real (%)	+2,0	+3,2	+1,2	+1,4	-0,2	+1,0	+0,8	+3,2	+2,8	+1,3	-5,0

*Preisanstieg abgerechnet

Aufteilung 2009 in %

Dort erarbeitet	%	Dafür verwendet	%	So verteilt	%
Finanzierung, Vermietung, Unternehmensdienstleister	31,0	Privater Konsum (einschl. Organisationen)	58,9	Löhne und Gehälter	67,5
Öffentl. u. private Dienstleister	24,0				
Produzierendes Gewerbe	21,9	Staatsausgaben	19,6	Gewinne und Vermögenserträge	32,5
Handel, Gastgewerbe, Verkehr	17,6	Bruttoinvestitionen	17,3		
Baugewerbe	4,6	Außenbeitrag	4,1		
Land- u. Forstwirtschaft	0,8				

rundungsbed. Differenzen — Quelle: Stat. Bundesamt — © Globus 3299

5.2

Erläutern Sie, welche Auswirkungen die oben aufgezeigte Entwicklung der Wirtschaft auf die Bedarfsplanung der Folder GmbH hat.

6. Aufgabe

Situation

Sie finden in einer Zeitschrift folgende Information:

Einkaufen und Kosten sparen durch E-Procurement

Bei der *FLUGHAFEN EUROPEAN AIRPORTS AG* kostete die Beschaffung eines Bleistiftes vor der Einführung eines E-Procurement-Systems 143 € und die Beschaffung dauerte ca. 3 Stunden pro Vorgang. Durch die elektronische Beschaffung kostet derselbige Bleistift heute 18 € und der Vorgang der Bestellung dauert nur noch 18 Minuten.

6.1

Erläutern Sie das System, mit dem die FLUGHAFEN EUROPEAN AIRPORTS AG die Beschaffungskosten und die Beschaffungszeit reduziert hat.

6.2

Stellen Sie die Konsequenzen dar, die sich für die Folder GmbH ergeben, falls sie einen Kunden im E-Procurement-System mit Büromaterial beliefern möchte.

6.3

Erläutern Sie, welche Vorteile der Einsatz von elektronischen Beschaffungssystemen für die Folder GmbH haben kann.

6.4

Stellen Sie dar, in welchen der abgebildeten Prozessschritte der Folder GmbH sich Veränderungen durch den Einsatz von E-Procurement ergeben und erläutern Sie die Veränderungen.

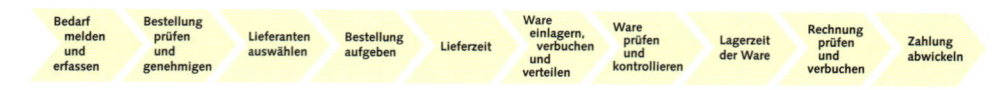

Bedarf melden und erfassen → Bestellung prüfen und genehmigen → Lieferanten auswählen → Bestellung aufgeben → Lieferzeit → Ware einlagern, verbuchen und verteilen → Ware prüfen und kontrollieren → Lagerzeit der Ware → Rechnung prüfen und verbuchen → Zahlung abwickeln

7. Aufgabe

Situation

Sie arbeiten im Einkauf der Folder GmbH und haben vom zuständigen Abteilungsleiter den Auftrag bekommen, die Beschaffung von A4-Ordnern zu überprüfen und zu optimieren. Zurzeit bezieht die Folder GmbH die Ordner beim süddeutschen Hersteller Ordna KG, über deren aktuelle Konditionen Ihnen folgende Daten vorliegen.

A4-Ordner Listeneinkaufspreis netto:

Modell	Rückenbreite	Einband	Rückenschild	Preis in €/Stück
5PA	5 cm	Pappe	aufgeklebt	0,54
5PE	5 cm	Pappe	eingesteckt	0,60
5KE	5 cm	Kunststoff	eingesteckt	0,75
8PA	8 cm	Pappe	aufgeklebt	0,56
8KA	8 cm	Kunststoff	aufgeklebt	0,70
8KE	8 cm	Kunststoff	eingesteckt	0,80

Liefererrabatt:

ab 1 000 Stück   2 %
ab 5 000 Stück   5 %
ab 10 000 Stück   8 %

Liefer- und Zahlungsbedingungen

Lieferbedingungen: ab 100 Stück: versandkostenfrei
Zahlungsbedingungen: 2 % Skonto innerhalb von 10 Tagen, 30 Tage netto

7.1

Erläutern Sie sechs Informationsquellen, mit deren Hilfe Sie den Kundenbedarf an A4-Ordnern ermitteln können, um eine optimale Beschaffungsplanung vornehmen zu können.

7.2

Anschließend ermitteln Sie, welchen Artikeln Sie bei der Beschaffung die größte Aufmerksamkeit widmen. Folgende Daten über die Liefermengen der letzten zwei Perioden liegen Ihnen vor.

Periode 1:

Modell	Liefermenge	Preis in €/Stück
5PA	200	0,54
5PE	950	0,60
5KE	140	0,75
8PA	100	0,56
8KA	230	0,70
8KE	780	0,80

Periode 2:

Modell	Liefermenge	Preis in €/Stück
5PA	150	0,54
5PE	890	0,60
5KE	200	0,75
8PA	100	0,56
8KA	180	0,70
8KE	980	0,80

Artikel-Einteilung ABC-Analyse

A-Güter: gemeinsamer Artikel-Wertanteil von ca. 70 % bis 80 %

B-Güter: gemeinsamer Artikel-Wertanteil von ca. 10 % bis 15 %

C-Güter: restlicher Artikel-Wertanteil

Erstellen Sie anhand der Vorgaben für die Periode 1 und 2 eine ABC-Analyse für alle A4-Ordner und beurteilen Sie die Ergebnisse bezüglich ihrer Auswirkungen auf die Beschaffung der Güter.

7.3

Der Wettbewerb im Büromaterialmarkt zwingt die Folder GmbH zu einer kontinuierlichen Überprüfung ihrer Einkaufskonditionen. Da sich die Konditionen der Hersteller häufig ändern, müssen Sie regelmäßig aktuelle Angebote einholen.

Beschreiben Sie vier Informationsquellen, mit deren Hilfe Sie Lieferanten für A4-Ordner ermitteln.

7.4

Die Produktbeschreibungen auf der Website von drei Herstellern entsprechen Ihren Vorstellungen. Sie möchten jedoch ein individuelles Angebot zu den unter Aufgabe **7.2** aufgeführten Produkten.

Beschreiben Sie, wie Sie am ökonomischsten vorgehen, um diese Angebote einzuholen.

7.5

Aufgrund Ihrer Aktivitäten haben Sie von den drei Herstellern jeweils ein Angebot über die gewünschten Ordner erhalten. Für den Artikel 5PE hatten Sie auf Basis der vergangenen Daten eine Bestellmenge je Periode von 900 Stück angefragt. Die Hersteller haben Ihnen daraufhin folgende Konditionen angeboten.

Bürosis AG
Listeneinkaufspreis netto: 0,58 €/Stück
Liefererrabatt: ab 1 000 Stück
Liefererskonto: 2 % Skonto innerhalb von 10 Tagen, 30 Tage netto
Versandkosten: frei ab 100 Stück

Büroko GmbH
Listeneinkaufspreis netto: 0,65 €/Stück
Liefererrabatt: 4 % ab 100 Stück
Liefererskonto: 3 % Skonto innerhalb von 10 Tagen, 30 Tage netto
Versandkosten: frei ab 100 Stück

Bürosta KG
Listeneinkaufspreis netto: 0,58 €/Stück
Liefererrabatt: 5 % ab 100 Stück
Liefererskonto: 2 % Skonto innerhalb von 10 Tagen, 30 Tage netto
Versandkosten: 24,00 €

Erstellen Sie einen Angebotsvergleich auf Basis der vorliegenden Daten der drei Anbieter sowie der Konditionen des bisherigen Lieferers, der Ordna KG (siehe dazu Informationen unter der Situationsbeschreibung Aufgabe 7). Treffen Sie eine Entscheidung für einen Lieferer und begründen Sie diese.

8. Aufgabe

Situation

Als Mitarbeiter/-in im Einkauf der Folder GmbH haben Sie sich dazu entschieden auch für den A4-Ordner mit der Artikelbezeichnung 8KE den Lieferanten zu wechseln. Sie möchten zudem die gesamte Bestellmenge je Periode auf 1 000 Stück erhöhen. Der neue Lieferer hat Ihnen folgende Konditionen angeboten:

Sodener Ordnerfabrik GmbH

Listeneinkaufspreis netto: 0,70 €/Stück
Versandkosten je Bestellung: 39,00 €

Die Lagerkosten der Folder GmbH betragen für diesen Artikel 0,43 €/Stück.

8.1

Ermitteln Sie rechnerisch für eine Periode die optimale Bestellmenge und die entsprechende Anzahl von Bestellungen je Periode.

8.2

Stellen Sie den Verlauf der Bestell- und Lagerkosten grafisch dar.

8.3

Erläutern Sie jeweils drei Konsequenzen, die sich aus einer zu geringen oder zu großen Bestellmenge ergeben.

9. Aufgabe

Situation

Sie sind als Mitarbeiter/-in im Einkauf der Folder GmbH tätig und erhalten vom Verkauf die Information, dass sich die Bürostühle „Optimal" nur noch zu einem 10 % niedrigeren Listenverkaufspreis (netto) absetzen lassen, da ihre Wettbewerber die Listenverkaufspreise nach unten angepasst haben. Der Verkauf bittet Sie deshalb zu prüfen, ob Sie die Bürostühle nicht zu 10 % günstigeren Einstandspreisen beschaffen können, damit die Folder GmbH ihre Listenverkaufspreise anpassen kann.

Folgende Daten für den Bürostuhl „Optimal" entnehmen Sie dem Warenwirtschaftssystem der Folder GmbH:

Listenverkaufspreis (netto):	180,00 €
Kundenrabatt:	5 %
Kundenskonto:	3 %
Gewinn:	10,58 %
Handlungskosten:	20 %

9.1

Ermitteln Sie rechnerisch, wie hoch der neue Einstandspreis für den Bürostuhl „Optimal" sein muss, damit Sie den Anforderungen des Verkaufs gerecht werden können.

9.2

Ermitteln Sie rechnerisch, wie hoch die Handelsspanne ist, wenn Sie die Bürostühle zu einem 10 % niedrigeren Bezugspreis beschaffen können und den Listenverkaufspreis entsprechend anpassen.

9.3

Sie können bei den Einkaufsverhandlungen mit dem Lieferanten der Bürostühle den 10 % niedrigeren Bezugspreis durchsetzen. Allerdings müssen Sie im Gegenzug geänderte Zahlungsbedingungen akzeptieren.

Zahlungsbedingungen **vor** der Bezugspreisänderung:
3 % Skonto innerhalb 20 Tagen, sonst 30 Tage netto Kasse ab Rechnungsdatum

Zahlungsbedingungen **nach** der Bezugspreisänderung:
3 % Skonto innerhalb 10 Tagen, sonst 30 Tage netto Kasse ab Rechnungsdatum

Ermitteln Sie rechnerisch, wie hoch der Zieleinkaufspreis und der Bareinkaufspreis ist, wenn Bezugskosten (unabhängig von der Bestellmenge) von 35 € anfallen.

9.4

Ermitteln Sie rechnerisch (kaufmännische Überschlagsrechnung), welchem Jahreszinssatz der gewährte Skontoabzug des Lieferanten nach den alten und den neuen Zahlungsbedingungen (siehe Aufgabe 9.3) entspricht.

9.5

Erläutern Sie, unter welchen Bedingungen es für die Folder GmbH sinnvoll ist, den Skontoabzug beim Begleichen der Rechnung in Anspruch zu nehmen.

10. Aufgabe

Situation

Sie sind im Einkauf der Folder GmbH tätig und mit der Beschaffung von A4-Schnellheftern beauftragt. Zwei Lieferanten sind beim ersten Angebotsvergleich als günstigste Anbieter in die engere Wahl gekommen, da beide für die Schnellhefter jeweils einen Listeneinkaufspreis von 0,14 €/Stück angeboten haben. Folgende Angebote der beiden Hersteller liegen Ihnen vor: siehe S. 49 – 50

10.1

Vergleichen Sie die vorliegenden Angebote, indem Sie fünf frei wählbare Kriterien (mit Ausnahme des Listeneinkaufspreises) gegenüberstellen. Gewichten Sie die Kriterien jeweils mit einem Faktor zwischen 1 (nicht geeignet) und 3 (vollständig geeignet), entsprechend den vorliegenden Angeboten. Entscheiden Sie sich anschließend für ein Angebot und begründen Sie Ihre Entscheidung.

10.2

Nennen Sie drei fehlende Angaben im Angebot der Tiefland AG, die üblicherweise festgelegt werden und erläutern Sie zu den fehlenden Angaben die in diesem Fall geltenden gesetzlichen Bestimmungen.

10.3

Erläutern Sie die Lieferbedingungen, die im Angebot der Lotscher GmbH genannt werden.

10.4

Den beiliegenden AGB der beiden Angebote entnehmen Sie die folgenden Angaben. Vergleichen und erläutern Sie die Bestimmungen, die in den AGB der Tiefland AG sowie der Lotscher GmbH festgelegt sind.

Allgemeine Geschäftsbedingungen der Tiefland AG (Auszug)

1. Wir behalten uns das Eigentum an der gelieferten Sache bis zur vollständigen Zahlung sämtlicher Forderungen aus dem Liefervertrag vor. Wir sind berechtigt, die Kaufsache zurückzunehmen, wenn der Käufer sich vertragswidrig verhält.

Auszug aus den Allgemeinen Geschäftsbedingungen der Lotscher GmbH

1. Wir behalten uns das Eigentum an der gelieferten Sache bis zur vollständigen Zahlung sämtlicher Forderungen aus dem Liefervertrag vor. Wir sind berechtigt, die Kaufsache zurückzunehmen, wenn der Käufer sich vertragswidrig verhält.

...

3. Der Käufer ist zur Weiterveräußerung der Vorbehaltsware im normalen Geschäftsverkehr berechtigt. Die Forderungen des Abnehmers aus der Weiterveräußerung der Vorbehaltsware tritt der Käufer schon jetzt an uns in Höhe des mit uns vereinbarten Faktura-Endbetrags (einschließlich Mehrwertsteuer) ab. Diese Abtretung gilt unabhängig davon, ob die Kaufsache ohne oder nach Verarbeitung weiterverkauft worden ist. Der Käufer bleibt zur Einziehung der Forderung auch nach der Abtretung ermächtigt. Unsere Befugnis, die Forderung selbst einzuziehen, bleibt davon unberührt. Wir werden jedoch die Forderung nicht einziehen, solange der Käufer seinen Zahlungsverpflichtungen aus den vereinnahmten Erlösen nachkommt, nicht in Zahlungsverzug ist und insbesondere kein Antrag auf Eröffnung eines Insolvenzverfahrens gestellt ist oder Zahlungseinstellung vorliegt.

Angebot 1 zu Aufgabe 10 – Lotscher GmbH

Lotscher GmbH, Otto-Hartwig-Weg 27, 63517 Hanau

Folder GmbH
Abteilung Einkauf
Herrn Michael Thomas
Hans-Maier-Str. 12 – 16
60323 Frankfurt am Main

Ihr Zeichen, Ihre Nachricht vom	Unser Zeichen, unsere Nachricht vom	Tel.-Durchwahl, Name	Datum
th 20..-03-03	ms-ek	-251 Markus Spitz	20..-03-07

Ihre Anfrage vom 3. März 20.. – Angebot Folder Nr. 001-20..

Sehr geehrter Herr Thomas,

vielen Dank für Ihre Anfrage vom 3. März 20.. Gerne unterbreiten wir Ihnen ein Angebot für unsere A4-Schnellhefter „Spirit".

Schnellhefter A4, „Spirit"– Bestell-Nr. 211.90 – verschiedene Farben
Kunststoffmaterial ökologisch getestet,
mit Beschriftungsstreifen, auswechselbar
                              Listenpreis (netto) je 100 Stück   14,00 €

ab   1 000 Stück   5 % Rabatt
ab   5 000 Stück   8 % Rabatt
ab 12 000 Stück 12 % Rabatt

Dieses Angebot ist gültig bis zum 7. April 20..

Lieferung: ab Werk.
Zahlungsbedingungen: Zahlung innerhalb 10 Tagen nach Rechnungsdatum
                                 3 % Skonto, innerhalb von 30 Tagen netto.

Bitte beachten Sie unsere beigefügten Liefer- und Zahlungsbedingungen. Ihre Bestellung könnten wir ab der 17. Kalenderwoche ausführen.

Mit freundlichen Grüßen   Anlage
                                                Liefer- und Zahlungsbedingungen

Lotscher GmbH

i. A.

Markus Spitz

Angebot 2 zu Aufgabe 10 – Tiefland AG

Tiefland AG, Morgenrotstraße 456 – 458, 63263 Dreieich

Folder GmbH
Abteilung Einkauf
Herrn Michael Thomas
Hans-Maier-Str. 12 – 16
60323 Frankfurt am Main

Ihr Zeichen, Ihre Nachricht vom	Unser Zeichen, unsere Nachricht vom	Tel.-Durchwahl, Name	Datum
th	pr	-251 Peter Roth	20..-03-10

Ihre Anfrage vom 3. März 20.. – Angebot Kunststoff-Schnellhefter „Sansibar Color"

Sehr geehrter Herr Thomas,

wie bereits telefonisch angekündigt, unterbreiten wir Ihnen folgendes Angebot:

A4-Schnellhefter „Sansibar Color"
Kunststoff, rot, grün, blau
Bestell-Nr. 328 008   Listenpreis je Stück   0,14 €

Der Preis versteht sich zuzüglich 19 % Umsatzsteuer.
Die Mindestbestellmenge beträgt 1 000 Stück.

Wir berechnen Ihnen Verpackungskosten von 27 € je Lieferung, ab 5 000 Stück entfallen die Verpackungskosten.

Zahlung innerhalb von 30 Tagen ohne Abzug.

Unsere Liefer- und Zahlungsbedingungen sind diesem Schreiben beigefügt. Über Ihren Auftrag würden wir uns freuen.

Mit freundlichen Grüßen

Tiefland AG

i. V.

Roth

Anlage
Liefer- und Zahlungsbedingungen

11. Aufgabe

Situation

Sie sind im Einkauf der Folder GmbH tätig und mit der Beschaffung von 22 Stück mobilen Raumteilern beauftragt, die Ihr Kunde „Borger KG" wegen der Neueröffnung einer Filiale fix am 1. April 20.. benötigt. Ihnen liegt das folgende Angebot der Mathilde Heftig KG vor: siehe S. 52

11.1

Erläutern Sie, wie ein rechtlich korrekter Kaufvertrag zwischen der Folder GmbH und der Mathilde Heftig KG über die 22 mobilen Raumteiler zustande kommt.

11.2

Erläutern Sie die rechtlichen Konsequenzen, wenn Sie am 20.03.20.. 22 mobile Raumteiler gemäß diesem Angebot bestellen.

11.3

Erläutern Sie, welche Art des Kaufvertrags vorliegt, wenn Sie zunächst einen mobilen Raumteiler für 10 Tage zum Testen und Begutachten bestellen.

11.4

Erläutern Sie, welche Art des Kaufvertrags vorliegt, wenn Sie 100 mobile Raumteiler bestellen und bis zum 31.12.20.. in kleineren Mengen beziehen.

11.5

Sie bestellen 22 mobile Raumteiler entsprechend dem Angebot der Mathilde Heftig KG. Dieser Kaufvertrag weist hinsichtlich der Sache, der Lieferzeit und des Empfängers der Ware bestimmte Kriterien auf. Erläutern Sie diesen Sachverhalt.

Angebot zu Aufgabe 11 – Mathilde Heftig KG

Mathilde Heftig KG, Johannesstr. 167, 65812 Bad Soden

Folder GmbH
Abteilung Einkauf
Herrn Michael Thomas
Hans-Maier-Str. 12 – 16
60323 Frankfurt am Main

Ihre Zeichen th
Ihre Nachricht vom 20..-03-03
Unser Zeichen ml-vk
Unsere Nachricht vom

Name Michael Liersch
Telefon 06196 654-253
Telefax 06196 654-254
E-Mail Liersch@heftig.de

Datum 20..-03-05

Ihre Anfrage vom 3. März 20.. – Angebot 023-20..

Sehr geehrter Herr Thomas,

vielen Dank für Ihre Anfrage vom 3. März 20.. Gern unterbreiten wir Ihnen folgendes ein Angebot:

22 Stück   Mobile Raumteiler   Artikel-Nr. 628 548   pro Stück 354,00 €

Spezifikation: H180 x B90 cm, magnetische Weißwand, rollbar

Die mobilen Raumteiler können als dekorative Elemente zur flexiblen Gestaltung von Räumen eingesetzt werden und zusätzlich als magnetische Pinnwand genutzt werden.

Unser Angebot gilt bis zum 10. März 20.. Wir liefern fix am 1. April 20.. direkt an Ihren Kunden Borger KG, Theodor Liebig-Str. 165, 90402 Nürnberg.

Zahlungsbedingungen
innerhalb 10 Tagen nach Rechnungsdatum 3 % Skonto, 30 Tage netto.

Wir verweisen noch auf unsere beigefügten Liefer- und Zahlungsbedingungen. Über Ihre Bestellung würden wir uns sehr freuen.

Mit freundlichen Grüßen

Mathilde Heftig KG

i. A.

Michael Liersch

Anlage
Liefer- und Zahlungs-
bedingungen

12. Aufgabe

Situation

Sie sind im Einkauf der Folder GmbH tätig und für eine Werbeaktion auf einer Frühjahrsmesse mit der Beschaffung von A4-Sichthüllen beauftragt. Ihnen liegt folgendes Angebot der Gerwin Klar GmbH & Co. KG vor: siehe S. 54

12.1

Verfassen Sie eine Bestellung an die Gerwin Klar GmbH & Co. KG – gemäß DIN 5008 – Datum 10.03.20.. – über 1 000 Sichthüllen gemäß dem vorliegenden Angebot.

12.2

Am 16.04.20.. ist die Ware noch nicht bei der Folder GmbH eingetroffen. Beschreiben Sie, welche rechtlichen Konsequenzen sich am 16.04.20.. aus diesem Sachverhalt ergeben.

12.3

Eine nähere Überprüfung der Angelegenheit ergibt allerdings, dass es sich folgendermaßen verhält:

Die Ware wurde von der Gerwin Klar GmbH & Co. KG am 15.04.20.. vergeblich angeliefert, da die Warenannahme der Folder GmbH wegen eines Betriebsausflugs geschlossen war.

Beschreiben Sie, welche rechtlichen Konsequenzen sich am 15.04.20.. aus diesem Sachverhalt ergeben.

12.4

Die Ware wird am 17.04.20.. angeliefert. Beschreiben Sie, welche Prüfung bei der Warenannahme der Sichthüllen vorzunehmen ist.

Angebot zu Aufgabe 12 – Gerwin Klar GmbH & Co. KG

Gerwin Klar GmbH & Co. KG, Donaustr. 135, 63456 Hanau

Folder GmbH
Abteilung Einkauf
Herrn Michael Thomas
Hans-Maier-Str. 12 – 16
60323 Frankfurt am Main

Ihre Zeichen th-me
Ihre Nachricht vom 20..-03-04
Unser Zeichen ba-vk
Unsere Nachricht vom

Name Tim Barth
Telefon 06181 784-38
Telefax 06181 784-39
E-Mail barth@klar.de

Datum 20..-03-05

Ihre Anfrage vom 3. März 20.. – Sichthüllen

Sehr geehrter Herr Thomas,

vielen Dank für Ihre Anfrage vom 3. März 20.. Gern unterbreiten wir Ihnen ein Angebot für unsere Sichthüllen "Durchblick":

Artikel	Artikel-Nr.	Listenpreis (netto) je 100 Stück
A4-Sichthüllen „Durchblick"	649 553	6,00 €

Dieses Angebot gilt bis zum 20. März 20..
Lieferung: am 15.04.20.. fix, frei Haus

Zahlungsbedingungen
innerhalb 10 Tagen nach Rechnungsdatum 3 % Skonto, 30 Tage netto.

Wir verweisen noch auf unsere beigefügten Liefer- und Zahlungsbedingungen.
Vielen Dank für Ihr Interesse an unseren Produkten.

Mit freundlichen Grüßen

Gerwin Klar GmbH & Co. KG

i. A.

Tim Barth

Anlage
Liefer- und Zahlungsbedingungen

Geschäftsräume
Donaustraße 135
63456 Hanau

HRB 1469
USt.-IdNr. DE 26828215460

Geschäftsführer:
Gerwin Klar

Beliebig Bank Hanau
BLZ 212 000
Konto Nr. 047 111

12.5

Sie erhalten am 17.04.20.. vom Wareneingang folgenden Wareneingangsschein:

Wareneingangsschein	Nr.: K 12 65 245	Datum: 17.04.20..
Laufweg: WA-WE-EK	Ort: Frankfurt am Main	Versandart: LKW
Bestellnr.: 3356	Benennung: A4-Sichthüllen „Durchblick"	Uhrzeit: 9:30 Uhr
Lieferscheinnr.: Fo324587	Verpackung: Karton	Lieferant: Gerwin Klar GmbH & Co. KG, Donaustraße 135, 63456 Hanau
Bestellmenge: 1 000 Stück	Liefermenge Soll: 1 000 Stück	Liefermenge Ist: 800 Stück

Erläutern Sie, welche rechtlichen Konsequenzen sich aus diesem Sachverhalt ergeben.

12.6

Am 19.04.20.. erhalten Sie die folgende Rechnung (siehe S. 56) der Gerwin Klar GmbH & Co. KG.

Prüfen Sie die vorliegende Rechnung der Gerwin Klar GmbH & Co. KG auf gesetzliche, rechnerische und sachliche Richtigkeit.

12.7

Erläutern Sie, wann die Folder GmbH in Zahlungsverzug kommt und welche rechtlichen Konsequenzen sich daraus ergeben.

12.8

Am 21.05.20.. reklamieren Ihre Kunden, dass einige Sichthüllen beim Öffnen auseinanderfallen.

Erläutern Sie, welche Konsequenzen sich für das Rechtsgeschäft mit der Gerwin Klar GmbH & Co. KG ergeben.

12.9

Erläutern Sie, wann Sie für diesen Warenkauf keine Ansprüche aus Kaufvertragsstörungen mehr geltend machen können.

Rechnung zu Aufgabe 12.6 – Gerwin Klar GmbH & Co. KG

Gerwin Klar GmbH & Co. KG, Donaustr. 135, 63456 Hanau

Folder GmbH
Hans-Maier-Str. 12 – 16
60323 Frankfurt am Main

Ihr Zeichen, Ihre Nachricht vom	Unser Zeichen, unsere Nachricht vom	Tel.-Durchwahl, Name	Datum
Best.-Nr. 3356 mt-hl 20..-03-10	ba-vk 20..-03-05	-38 Tim Barth	20..-04-18

RECHNUNG Nr. 20..-158
Lieferschein Nr. 20..-156 vom 17.04.20..
Kunden-Nr. 160 0421

Für unsere Lieferung berechnen wir Ihnen:

Menge	Einheit	Artikel	Preis pro 100 Stück	Gesamtpreis
800	Stück	A4-Sichthüllen „Durchblick" Art.-Nr. 649 553	6,00 €	48,00 €
zuzügl. 7% USt.				3,36 €
				51,36 €
Versandkosten				12,00 €
				63,36 €

Zahlung:
innerhalb 10 Tagen nach Rechnungsdatum 2 % Skonto,
innerhalb 30 Tagen netto

Geschäftsräume Donaustraße 135 63456 Hanau	HRB 1469 USt.-IdNr. DE 26828215460	Geschäftsführer: Gerwin Klar	Beliebig Bank Hanau BLZ 212 000 Konto Nr. 047 111

3 Vertrieb und Kundenorientierung

1. Aufgabe

Situation

Das Sortiment der Folder GmbH bietet eine große Auswahl an Schreibgeräten in unterschiedlichen Ausführungen. Sie nehmen als Mitarbeiter im Marketing an einer Strategiebesprechung zur Sortimentsentwicklung teil. Dort stellt die Marketingleiterin der Folder GmbH zur Diskussion, ob das Sortiment um hochwertige Schreibgeräte (Verkaufspreis größer als 9,99 €) erweitert werden soll.

1.1

Erläutern Sie, um welche Form der Sortimentserweiterung es sich im vorliegenden Fall handeln würde.

1.2

Beschreiben Sie jeweils zwei Chancen bzw. Risiken, die sich aus der vorgeschlagenen Sortimentserweiterung ergeben können.

1.3

Die Marketingleiterin hat allen Teilnehmern der Besprechung eine Tischvorlage vorbereitet. Unter anderem finden Sie dort die folgenden Tabellen.

Branchendurchschnitt „Schreibgeräte" gemäß Verbandsinformationen:

Verkaufspreis	Umsatz Jahr 1 €	Umsatz Jahr 2 €	Umsatz Jahr 3 €	Umsatz Jahr 4 €
kleiner als 0,30 €	230.000,00	240.000,00	200.617,00	148.765,00
0,30 € bis 0,99 €	87.600,00	68.482,00	65.425,00	63.734,00
1,00 € bis 9,99 €	254.946,00	262.998,00	300.876,00	350.866,00
größer als 9,99 €	125.746,00	165.923,00	194.567,00	291.480,00

Fortsetzung Aufgabe 1.3 auf der nächsten Seite.

1.3

Fortsetzung

Auszug Folder GmbH „Schreibgeräte" gemäß Warenwirtschaftssystem

Verkaufspreis	Umsatz Jahr 3 €	Umsatz Jahr 4 €	Umsatzveränderung Jahr 4 im Vergleich zu Jahr 3 in %
kleiner als 0,30 €	210.765,00	168.612,00	
0,30 € bis 0,99 €	55.652,00	52.869,40	
1,00 € bis 9,99 €	368.664,00	405.530,40	
größer als 9,99 €	nicht im Angebot	nicht im Angebot	

Ermitteln Sie die prozentuale Umsatzsteigerung im Bereich Schreibgeräte der Folder GmbH und analysieren Sie die Entwicklung im Vergleich zum Branchendurchschnitt.

1.4

Entscheiden Sie, ob es entsprechend Ihrer Analyse sinnvoll ist, die geplante Sortimentserweiterung vorzunehmen und begründen Sie Ihre Entscheidung.

1.5

Erläutern Sie, um welche Form der Marktforschung es sich bei der Auswertung der vorliegenden Tabellen handelt.

1.6

Beschreiben Sie vier weitere Möglichkeiten (außer den Analysen von vorhandenen Daten), um im Rahmen der Marktforschung Informationen zur Entscheidungsfindung zu gewinnen.

2. Aufgabe

Situation

Die Strategiebesprechung hat ergeben, dass die Folder GmbH ihr Sortiment um hochwertige Schreibgeräte (Verkaufspreis größer als 9,99 €) erweitern möchte. Die Folder GmbH möchte in diesem Zusammenhang die hochwertigen Produkte der Exklusivstift GmbH vertreiben. Der gewünschte Lieferant beliefert zur Zeit Einzelhändler und Konsumenten direkt oder bietet den Kauf der Schreibgeräte über den eigenen Internetshop an. Die ersten Gespräche mit dem Hersteller der Schreibgeräte haben zu einem positiven Ergebnis geführt. Die Vertreter der Folder GmbH sind in der kommenden Woche zu einem persönlichen Besuch bei der Exklusivstift GmbH eingeladen. Als beteiligter Mitarbeiter im Marketing erhalten Sie den Auftrag, eine Präsentation vorzubereiten, die beim Besuch des potenziellen Lieferanten vorgestellt werden soll.

2.1

Erstellen Sie eine Präsentationsfolie, mit der Sie der Exklusivstift GmbH die Vorteile des Absatzes über die Folder GmbH aufzeigen.

2.2

Erstellen Sie eine Präsentationsfolie, mit der Sie der Exklusivstift GmbH die direkten Absatzmöglichkeiten der Folder GmbH aufzeigen.

2.3

Erstellen Sie eine Präsentationsfolie, auf der Sie der Exklusivstift GmbH die indirekten Absatzmöglichkeiten der Folder GmbH visualisieren.

2.4

Erstellen Sie eine Präsentationsfolie, mit der Sie der Exklusivstift GmbH aufzeigen, welche zusätzlichen Zielgruppen sie mit dem Absatz über die Folder GmbH erreichen kann.

2.5

Nennen Sie sechs Marketingziele, die die Folder GmbH mit dem Vertrieb der Produkte der Exklusivstift GmbH anstrebt.

3. Aufgabe

Situation

Die Folder GmbH möchte die Absatzwege ausbauen und die bisherige Absatzorganisation überdenken. Aktuell werden die Büroartikel direkt über die Zentrale und über zwei Verkaufsbüros vertrieben. Sie werden als Mitarbeiter/-in im Vertrieb mit der Analyse der bisherigen Absatzorganisation beauftragt. Ihnen liegen folgende Daten aus dem Rechnungswesen vor:

	Zentrale €	Verkaufsbüro A €	Verkaufsbüro B €
Verkaufserlöse	2.600.000,00	600.000,00	600.000,00
Wareneinsatz	1.200.000,00	300.000,00	350.000,00
Personalkosten	400.000,00	150.000,00	70.000,00
Mietkosten	150.000,00	50.000,00	30.000,00
Energiekosten	50.000,00	10.000,00	10.000,00
Werbe- und Reisekosten	200.000,00	30.000,00	30.000,00
Verwaltungskosten	50.000,00	30.000,00	20.000,00
Betriebskosten	100.000,00	40.000,00	20.000,00
Abschreibungen	50.000,00	20.000,00	20.000,00

3.1

Ermitteln Sie rechnerisch das Gesamtergebnis für die Zentrale und die Verkaufsbüros sowie die Einzelergebnisse für die Zentrale und die Verkaufsbüros. Beschreiben Sie, welche Konsequenzen sich aus den Ergebnissen ziehen lassen.

3.2

Ermitteln Sie rechnerisch den Handlungskostenzuschlag für die Zentrale und für die Verkaufsbüros sowie für die Zentrale und die Verkaufsbüros zusammen. Beschreiben Sie, welche Konsequenzen sich aus den Ergebnissen ziehen lassen.

3.3

Erläutern Sie, welche Schwierigkeiten sich durch die ausschließliche Betrachtung der Gemeinkosten ergeben.

3.4

Die Folder GmbH möchte ihre Absatzorganisation ausweiten. Zur Wahl stehen die Eröffnung von zusätzlichen Verkaufsbüros oder die Einführung eines Franchising-Systems. Erläutern Sie, welche Kostenvorteile die Einführung eines Franchising-Systems bieten kann.

3.5

Erläutern Sie aus Sicht der Folder GmbH jeweils vier Vorteile bzw. Nachteile, die die Einführung eines Franchising-Systems hat.

4. Aufgabe

Situation

Die Folder GmbH möchte den Handel mit Bürotechnik ausbauen. Da es sich in diesem Warenbereich um sehr beratungsintensive Produkte handelt, überlegen Sie als Mitarbeiter/-in im Vertrieb, ob Sie verstärkt Handlungsreisende oder Handelsvertreter einsetzen. Folgende Kosten würden für die beiden Absatzmittler anfallen:

a) **Handelsvertreter:**

   8,5 % Abschlussprovision für die von ihm getätigten Umsätze
   0,5 % Delkredereprovision für die von ihm getätigten Umsätze

b) **Handlungsreisender:**

   1.800 € fixes monatliches Entgelt
   1.400 € Personalnebenkosten/monatlich
   3 % Provision für den von ihm getätigten Umsatz

4.1

Ermitteln Sie rechnerisch, wie viel Kosten monatlich für den Handlungsreisenden und den Handelsvertreter anfallen, wenn der geplante Umsatz für die von den Absatzmittlern verkaufte Bürotechnik jährlich 480.000 € beträgt.

4.2

Ermitteln Sie rechnerisch und stellen Sie grafisch dar, bei welchem monatlichen Umsatz die Kosten der beiden Absatzmittler gleich hoch sind.

4.3

Erläutern Sie jeweils drei Vorteile – abgesehen von den Kosten – die sich für die Folder GmbH aus dem Einsatz von Handelsvertretern und Handlungsreisenden ergeben.

4.4

Beschreiben Sie zwei zusätzliche indirekte Absatzmittler, die die Folder GmbH für den Vertrieb der Bürotechnik einsetzen kann.

5. Aufgabe:

Situation

Sie sind als Mitarbeiter/-in im Marketing der Folder GmbH beschäftigt. Im Jahr Jahr 1 hat die Folder GmbH einen USB-Stick mit 1024 MB in das Sortiment aufgenommen.

Aus dem Warenwirtschaftssystem entnehmen Sie für das Produkt folgende Daten:

Quartal	I/Jahr 1	II/Jahr 1	III/Jahr 1	IV/Jahr 1	I/Jahr 2	II/Jahr 2	III/Jahr 2	IV/Jahr 2
Umsatz €	0	160	400	700	800	760	600	400
Gewinn €	-300	-150	0	250	350	330	200	100

5.1

Erstellen Sie eine Produktlebenszyklus-Kurve für den USB-Stick anhand der vorliegenden Daten aus dem Warenwirtschaftssystem.

5.2

Erläutern Sie die einzelnen Produktlebenszyklus-Phasen, die sich aus den Daten ergeben.

5.3

Erläutern Sie für die einzelnen Phasen Marketingmaßnahmen, die durchzuführen gewesen wären, um das Produkt optimal zu vermarkten.

5.4

Erläutern Sie zwei sinnvolle Marketingmaßnahmen, die Sie für dieses Produkt ab dem 4. Quartal Jahr 2 durchführen.

6. Aufgabe

Situation

Die Folder GmbH möchte ihr Angebot ausweiten und ab diesem Jahr auch Weihnachtskarten in ihrem Sortiment aufnehmen.

Als Mitarbeiter/-in im Marketing der Folder GmbH sind Sie für die Einführung des neuen Produktbereichs verantwortlich.

6.1

Nennen Sie sieben Bestandteile eines Werbeplans zur Vermarktung der Weihnachtskarten und legen Sie für drei Bestandteile die Inhalte des Werbeplans fest.

6.2

Erstellen Sie ein werbewirksames Anschreiben, mit dem Sie die Kunden der Folder GmbH über die neuen Produkte informieren.

6.3

Die Marketingleiterin der Folder GmbH möchte für jede Werbeaktion eine Auswertung über den jeweiligen Erfolg vorlegt bekommen.

Erläutern Sie fünf Kriterien, mit denen Sie den Erfolg Ihres Werbebriefs ermitteln können.

6.4

Zusätzlich überlegen Sie, ob Sie neben der Einzelumwerbung durch Werbebriefe auch Möglichkeiten der Massenumwerbung nutzen sollen.

Erläutern Sie jeweils zwei Gründe, die für und gegen die Massenumwerbung der Weihnachtskarten sprechen können.

7. Aufgabe

Situation

Die Geschäftsleitung der Folder GmbH hat beschlossen, den Kundenservice zu verbessern, um sich von den Wettbewerbern abzusetzen. Sie sind als Mitarbeiter/-in im Marketing beauftragt worden, Ideen zu entwickeln, die zu einer Verbesserung der Kundendienstpolitik führen.

7.1

Erläutern Sie drei Möglichkeiten, welche Kundendienstleistungen die Folder GmbH in der Pre-Sales-Phase anbieten kann.

7.2

Erläutern Sie drei Möglichkeiten, welche Kundendienstleistungen die Folder GmbH in der Sales-Phase anbieten kann.

7.3

Erläutern Sie drei Möglichkeiten, welche Kundendienstleistungen die Folder GmbH in der After-Sales-Phase anbieten kann.

7.4

Erstellen Sie einen Fragebogen für die Kunden der Folder GmbH, mit dem Sie die Zufriedenheit Ihrer Kunden ermitteln können (Kriterien sind frei wählbar).

7.5

Im Rahmen der Wettbewerbsanalyse haben Sie sich auch mit der Internetpräsenz eines Büromarkts beschäftigt.

Erläutern Sie, welchen Kundenservice ein Büromarkt in seiner Internetpräsenz anbieten könnte.

8. Aufgabe

Situation

Die Marketingleiterin der Folder GmbH hat beschlossen, dass das Unternehmen im kommenden Jahr auch auf Messen präsent sein soll.

8.1

Erläutern Sie vier Ziele, die die Folder GmbH mit der Teilnahme an Messen erreichen kann.

8.2

Ihnen liegen folgende Mediadaten der Messe „Internationale Bürowelt 20.." vor.

Erläutern Sie anhand der vorliegenden Daten, ob es für die Folder GmbH sinnvoll ist, auf dieser Messe vertreten zu sein.

1. Folie

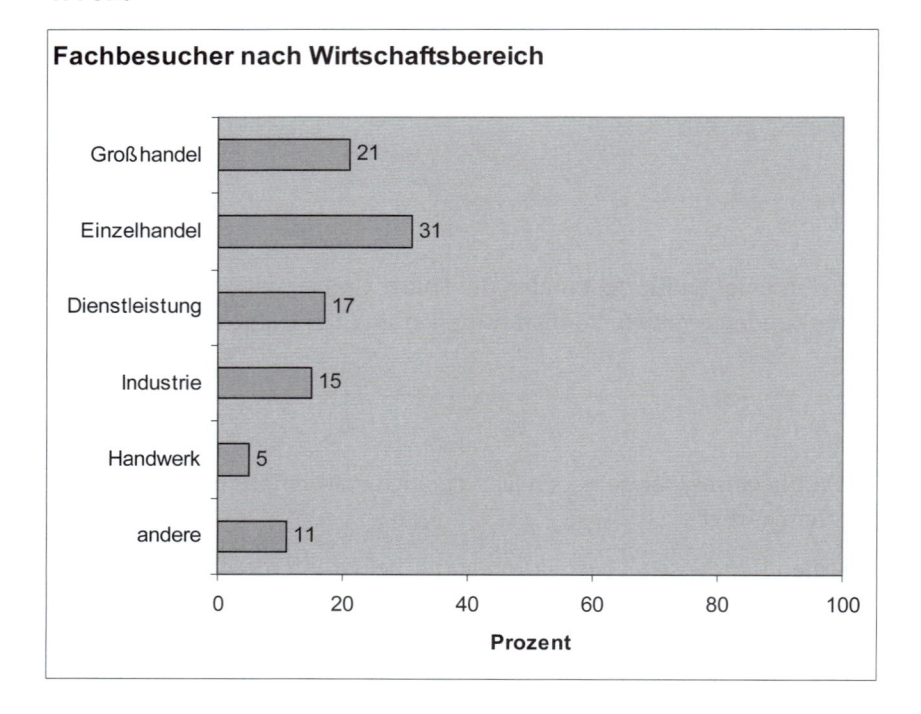

Fachbesucher nach Wirtschaftsbereich

Wirtschaftsbereich	Prozent
Großhandel	21
Einzelhandel	31
Dienstleistung	17
Industrie	15
Handwerk	5
andere	11

Vertrieb und Kundenorientierung — Kapitel 3

8.2

2. Folie

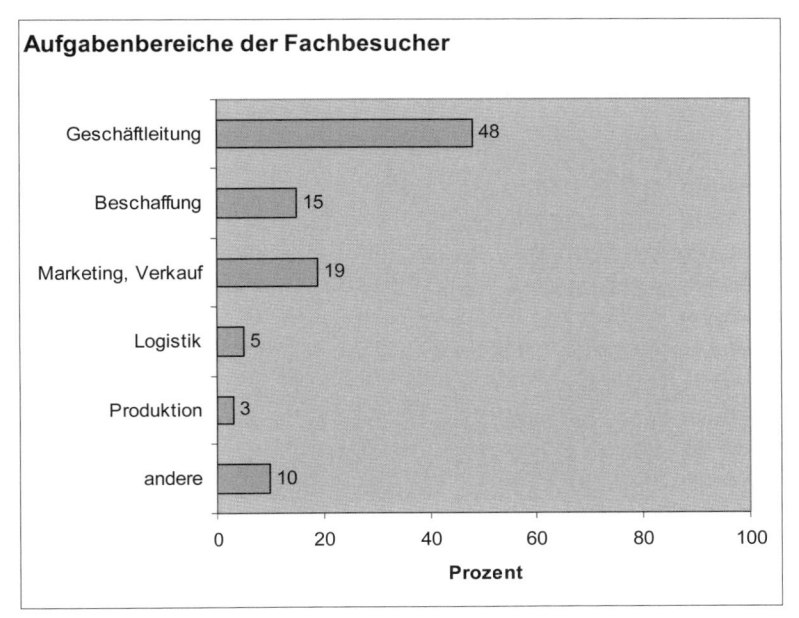

Aufgabenbereiche der Fachbesucher

Bereich	Prozent
Geschäftleitung	48
Beschaffung	15
Marketing, Verkauf	19
Logistik	5
Produktion	3
andere	10

3. Folie

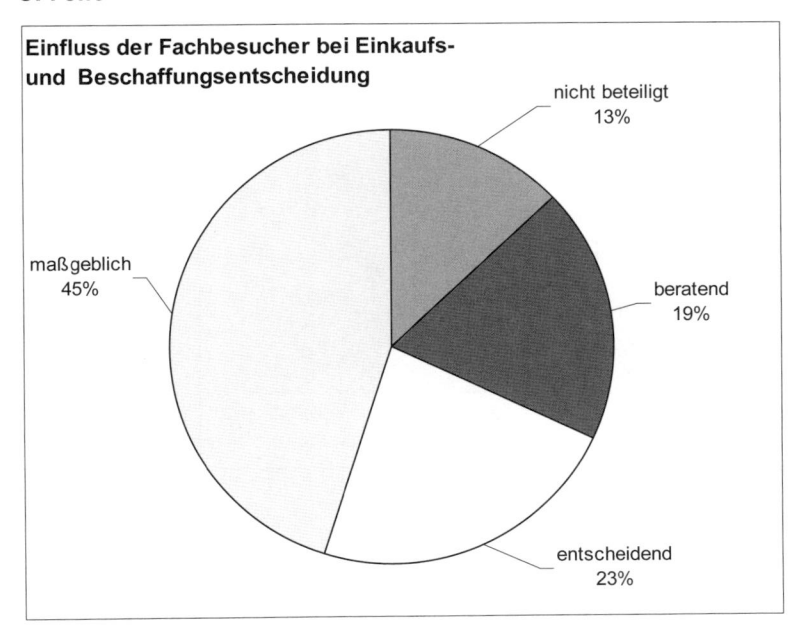

Einfluss der Fachbesucher bei Einkaufs- und Beschaffungsentscheidung

- nicht beteiligt: 13%
- beratend: 19%
- entscheidend: 23%
- maßgeblich: 45%

Fortsetzung auf der nächsten Seite.

Kapitel 3 — Vertrieb und Kundenorientierung

8.2

Fortsetzung

4. Folie

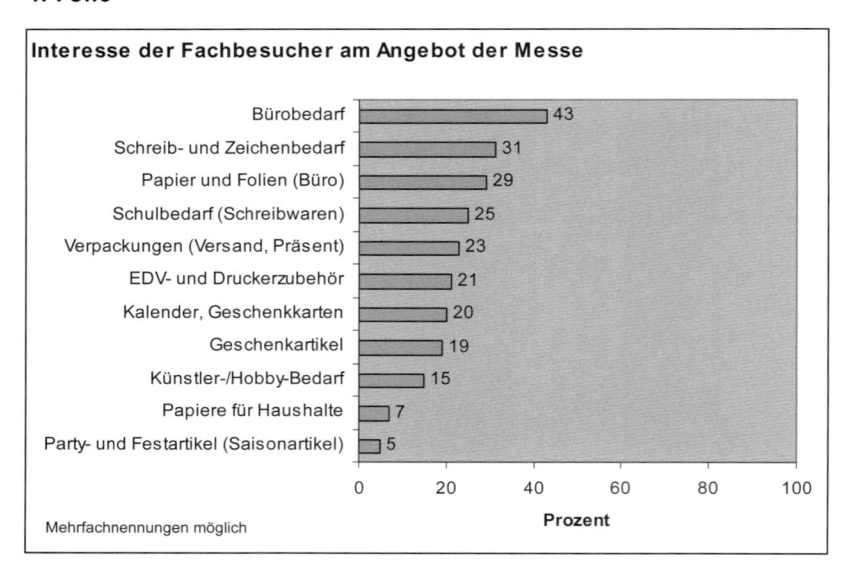

Interesse der Fachbesucher am Angebot der Messe

Kategorie	Prozent
Bürobedarf	43
Schreib- und Zeichenbedarf	31
Papier und Folien (Büro)	29
Schulbedarf (Schreibwaren)	25
Verpackungen (Versand, Präsent)	23
EDV- und Druckerzubehör	21
Kalender, Geschenkkarten	20
Geschenkartikel	19
Künstler-/Hobby-Bedarf	15
Papiere für Haushalte	7
Party- und Festartikel (Saisonartikel)	5

Mehrfachnennungen möglich

5. Folie

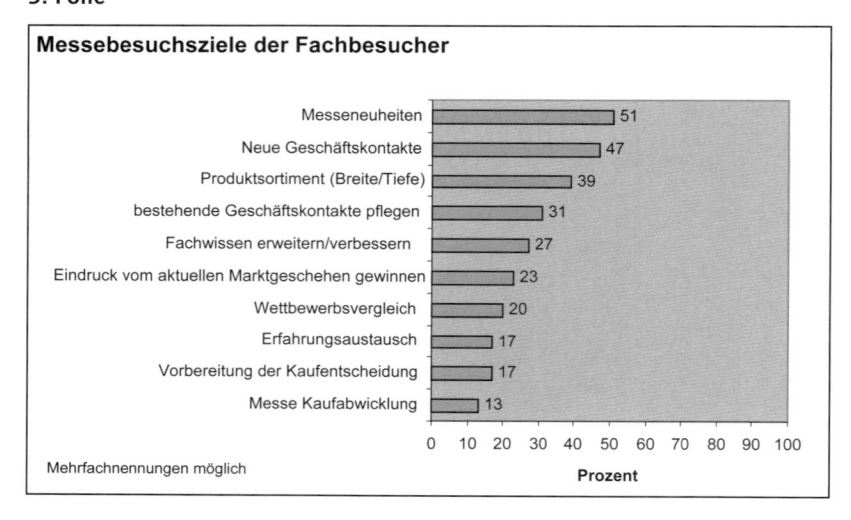

Messebesuchsziele der Fachbesucher

Ziel	Prozent
Messeneuheiten	51
Neue Geschäftskontakte	47
Produktsortiment (Breite/Tiefe)	39
bestehende Geschäftskontakte pflegen	31
Fachwissen erweitern/verbessern	27
Eindruck vom aktuellen Marktgeschehen gewinnen	23
Wettbewerbsvergleich	20
Erfahrungsaustausch	17
Vorbereitung der Kaufentscheidung	17
Messe Kaufabwicklung	13

Mehrfachnennungen möglich

8.3

Die Teilnahme an einer Messe muss sorgfältig vorbereitet werden, um einen Erfolg zu gewährleisten. Beschreiben Sie fünf Bereiche, die im Vorfeld einer Messeteilnahme geplant werden müssen.

9. Aufgabe

Situation

Marktforschungsdaten haben ergeben, dass die Kunden der Folder GmbH häufiger ihren Lieferanten wechseln als im Branchendurchschnitt. Sie planen deshalb Maßnahmen, um die Bindung der Kunden an die Folder GmbH zu erhöhen.

9.1

Erläutern Sie vier Möglichkeiten, mit denen Sie die Bindung der Kunden an die Folder GmbH erhöhen können.

9.2

Für den neu aufgebauten Cash-and-Carry-Großhandel möchten Sie Kundenkarten einführen.

Erläutern Sie fünf Ziele, die Sie mit dem Einsatz von Kundenkarten erreichen können und beschreiben Sie, welche Funktionen die Karten dafür übernehmen müssen.

9.3

Zusätzlich möchten Sie das Beschwerdemanagement der Folder GmbH verbessern.

Erläutern Sie fünf Voraussetzungen, die gegeben sein müssen, damit die Folder GmbH professionell mit Kundenbeschwerden umgehen kann.

9.4

Sie präsentieren Ihre Ergebnisse auf der regelmäßig stattfindenden Strategiebesprechung der Abteilung Marketing. Ein Kollege äußert sich folgendermaßen zu Ihren Ideen: „Die Kosten für Kundenbindungsmaßnahmen sollten wir uns lieber sparen und das Geld in die Werbung stecken, damit wir mehr neue Kunden gewinnen!"

Beurteilen Sie, ob Ihr Kollege recht hat und begründen Sie Ihre Stellungnahme.

10. Aufgabe

Situation

Sie sind als Mitarbeiter/-in im Verkauf der Folder GmbH für den Warenbereich Wandkalender zuständig. Zu Ihren Aufgaben gehört es unter anderem, die Daten aus dem Warenwirtschaftssystem für diese Warengruppe zu analysieren und betriebswirtschaftliche Entscheidungen zu treffen. Sie beziehen die Kalender bei einem amerikanischen Hersteller, der in US-Dollar (zum Kurs von 1 Euro = 1,40 US-Dollar) abrechnet. Ihnen liegen folgende Daten der letzten Periode für drei Kalendertypen vor:

Kalendertyp	Wandkalender	Tischkalender	Taschenkalender
Barverkaufspreis/Stück in €	9,00	6,00	15,00
verkaufte Kalender in Stück	1 000	1 500	1 300
Bezugspreis/Stück in US-$	7,00	5,60	14,00
variable Handlungskosten in € pro Stück	2,00	2,00	3,00

Die fixen Kosten für den Warenbereich Kalender betragen 3.000 €.

10.1

Ermitteln Sie für jeden Kalendertyp den Deckungsbeitrag sowie den Gewinn für die gesamte Warengruppe.

10.2

Erläutern Sie, wie sich der Gewinn verändern würde, wenn Sie die Tischkalender aus dem Sortiment nähmen.

10.3

Erläutern Sie, welche Auswirkungen ein stärkerer Euro auf Ihre Deckungsbeiträge hat und berechnen Sie die Veränderungen bei einem Kurs von 1 Euro = 1,50 US-Dollar.

10.4

Erläutern Sie die Konsequenzen für den Gewinn und den Umsatz der Warengruppe (bei einem Kurs von 1 Euro = 1,40 US-Dollar), wenn Sie die Barverkaufspreise um 10 % erhöhen.

10.5

Ein Kollege sagt zu Ihnen: „Ich empfehle Dir einfach die fixen Kosten um 10 Prozent zu senken, dann hast du ganz schnell bessere Deckungsbeiträge!"

Beurteilen Sie, ob Ihr Kollege mit dieser Aussage recht hat und begründen Sie Ihre Stellungnahme.

10.6

Erläutern Sie drei Möglichkeiten, wie Sie die Handlungskosten senken können und welche Auswirkungen dieses haben kann.

10.7

Erläutern Sie drei Möglichkeiten, wie Sie den Warenumsatz steigern können und welche Konsequenzen dies haben kann.

11. Aufgabe

Situation

Die Folder GmbH erweitert kontinuierlich ihre Geschäftsbereiche, um die Wettbewerbsfähigkeit zu erhalten. Da zahlreiche Unternehmen ihren Kunden im Zuge des Kundenservice Kaffee während der anfallenden Wartezeiten anbieten, hat man sich entschieden, Maschinen und Ausstattungen im Bereich Bewirtung zu verkaufen. In diesem Zusammenhang sollen auch frische Kaffeebohnen zur Kaffeebereitung angeboten werden. Sie sind im Verkauf tätig und beschäftigen sich mit der Preiskalkulation der Kaffeebohnen. Die Recherche bei Ihren Wettbewerbern hat folgendes ergeben:

Unternehmen	Wettbewerber A	Wettbewerber B	Wettbewerber C
Bruttoverkaufspreis €/kg	16,80 €	15,90 €	16,20 €

Ihnen liegt folgendes Angebot des Kaffeeimporteurs Kaffeeweltbörse AG für die gewünschten Kaffeebohnen vor:

Abnahmemenge:	20 Säcke
Inhalt je Sack:	50 kg
Tara je Sack:	2 kg
Gutgewicht:	2 %
Rabatt:	10 % ab 30 Säcken, 20 % ab 50 Säcken
Mindermengenzuschlag:	10 % unter 20 Säcken
Skonto:	3 %
Listeneinkaufspreis je kg (netto):	8,50 €

Folgende Daten liegen Ihnen ebenfalls vor:

Einkaufskosten:	4,00 € je Sack Kaffee
Fracht:	4,00 € je Sack Kaffee
Versicherung:	2,00 € je Sack Kaffee

Sie kalkulieren zudem beim Verkauf der Kaffeebohnen mit folgenden Daten:

Handlungskosten:	20 %
Gewinn:	15 %
Kundenskonto:	3 %
Kundenrabatt:	15 %
Umsatzsteuer:	19 %

11.1

Ermitteln Sie rechnerisch

- den gesamten Bezugspreis sowie den Bezugspreis je Kilo
- und den Listenverkaufspreis (brutto) je kg,

wenn Sie 20 Säcke der Kaffeebohnen einkaufen.

11.2

Erläutern Sie, ob der ermittelte Verkaufspreis bei einer konkurrenzorientierten Preisbildung sinnvoll ist.

11.3

Ermitteln Sie rechnerisch, welche Auswirkungen es auf den Bezugspreis hat, wenn Sie 10, 30 oder 50 Säcke einkaufen und erläutern Sie, ob eine Veränderung der Einkaufsmenge sinnvoll ist.

11.4

Ermitteln Sie den Gewinn je kg, wenn Sie 20 Säcke kaufen und sich Ihr Listenverkaufspreis (brutto) am günstigsten Wettbewerber orientiert.

11.5

Unter Lösung **11.1** haben Sie ein **Kalkulationsschema zur Ermittlung des Listenverkaufspreises** erstellt.

Legen Sie dieses Kalkulationsschema zugrunde und ermitteln Sie bei einer Abnahme von 20 Säcken

- den **Kalkulationszuschlag** und
- den **Kalkulationsfaktor**

11.6

Die Wettbewerber kalkulieren mit einem 20 % niedrigeren Kalkulationszuschlag.

Erläutern Sie drei Gründe, die zu dieser Abweichung führen können.

11.7

Die Folder GmbH verfügt nicht immer über ausreichende Liquiditätsreserven, um die Warenlieferungen sofort zu bezahlen. Damit Sie dennoch den Lieferantenskonto (3 % Skonto innerhalb 10 Tagen, innerhalb 30 Tagen rein netto) in Anspruch nehmen können, müssen Sie einen Finanzierungskredit bei Ihrer Hausbank zu 14 % Zinsen pro Jahr aufnehmen.

Ermitteln Sie den Finanzierungsgewinn anhand des Zieleinkaufspreises (brutto), wenn die Folder GmbH 20 Säcke Kaffeebohnen einkauft, den angebotenen Skonto in Anspruch nimmt und für die notwendige Summe und die entsprechende Zeit einen Kredit aufnimmt.

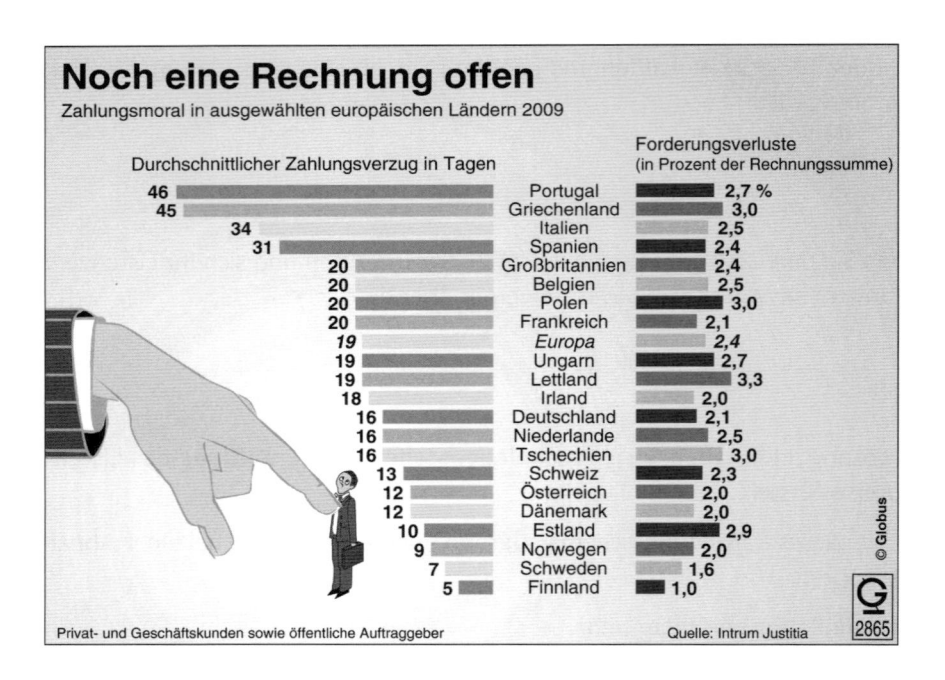

Noch eine Rechnung offen
Zahlungsmoral in ausgewählten europäischen Ländern 2009

Durchschnittlicher Zahlungsverzug in Tagen | Forderungsverluste (in Prozent der Rechnungssumme)

Land	Tage	%
Portugal	46	2,7 %
Griechenland	45	3,0
Italien	34	2,5
Spanien	31	2,4
Großbritannien	20	2,4
Belgien	20	2,5
Polen	20	3,0
Frankreich	20	2,1
Europa	19	2,4
Ungarn	19	2,7
Lettland	19	3,3
Irland	18	2,0
Deutschland	16	2,1
Niederlande	16	2,5
Tschechien	16	3,0
Schweiz	13	2,3
Österreich	12	2,0
Dänemark	12	2,0
Estland	10	2,9
Norwegen	9	2,0
Schweden	7	1,6
Finnland	5	1,0

Privat- und Geschäftskunden sowie öffentliche Auftraggeber   Quelle: Intrum Justitia

12. Aufgabe

Situation

Sie sind als Mitarbeiter/-in im Verkauf für den Absatz von Klebestiften verantwortlich. Die Wettbewerber der Folder GmbH verschärfen den Preisdruck und bieten den Klebstift **„Jumbo" des Lieferers Festig KG** aktuell zum Preis von **1,50 €/Stück** an.

Die Folder GmbH kauft die Klebestifte zum Bezugspreis von 1,00 €/Stück ein. Für die Klebestifte fallen variable Transport- und Lagerkosten in Höhe von 0,10 €/Stück an. Fixe Kostenanteile für die Klebestifte ergeben sich gemäß Betriebsabrechnung in Höhe von 0,40 € je Klebestift.

Aktuell bietet die **Folder GmbH** die Klebestifte zu einem Preis von **1,60 €/Stück** an.

12.1

Ermitteln Sie, zu welchen Preisen die Folder GmbH kurzfristig die Klebestifte anbieten könnte.

12.2

Ermitteln Sie, zu welchen Preisen die Folder GmbH langfristig die Klebestifte anbieten könnte.

12.3

Ermitteln Sie den Deckungsbeitrag der Klebestifte, wenn die Folder GmbH ihre Preise von 1,60 € je Stück beibehält.

12.4

Sie haben in der vergangenen Periode fixe Kosten in Höhe von 4.000 € für die Klebestifte ermittelt.

Berechnen Sie die Gewinnschwellenmenge bzw. den Break-even-Point, bei der die Folder GmbH in die Gewinnzone gekommen ist.

12.5

In der kommenden Periode liegen bereits Aufträge für 10 000 Stück Klebestifte vor. Sie können allerdings weitere 4 000 Stück Klebestifte zum Preis von 1,20 €/Stück verkaufen. Die Kosten entsprechen der vergangenen Periode.

Erläutern Sie, ob es sinnvoll ist, diesen Auftrag anzunehmen.

13. Aufgabe

Situation

Bei einem weiteren Klebestift, dem Typ „Petit", gehen die Absatzzahlen und der Umsatz zurück. Sie möchten die Verkaufszahlen wieder erhöhen, ohne den Verkaufspreis zu verändern. Deshalb bieten Sie Ihren Kunden für dieses Produkt ein Bonussystem an, das nur in diesem Jahr gültig ist.

Bonus in %	Jahresumsatz (netto) mit dem Klebestift „Petit"
0	bis 299,00 €
2	300,00 € bis 499,00 €
3	500,00 € bis 799,00 €
5	ab 800,00 €

13.1

Ermitteln Sie den Jahresbonus der Eifrig KG, wenn diese bereits für 750 € Jahresumsatz (netto) Klebestifte „Petit" gekauft hat.

13.2

Erläutern Sie, ob es sich für die Eifrig KG lohnt kurz vor Jahresende noch einmal für 50,00 € (netto) Klebestifte „Petit" zu kaufen.

13.3

Beschreiben Sie weitere drei Formen von Preisnachlässen, die Sie Ihren Kunden anbieten können, ohne die Verkaufspreise zu verändern.

14. Aufgabe

Situation

Sie sind als Mitarbeiter/-in im Verkauf der Folder GmbH tätig und für die Pflege der Kundendatei zuständig. Für Neukunden holen Sie regelmäßig Informationen bei einer Wirtschaftsauskunft ein. Diese hat Ihnen die folgende Übersicht zur Verfügung gestellt.

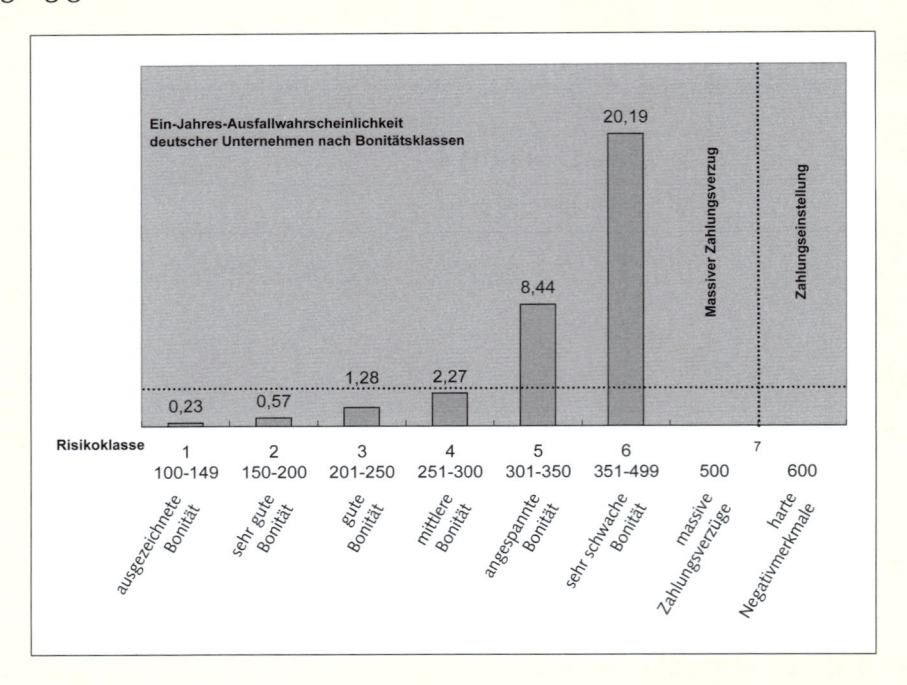

Ein-Jahres-Ausfallwahrscheinlichkeit deutscher Unternehmen nach Bonitätsklassen

Risikoklasse	1	2	3	4	5	6	7	
	100-149	150-200	201-250	251-300	301-350	351-499	500	600
Wert	0,23	0,57	1,28	2,27	8,44	20,19		
	ausgezeichnete Bonität	sehr gute Bonität	gute Bonität	mittlere Bonität	angespannte Bonität	sehr schwache Bonität	massive Zahlungsverzüge	harte Negativmerkmale

Rechts: Massiver Zahlungsverzug / Zahlungseinstellung

Sie haben für folgende neue Kunden die vorliegenden Informationen bekommen:

Unternehmen	Datensatz GmbH	Datenfeld AG	Datenbank KG
Bonitätsindex	167	466	300

14.1

Erläutern Sie, was man unter Bonität eines Kunden versteht.

14.2

Erläutern Sie drei Kriterien, mit denen Sie die Bonität Ihrer Neukunden bewerten können.

14.3

Analysieren Sie anhand der vorgegebenen Informationen die Bonität Ihrer Neukunden.

14.4

Erläutern Sie, unter welchen Bedingungen Sie Ihre drei Neukunden beliefern können, ohne Forderungsausfälle zu riskieren.

14.5

Nennen Sie zehn weitere Kriterien, die Sie zur Ermittlung der Kundenstruktur zusätzlich in Ihrer Kundendatei aufnehmen.

Kapitel 3   Vertrieb und Kundenorientierung

15. Aufgabe

Situation

Sie sind im Verkaufsbüro der Folder GmbH für den Warenbereich Klebstoffe zuständig. Herr Klaus Ludwig, ein Mitarbeiter der Direktbüro KG, Münchstraße 11, 65812 Bad Soden, ist persönlich ins Verkaufsbüro gekommen, um sich ein Angebot für Klebstoffe erstellen zu lassen. Er äußert folgenden Bedarf:

120 Klebstoff-Flaschen (zu 40 g) eines Vielzweckklebers zum Kleben von Papier, Pappe oder Karton; kleinste Inhaltsmenge; Lösungsmittelfrei; auswaschbar; günstigstes Angebot.

15.1

Aus Ihren Produktbeschreibungen ermitteln Sie, dass der Vielzweckkleber „AHA-Finger Clean" dem Bedarf des Kunden entspricht und erläutern Ihrem Kunden das in einem Verkaufsgespräch.

Beschreiben Sie die einzelnen Phasen des Verkaufsgesprächs mit Ihrem Kunden Klaus Ludwig.

15.2

Erläutern Sie Ihr Vorgehen, wenn Sie kein bedarfsgerechtes Produkt im Angebot hätten.

15.3

Erstellen Sie eine Checkliste mit 10 Kommunikationsregeln, die Sie im Kundenkontakt mit Klaus Ludwig berücksichtigten sollten.

15.4

Herr Ludwig ist mit Ihrer Beratung zufrieden und möchte gegebenenfalls das vorgeschlagene Produkt erwerben. Er bittet Sie aber, ihm zunächst ein schriftliches Angebot über das gewünschte Produkte in sein Unternehmen zu schicken. Erstellen Sie ein Angebot über

Menge	Einheit	Produkt	Artikel-Nr.	Listenpreis (netto) je 100 Stück
120	40-g-Flaschen	Vielzweckkleber AHA Finger Clean	464640	16,90 €

16. Aufgabe

Situation

Sie sind im Kundendienstbüro der Folder GmbH auch für die Bearbeitung von Kundenreklamationen zuständig. Ein Kunde erscheint dort und bringt einen defekten Tintenstrahldrucker mit. Der Kunde reklamiert diesen vor längerer Zeit erworbenen Drucker, da der Blatteinzug nicht mehr einwandfrei funktioniert. Über diesen Defekt ist der Kunde sehr aufgebracht, da er den Drucker dringend benötigt, um Listen für seine Kunden auszudrucken.

16.1

Erläutern Sie fünf Regeln für den Umgang mit Kundenbeschwerden, die Sie in diesem Fall einhalten.

16.2

Beschreiben Sie, was Sie zunächst in der Angelegenheit der Druckerreklamation prüfen.

16.3

Welche Rechte kann der Kunde bei einem Sachmangel geltend machen?

16.4

Der Kunde hat den Drucker vor 26 Monaten erworben und beim Kauf folgendes Zertifikat (siehe S. 84) bekommen, das er Ihnen mit dem Drucker vorlegt.

Erläutern Sie, welche Rechte sich daraus für den Kunden ergeben.

16.5

Wenn die Garantiezeit abgelaufen sein sollte, käme noch eine Kulanzregelung in Betracht.

Erläutern Sie, was man unter Kulanz versteht und was Sie dem Kunden in diesem Fall anbieten könnten.

Zertifikat zu Aufgabe 16.4

Garantiezertifikat

Wir, die Folder GmbH, gewähren auf unsere Drucker vom Typ XYZ eine Garantie von 3 Jahren.

Die Folder GmbH garantiert Ihnen, dass sie innerhalb des oben angegebenen Zeitraums alle Reparaturen kostenfrei durchführt, soweit alle Instruktionen des Bedienungshandbuchs beachtet wurden und der Drucker nur entsprechend dem vorgegebenen Verwendungszweck eingesetzt wurde. Diese Garantie umfasst alle notwendigen Ersatzteile sowie die benötigte Arbeitszeit zur Reparatur. Sollte die Folder GmbH den Drucker nicht instandsetzen können, wird sie den defekten Drucker gegen einen neuen Drucker austauschen. Sollte die Reparatur länger als zwei Arbeitstage benötigen, wird kostenfrei ein Ersatzgerät zur Verfügung gestellt.

Folder GmbH

Frankfurt am Main

4 Wareneingang, Warenlagerung und Warenausgang; Warenwirtschaftssystem

1. Aufgabe

Situation

Sie arbeiten als Mitarbeiter/-in im Lager der Folder GmbH und sind zurzeit im Wareneingang tätig. Ein Frachtführer liefert Ihnen eine Sendung der Clipsos KG an, die aus zwei Kartons besteht. Karton Nr. 2 (vgl. dazu den Lieferschein auf der nächsten Seite) weist eine Beschädigung auf:

Der Warenlieferung liegt folgender **Lieferschein** bei: siehe S. 88

1.1

Beschreiben Sie den Tatbestand, den Sie bei der Warenannahme in Anwesenheit des Frachtführers aufnehmen und nennen Sie zwei Möglichkeiten, wie Sie den Sachverhalt nachweisen können.

Lieferschein zu Aufgabe 1

Briefkopf

Clipsos KG, Sonnenstraße 13, 60435 Frankfurt am Main

Folder GmbH
Hans-Maier-Straße 12-16
60323 Frankfurt am Main

Bearbeiter: Hans Andres
Telefon: 069 234-567
Telefax: 069 234-566

Lieferschein

Auftrags-Nr. Fold.001/20.. vom 20..-11-05
Lieferdatum: 20..-11-11

Pos.	Menge	Art.-Nr.	Bezeichnung
1 Karton (Nr. 1):			
1	400 Packungen à 100 Stück	BK101	Metall-Briefklammern, blau, 32 mm
2	300 Packungen à 100 Stück	BK102	Metall-Briefklammern, rot, 32 mm
1 Karton (Nr. 2):			
3	200 Packungen à 10 Stück	KS500	Klammernspender, Kunststoff, schwarz, runde Form, mit Magnet, Höhe 70 mm

Ware in ordnungsgemäßen Zustand erhalten/in Empfang genommen:

Datum:_____ Unterschrift:_____

1.2

Die Metall-Briefklammern waren – zu je 100 Stück in kleinen Kunststoffbehältern für den Bürobedarf verpackt – in Karton Nr. 1 enthalten, der äußerlich in Ordnung war. Die Klammernspender waren zu je 10 Stück in stabilen Innenkartons verpackt in Karton Nr. 2 enthalten, der eine Beschädigung aufwies (siehe Foto und Situationsbeschreibung zur 1. Aufgabe).

Die Außenkartons wurden mit Kunststoff-Chips aufgefüllt. Sie packen die Waren aus den angelieferten Kartons, um eine genaue Warenprüfung vornehmen zu können.

Erläutern Sie, welche vier Kriterien Sie bei der Warenprüfung berücksichtigen und wie Sie die Kontrollen vornehmen.

1.3

Die genaue Warenprüfung der Briefklammern (Karton 1) ergibt, dass nur 350 Packungen der Metall-Briefklammern, blau, geliefert wurden.

Bei der Warenprüfung des Inhalts des zweiten Kartons stellen Sie fest, dass die Kunststoffgehäuse von 50 Klammernspendern gesplittert sind.

Den ebenfalls beigefügten Frachtpapieren entnehmen Sie, dass der Frachtführer eine einwandfreie und unbeschädigte Warensendung von der Clipsos KG angenommen hat.

Erläutern Sie, ob es sich in diesem Fall um eine mangelhafte Lieferleistung handelt, für die der Lieferant haftet, oder um einen Transportschaden. Stellen Sie dar, welche gesetzlichen Fristen gegenüber dem Frachtführer einzuhalten sind.

Kapitel 4 Wareneingang, Warenlagerung und Warenausgang; Warenwirtschaftssystem

1.4

Füllen Sie den folgenden Wareneingangsschein entsprechend den Vorgaben in den Aufgaben **1.1** bis **1.3** aus.

Wareneingangsschein		Nr.: K 12 65 669		Datum: 20..-11-11	
Laufweg: WA-WE-EK		**Ort:** Frankfurt am Main		**Uhrzeit:** 11:30 Uhr	
Bestell-Nr.: 456 123		**Frachtführer:** XYZ Logistik		**Versandart:** LKW	
Bestell-Datum: 20..-11-05					
Lieferschein-Nr.:		**Verpackung:**		**Lieferant:**	
Art.-Nr.:	Bezeichnung	Menge Soll	Menge Ist	Mengeneinheit	Mängel

1.5

Erläutern Sie, wie nach der Prüfung der Warensendung mit den einzelnen Artikeln zu verfahren ist.

1.6

Verfassen Sie eine Mängelanzeige gemäß DIN 5008, an die Clipsos KG, Herrn Hans Andres, und unterbreiten Sie einen Vorschlag zur Behebung der Mängel.

2. Aufgabe

Situation

Die Folder GmbH hat zusätzlich einige große Kunden in der Nähe von Berlin gewinnen können, die regelmäßig aus dem dortigen Außenlager beliefert werden sollen. Für die einzulagernden Waren benötigt die Folder GmbH in Berlin 350 m² zusätzliche Lagerfläche. Das Außenlager ist allerdings an seinen Kapazitätsgrenzen angekommen, sodass die Waren anderweitig eingelagert werden müssen.

Sie sind dem Lagerleiter für das Außenlager als Assistent/-in zugeteilt worden und sollen Lösungsmöglichkeiten für das Kapazitätsproblem erarbeiten. In diesem Zusammenhang vergleichen Sie zwei Alternativen:

1. Die Folder GmbH könnte eine zusätzliche Lagerhalle (maximale Kapazität 600 m²) in direkter Nachbarschaft zu dem bereits bestehenden Lager kaufen. Dabei würden jährlich 15.000 € Personalkosten, 1.500 € Abschreibungen, 600 € Energiekosten, 800 € Versicherungskosten, 1.000 € Reinigungskosten und monatlich 7 €/m² variable Kosten für die einzulagernden Waren anfallen.

2. Die Folder GmbH könnte Lagerräume bei einem Lagerhalter anmieten, der je Quartal 39 €/m² berechnet.

2.1

Ermitteln Sie rechnerisch die monatlichen Gesamtkosten der Eigenlagerung sowie der Fremdlagerung der zusätzlichen 350 m² Fläche und entscheiden Sie, welche Alternative bei der Kostenbetrachtung günstiger ist.

2.2

Beschreiben Sie vier weitere Kriterien, die neben der Kostenbetrachtung bei der Entscheidung für eine Lageralternative zu berücksichtigen sind.

2.3

Sie gehen davon aus, dass die einzulagernden Warenmengen variieren werden und Sie die Situation auch mit veränderlichen Auslastungsgraden analysieren müssen.

Stellen Sie grafisch dar, wie sich die monatliche Kostensituation bei einer benötigten Quadratmeterzahl von 200, 250, 300, 400, 450 und 500 verändern würde.

2.4

Ermitteln Sie rechnerisch die kritische Quadratmeterzahl, bei der für das Eigen- und Fremdlager identische Kosten anfallen.

2.5

Berechnen Sie für die kritische Quadratmeterzahl den Auslastungsgrad des Eigenlagers (das eine Lagerkapazität von 600 m² hat) in Prozent.

2.6

Nennen Sie drei Vorteile und drei Nachteile, die für oder gegen eine Fremdlagerung der Waren sprechen.

3. Aufgabe

Situation

Die Folder GmbH hat 400 Stück neue Bürostühle eingekauft, die sie zu sehr günstigen Konditionen erwerben konnte, da sie eine größere Menge auf einmal abgenommen hat. Da die eingekaufte Menge größer ist als die aktuellen Absatzmengen der Bürostühle, muss die Lieferung zunächst für einen begrenzten Zeitraum eingelagert werden. Die Kapazitäten der Eigenläger der Folder GmbH sind allerdings erschöpft, sodass die Bürostühle in einem Fremdlager untergebracht werden müssen. Vom Lagerhalter haben Sie folgenden Lagerschein erhalten:

Lagerschein

Lagerschein Nr.: 523 483 684

Tag der Einlagerung: 12.10.20..

Lagerhalter:

Raumschiff SuperNatural KG
Geldaderweg 37
60456 Frankfurt am Main

Einlagerer:

Folder GmbH
Hans-Maier-Straße 12 – 16
60323 Frankfurt am Main

Lagerort:

Raumschiff SuperNatural KG
Lagerhalle C, Bereich 235
Sonnenhafen 16
60333 Frankfurt am Main

Menge	Packstücke	Zeichen	Maße	Inhalt
400	Karton			

Wir verpflichten uns, das Gut nur gegen Rückgabe dieses Lagerscheins nach Maßgabe der aus diesem Schein ersichtlichen Bedingungen an den Einlagerer auszuliefern. Bei Teilauslieferung ist der Lagerschein zwecks Abschreibung vorzulegen.

Bemerkung: Lagermiete bezahlt bis zum 12.11.20..

Ort/Datum: Frankfurt am Main, 12.10.20..

Unterschrift:

Raumschiff SuperNatural KG

i. A.

Y. Zettmann

3.1

Erläutern Sie, ob der vorliegende Lagerschein (siehe vorige Seite) den gesetzlichen Vorgaben entspricht.

3.2

Erläutern Sie, welche gesetzlichen Rechte die Raumschiff SuperNatural KG bei der Einlagerung der Bürostühle hat.

3.3

Erläutern Sie, welche gesetzlichen Pflichten die Raumschiff SuperNatural KG mit der Einlagerung der Bürostühle übernimmt.

3.4

Erläutern Sie, welchen Wert ein Lagerschein hat.

3.5

Beschreiben Sie, wie die Folder GmbH bei der Einlagerung der Bürostühle vorgehen muss, wenn sie die Güter direkt von ihren Kunden beim Lagerhalter abholen lassen möchte.

3.6

Die Folder GmbH möchte die 400 Bürostühle am 12.11.20.. bei der Raumschiff SuperNatural KG abholen. Bei der Abholung stellen Sie fest, dass 200 Bürostühle durch Feuchtigkeit beschädigt wurden.

Erläutern Sie, wer für den vorliegenden Schaden haftet.

4. Aufgabe

Situation

Sie sind als Mitarbeiter/-in im Lager der Folder GmbH beschäftigt. Die Folder GmbH hat ihr Sortiment um 50 unterschiedliche Tintenpatronen für Drucker erweitert und Sie beauftragt, die Lagerung der Waren zu planen. Sie haben Muster aller Patronen bekommen, die einzeln in identischen Kartons verpackt sind, aber unterschiedliche Aufdrucke tragen. Folgender Aufdruck liegt Ihnen vor:

4.1

Zunächst überlegen Sie, ob Sie die Tintenpatronen in dem vollautomatischen Hochregallager der Folder GmbH oder in einem Festplatzsystem lagern.

Nennen Sie jeweils vier Vorteile, die für die starre Einlagerung und die flexible Einlagerung sprechen.

4.2

Sie haben für die Tintenpatronen ein Festplatzsystem vorgesehen und müssen sich nun für ein Verbrauchsfolgeverfahren (Einlagerungs- bzw. Entnahmegrundsätze) entscheiden.

Erläutern Sie, welches Verbrauchsfolgeverfahren bei den Tintenpatronen angewendet werden muss und mit welchem Regaltyp sich die notwendigen Einlagerungs- und Entnahmegrundsätze realisieren lassen.

4.3

Sie müssen den 50 Tintenpatronen eine exakte Lagerplatznummer zuordnen, um den eindeutigen Lagerplatz der Patronen identifizieren zu können. Ihnen stehen zur Einlagerung der Tintenpatronen zwei Regale des folgenden Regalsystems zur Verfügung:

Erstellen Sie ein Lagerplatz-Nummernsystem, mit dem Sie jeder der 50 unterschiedlichen Tintenpatronen eine sechsstellige Lagerplatznummer zuordnen können, die eine eindeutige Identifikation der Patronentypen ermöglicht.

4.4

Unter der Situationsbeschreibung zu Aufgabe 4 ist ein Strichcode abgebildet.

Erläutern Sie den Aufbau dieses abgebildeten Strichcodes, der sich auf der Verpackung der Tintenpatronen befindet.

4.5

Stellen Sie drei Vorteile dar, die sich durch den Einsatz des abgebildeten Strichcodes ergeben.

4.6

Sie überlegen Ihre Waren mit RFID-Chips zu kennzeichnen.

Beschreiben Sie drei Vorteile, die sich durch den Einsatz der RFID-Technik ergeben.

5. Aufgabe

Situation

In einem kleinen Lagerbereich der Folder GmbH – der noch nicht an das vorhandene Warenwirtschaftssystem angeschlossen ist – werden vor allem Drucker gelagert. Dort wurden am 1. September organisatorische Veränderungen vorgenommen. Zeitgleich wurden auch verschiedene Marketing- und Verkaufsaktivitäten für den Bereich Drucker durchgeführt. Als zuständige(r) Mitarbeiter/-in für dieses Lager sind Sie beauftragt worden, die Wirtschaftlichkeit dieses Lagerbereichs zu überprüfen. Für den gängigsten Drucker im Angebot der Folder GmbH liegen Ihnen folgende Daten vor.

Monat	August Stück	September Stück	Oktober Stück
Täglicher Verbrauch	50	60	60
Lieferzeit in Tagen	3	3	
Mindestbestand	50	50	50

Die Bestellmenge beträgt jeweils 200 Stück.

5.1

Ermitteln Sie rechnerisch, welche Auswirkungen der veränderte Verbrauch auf den Meldebestand hat.

5.2

Stellen Sie grafisch dar, welche Auswirkungen der veränderte Verbrauch auf den Meldebestand hat.

5.3

Beschreiben Sie, welche Konsequenzen sich ergeben, wenn Sie keine Anpassung des Meldebestands vornehmen.

5.4

Nennen Sie drei Möglichkeiten, die zu einer Senkung des Meldebestands führen können.

5.5

Erläutern Sie die Begriffe Höchstbestand, Meldebestand, Mindestbestand.

5.6

Aufgrund der starken Nachfrage verlängert sich die Lieferzeit im Oktober um 2 Tage.

Ermitteln Sie rechnerisch, welche Auswirkungen die veränderte Lieferzeit auf den Meldebestand hat.

6. Aufgabe

Situation

In einem weiteren Lagerbereich, für den Sie ebenfalls verantwortlich sind, werden Laserdrucker gelagert. Ihnen liegen in Auszügen die unten angegebenen Daten der Lagerbestände für zwei Jahre vor.

Jahr	Jahr 1	Jahr 2
Jahresanfangsbestand	180 Stück	190 Stück
Monatsendbestand Januar	190 Stück	110 Stück
Monatsendbestand Februar	100 Stück	100 Stück
Monatsendbestand März	120 Stück	160 Stück
Monatsendbestand April	190 Stück	80 Stück
Monatsendbestand Mai	90 Stück	140 Stück
Monatsendbestand Juni	120 Stück	60 Stück
Monatsendbestand Juli	110 Stück	140 Stück
Monatsendbestand August	210 Stück	120 Stück
Monatsendbestand September	180 Stück	160 Stück
Monatsendbestand Oktober	150 Stück	100 Stück
Monatsendbestand November	200 Stück	120 Stück
Monatsendbestand Dezember	110 Stück	80 Stück
	...	...
Zugänge pro Jahr	1 130 Stück	1 810 Stück

6.1

Ermitteln Sie rechnerisch für die Jahre Jahr 1 und Jahr 2 die durchschnittlichen Lagerbestände.

6.2

Erläutern Sie, welche Ergebnisse sich aus dem Vergleich der durchschnittlichen Lagerbestände beider Jahre ziehen lassen.

6.3

Sie stellen fest, dass der Buchbestand teilweise vom Ist-Bestand (Buchbestand größer als Ist-Bestand) abweicht.

Nennen Sie drei Ursachen, die zu diesen Abweichungen führen können.

6.4

Damit Sie noch exaktere Aussagen zur Wirtschaftlichkeit des Lagers treffen können, berechnen Sie noch weitere Lagerkennziffern.

Ermitteln Sie rechnerisch die Lagerumschlagshäufigkeit und die durchschnittliche Lagerdauer für die Jahre Jahr 1 und Jahr 2.

6.5

Aus den anderen Lägern der Folder GmbH liegen Ihnen folgende Vergleichszahlen für die Jahre Jahr 1 und Jahr 2 vor:

Lagerumschlagshäufigkeit Jahr 1 und Jahr 2: 12
durchschnittliche Lagerdauer Jahr 1 und Jahr 2: 30 Tage

Erläutern Sie zwei mögliche Ursachen für die Abweichungen der Lagerkennziffern in diesem Lager von den Vergleichswerten in den anderen Lägern.

6.6

Der Einstandspreis der Laserdrucker beträgt im Jahr 1 400 € je Stück und im Jahr 2 350 € je Stück. Der bankübliche Zinssatz beträgt im Jahr 1 12 % und im Jahr 2 14 %.

Ermitteln Sie rechnerisch die anfallenden Lagerzinsen für beide Jahre.

7. Aufgabe:

Situation

Sie sind für einen Lagerbereich verantwortlich, der mit Fachbodenregalen ausgestattet ist. Der Lagerbereich besteht aus drei Lagerzonen, in denen folgende Waren gelagert sind:

Lagerzone 1:	Lagerzone 2:	Lagerzone 3:
• Locher • Enthefter • Klebebandroller • Buchstützen	• Cutter • Lupen • Scheren • Schneide- maschinen	• Papierkörbe • Klammernspender • Stiftekocher • Zettelboxen

In diesem Lagerbereich sind drei Mitarbeiter mit der Kommissionierung der Waren beauftragt. Den Mitarbeitern liegen folgende Kommissionieraufträge vor:

Kommissionierauftrag: 102 776

Kunde: ABC KG, Sonnenstraße 15, 66724 Saarbrücken

Pos.:	Lagerzone	Artikel	Art.-Nr.:	Menge
1	2	Schere	665 554	15
2	2	Lupe	776 589	12
3	3	Papierkorb	887 665	2

Kommissionierauftrag: 102 777

Kunde: HIJ KG, Mondstraße 20, 35423 Mainz

Pos.:	Lagerzone	Artikel	Art.-Nr.:	Menge
1	1	Buchstütze	443 434	100
2	2	Lupe	776 589	20
3	3	Papierkorb	887 665	5

Kommissionierauftrag: 102 778

Kunde: XYZ KG, Saturnstraße 11, 10234 Berlin

Pos.:	Lagerzone	Artikel	Art.-Nr.:	Menge
1	1	Locher	222 445	12
2	2	Schere	665 554	20
3	3	Papierkorb	887 665	8

7.1

Erläutern Sie, ob es sich in diesem Lager um eine statische oder eine dynamische Bereitstellung der Waren handelt.

7.2

Beschreiben Sie, mit welchen Regalarten sich die Kommissionierleistung steigern lassen könnte.

7.3

Beschreiben Sie, wie die vorliegenden Kommissionieraufträge abgearbeitet werden, wenn eine auftragsorientierte, serielle Kommissionierung durchgeführt wird.

7.4

Beschreiben Sie, wie die vorliegenden Kommissionieraufträge abgearbeitet werden, wenn eine auftragsorientierte, parallele Kommissionierung durchgeführt wird.

7.5

Beschreiben Sie, wie die vorliegenden Kommissionieraufträge abgearbeitet werden, wenn eine serienorientierte, parallele Kommissionierung durchgeführt wird.

8. Aufgabe

Situation

Sie sind als Mitarbeiter/-in der Folder GmbH für ein Lager zuständig, in dem Büromaschinen gelagert werden. Die Durchführung der Inventur (Geschäftsjahr gleich Kalenderjahr) liegt ebenfalls in Ihrem Verantwortungsbereich. Die Anschaffungskosten des Mobil Standard Taschenrechners werden mit 15 €/Stück, die des Mobil Solar Taschenrechners mit 18 €/Stück angesetzt. Dem Warenwirtschaftssystem entnehmen Sie folgende Informationen zu den zwei Artikeln:

Mobil Standard Taschenrechner			
Datum	Zugänge Stück	Abgänge Stück	Bestand Stück
1. Dezember			
12. Dezember	120		
14. Dezember		110	
21. Dezember		80	
23. Dezember	150		
28. Dezember		200	
31. Dezember			
4. Januar		50	
7. Januar	250		
16. Januar		90	
22. Januar		70	
26. Januar	100		
29. Januar		150	
31. Januar			100

Mobil Solar Taschenrechner			
Datum	Zugänge Stück	Abgänge Stück	Bestand Stück
1. Dezember			150
14. Dezember		50	
16. Dezember	220		
20. Dezember		110	
24. Dezember		180	
27. Dezember	200		
31. Dezember			
6. Januar		150	
12. Januar	130		
16. Januar	100		
24. Januar		170	
25. Januar		60	
28. Januar	100		
31. Januar			

Kapitel 4 Wareneingang, Warenlagerung und Warenausgang; Warenwirtschaftssystem

8.1

Erläutern Sie drei Informationen, mit denen ein Warenwirtschaftssystem Sie im Rahmen der Lagerverwaltung unterstützen kann.

8.2

Nennen Sie vier Bewegungsdaten, die dem abgebildeten Auszug aus dem Warenwirtschaftssystem zu entnehmen sind.

8.3

Nennen Sie drei wichtige Stammdaten für die Lagerverwaltung, die das Warenwirtschaftssystem zusätzlich ausweisen sollte.

8.4

Erläutern Sie die Begriffe Inventur und Inventar.

8.5

Erstellen Sie einen Ablaufplan zur Durchführung der Inventur.

8.6

Erläutern Sie, ob eine Inventur am 1. Dezember oder am 31. Januar möglich ist.

8.7

Ermitteln Sie für beide Taschenrechner den wertmäßigen Bestand am 31. Dezember.

8.8

Der tatsächliche Bestand der Mobil Standard Taschenrechner beträgt am 1. Dezember 200 Stück.

Nennen Sie drei Gründe, die zu der Abweichung vom Soll-Wert geführt haben können.

8.9

Der tatsächliche Bestand der Mobil Solar Taschenrechner beträgt am 31. Januar 200 Stück.

Nennen Sie drei Gründe, die zu der Abweichung vom Soll-Wert geführt haben können.

8.10

Erläutern Sie, unter welchen Voraussetzungen eine permanente Inventur oder eine Stichprobeninventur durchgeführt werden könnte.

5 Das Außenhandelsgeschäft

Das Außenhandelsgeschäft Kapitel 5

1. Aufgabe

Situation

Die Folder GmbH exportiert ihre Waren auch in das Ausland, unter anderem in die EU-Mitgliedsländer Slowenien und Rumänien, aber auch nach Russland. Die Verträge mit den Kunden in diesen Ländern sind in der jeweiligen Landeswährung abgeschlossen. Sie sind Mitarbeiter/-in in der Exportabteilung und sind auf den folgenden Auszug einer Pressemeldung gestoßen:

Coface setzt Spanien und Rumänien auf negative Watchlist

USA und Großbritannien weiter unter negativer Beobachtung

Paris/Mainz. Spanien ist die dritte große Industrienation, die im Länderrating der Coface in 2007 auf die negative Watchlist gesetzt wurde. Wie der internationale Anbieter von Lösungen im Forderungsmanagement mitteilt, steht das Land in der Gefahr, von der Immobilienkrise angesteckt zu werden und damit in eine ähnliche Situation zu geraten wie die USA und Großbritannien, die bereits im April bzw. Juli unter negative Beobachtung gestellt wurden. Alle drei Länder bleiben aber in der höchsten Stufe A1. Allerdings geriet auch die Bewertung von Rumänien mit A4 auf die negative Watchlist. Der rumänische Leu ist die Währung eines Emerging Countries, die am meisten in Gefahr ist. Dies macht Rumänien anfällig für eine Vertrauenskrise.

. . .

Rumänien ist besonders hart getroffen von der Finanzkrise, die diesen Sommer in den USA ausgelöst wurde. Der Leu ist deutlich gefallen und damit in den aufstrebenden Ländern die am stärksten gefährdete Währung. Die Anfälligkeit für eine Vertrauenskrise ist besonders hoch. Die rapide ansteigende Verschuldung privater Haushalte lässt auch bei den Unternehmen mit einer Verschlechterung des Zahlungsverhaltens rechnen. Bei einem weiteren Verfall der Währung oder einem Konjunkturabschwung würden die Unternehmen ernsthaft geschwächt. Schließlich haben Uneinigkeiten in der Regierungskoalition Reformen verzögert, die gerade auch solche im Governance-Bereich betreffen.

. . .

Die Coface-Bewertungen berücksichtigen insbesondere das Zahlungsverhalten der Unternehmen in den jeweiligen Ländern, aber auch Rahmenfaktoren wie geopolitische und regierungspolitische Risiken, konjunkturell bedingte Verwundbarkeit, das Risiko einer Devisenliquiditätskrise und die Höhe der Auslandsverschuldung. Das Rating ist ein guter Indikator für Unternehmen, die mit oder in diesen Ländern Geschäfte machen. Die Bewertungen folgen einer ähnlichen siebenstufigen Skala wie die der Ratingagenturen: A1 bis A4 (Investmentgrades entsprechend), B, C und D (mittleres bis hohes Risiko).

Quelle: Pressemeldung vom 24.10.2007, Coface Holding AG

1.1

Erläutern Sie, welche veränderten Risiken sich gemäß der Pressemitteilung im Außenhandel für die Geschäftskontakte mit Ihren Kunden in Rumänien ergeben.

1.2

Die Folder GmbH hat einem Kunden in Rumänien am 1. Oktober 20.. Waren im Wert von 30.000 Leu verkauft. Der Wechselkurs bei Vertragsabschluss beträgt 1 Euro = 3,5 Leu. Der Wechselkurs hat sich bis zum vereinbarten Zahlungstermin um 5 % in die in der Pressemitteilung angegebene Richtung verändert.

Ermitteln Sie rechnerisch die Differenz in Euro, die sich aus dem veränderten Wechselkurs ergibt.

1.3

Beschreiben Sie zwei Möglichkeiten, wie sich die Folder GmbH gegen die in der Pressemitteilung genannten Risiken im Außenhandel absichern kann.

1.4

Erläutern Sie, ob die in der Pressemitteilung angeführten Risiken auch beim Handel mit Ihren Kunden in Slowenien und in Russland zu berücksichtigen sind.

1.5

Erläutern Sie drei weitere Risiken, die Sie gegebenenfalls bei Außenhandelsgeschäften mit Kunden in den genannten Ländern prüfen müssen.

1.6

Nennen Sie jeweils zwei Möglichkeiten, um die in Aufgabe **1.5** genannten Risiken abzusichern.

1.7

Sie möchten sich ausführlich über die Risiken im Außenhandel mit den genannten Ländern informieren.

Nennen Sie vier Institutionen, die Ihnen die notwendigen Informationen liefern können.

2. Aufgabe

Situation

Die Folder GmbH möchte zunehmend Waren in ihr Sortiment aufnehmen, die in China hergestellt werden, da die Einkaufspreise äußerst günstig sind. Sie sind als Mitarbeiter/-in im internationalen Einkauf mit der Lieferantenauswahl für Kunststoff-Papierkörbe beschäftigt. Ihnen liegen die folgenden zwei E-Mails von Herstellern aus China vor:

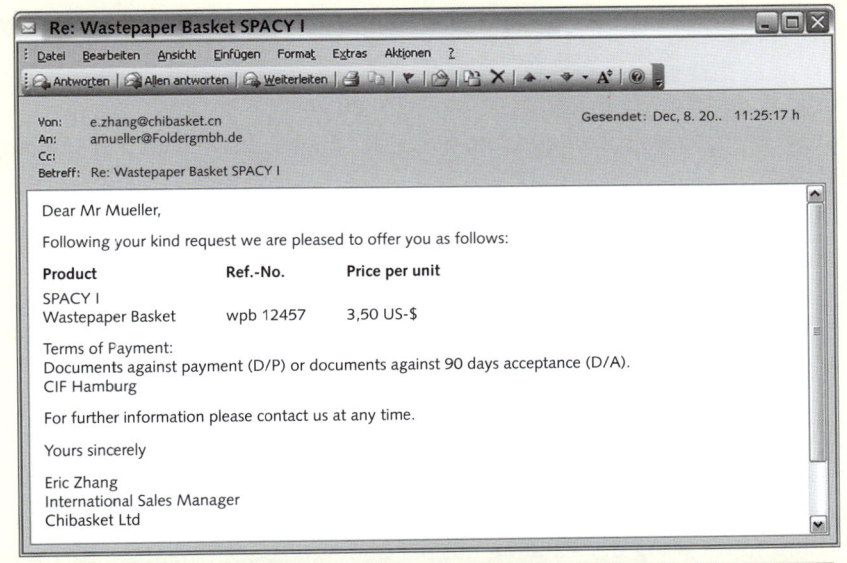

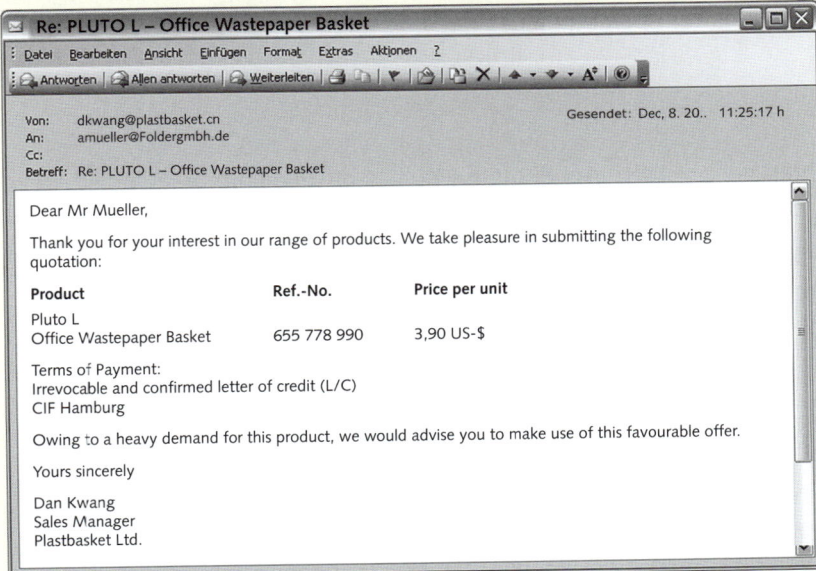

Re: Wastepaper Basket SPACY I

Von: e.zhang@chibasket.cn
An: amueller@Foldergmbh.de
Cc:
Betreff: Re: Wastepaper Basket SPACY I
Gesendet: Dec, 8. 20.. 11:25:17 h

Dear Mr Mueller,

Following your kind request we are pleased to offer you as follows:

Product	Ref.-No.	Price per unit
SPACY I Wastepaper Basket	wpb 12457	3,50 US-$

Terms of Payment:
Documents against payment (D/P) or documents against 90 days acceptance (D/A).
CIF Hamburg

For further information please contact us at any time.

Yours sincerely

Eric Zhang
International Sales Manager
Chibasket Ltd

Re: PLUTO L – Office Wastepaper Basket

Von: dkwang@plastbasket.cn
An: amueller@Foldergmbh.de
Cc:
Betreff: Re: PLUTO L – Office Wastepaper Basket
Gesendet: Dec, 8. 20.. 11:25:17 h

Dear Mr Mueller,

Thank you for your interest in our range of products. We take pleasure in submitting the following quotation:

Product	Ref.-No.	Price per unit
Pluto L Office Wastepaper Basket	655 778 990	3,90 US-$

Terms of Payment:
Irrevocable and confirmed letter of credit (L/C)
CIF Hamburg

Owing to a heavy demand for this product, we would advise you to make use of this favourable offer.

Yours sincerely

Dan Kwang
Sales Manager
Plastbasket Ltd.

2.1

Erläutern Sie die Zahlungsbedingungen, die in der E-Mail der Chibasket Ltd. angeboten werden.

2.2

Erläutern Sie, wie die Zahlungsabwicklung erfolgt, wenn Sie die Artikel zu den angegebenen Bedingungen der Chibasket Ltd. erwerben.

2.3

Erläutern Sie die Zahlungsbedingungen, die in der E-Mail der Plastbasket Ltd. angeboten werden.

2.4

Erläutern Sie, wie die Zahlungsabwicklung erfolgt, wenn Sie die Artikel zu den angegebenen Bedingungen der Plastbasket Ltd. erwerben.

2.5

Beschreiben Sie jeweils zwei Vorteile für die Folder GmbH sowie für die Plastbasket Ltd., die eine Abwicklung der Zahlung mit der Bedingung „payment by irrevocable and confirmed letter of credit (L/C)" hat.

2.6

Sie möchten noch weitere Angebote für Kunststoff-Papierkörbe einholen, bevor Sie eine Entscheidung für einen Hersteller treffen.

Nennen Sie vier Möglichkeiten, wie Sie weitere Bezugsquellen für Waren aus China ermitteln können.

2.7

Das Angebot der Chibasket Ltd. entspricht Ihren Vorstellungen.

Formulieren Sie in englischer Sprache eine Bestellung per E-Mail an die Chibasket Ltd über 1 000 Stück der angebotenen Papierkörbe zu den für die Folder GmbH günstigsten Zahlungsbedingungen.

3. Aufgabe

Situation

Sie beziehen Ihre Waren zunehmend von Herstellern aus China, Indien und Japan, da Sie positive Erfahrungen mit den Lieferanten aus Asien gemacht haben. Sie stellen dabei fest, dass in den Angeboten unterschiedliche Incoterms verwendet werden, z. B. EXW, FCA, FOB, CIF, CPT oder DDP. Für die Lieferungen aus Asien werden auch häufig folgende Transportdokumente genutzt:

Abb. 1

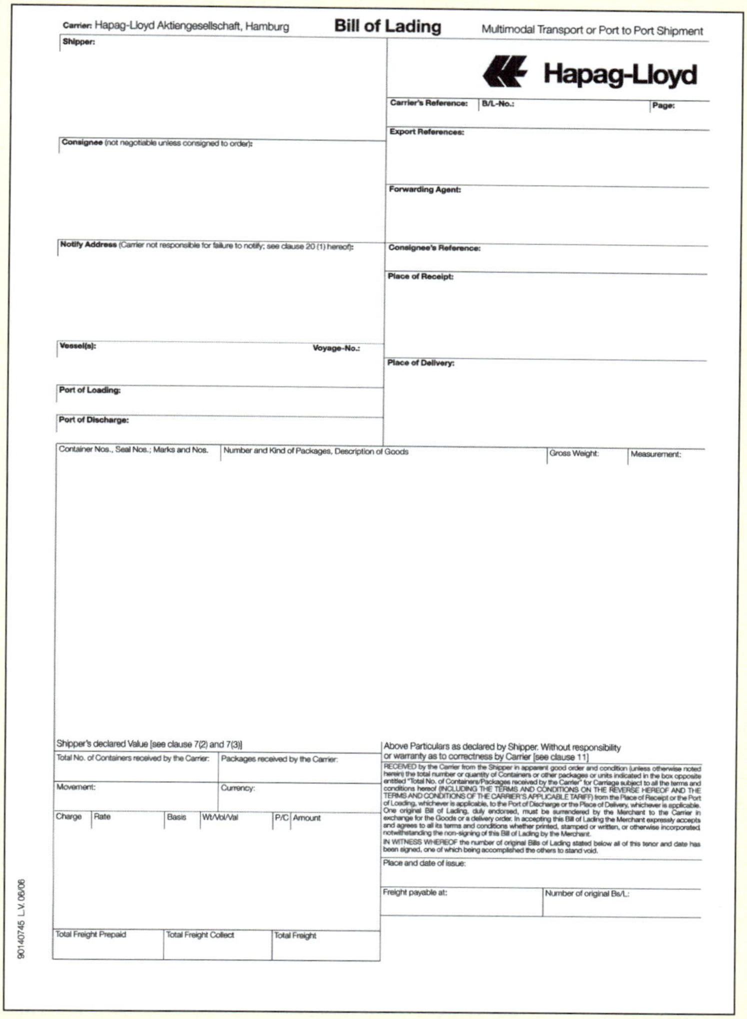

Carrier: Hapag-Lloyd Aktiengesellschaft, Hamburg

Bill of Lading

Multimodal Transport or Port to Port Shipment

Hapag-Lloyd

Shipper:

Carrier's Reference: | B/L-No.: | Page:

Export References:

Consignee (not negotiable unless consigned to order):

Forwarding Agent:

Notify Address (Carrier not responsible for failure to notify; see clause 20 (1) hereof):

Consignee's Reference:

Place of Receipt:

Vessel(s): | Voyage-No.:

Place of Delivery:

Port of Loading:

Port of Discharge:

Container Nos., Seal Nos.; Marks and Nos. | Number and Kind of Packages, Description of Goods | Gross Weight: | Measurement:

Shipper's declared Value [see clause 7(2) and 7(3)]

Total No. of Containers received by the Carrier: | Packages received by the Carrier:

Movement: | Currency:

Charge | Rate | Basis | Wt/Vol/Val | P/C | Amount

Total Freight Prepaid | Total Freight Collect | Total Freight

Above Particulars as declared by Shipper. Without responsibility or warranty as to correctness by Carrier [see clause 11]

RECEIVED by the Carrier from the Shipper in apparent good order and condition (unless otherwise noted herein) the total number or quantity of Containers or other packages or units indicated in the box opposite entitled "Total No. of Containers/Packages received by the Carrier" for Carriage subject to all the terms and conditions hereof (INCLUDING THE TERMS AND CONDITIONS ON THE REVERSE HEREOF AND THE TERMS AND CONDITIONS OF THE CARRIER'S APPLICABLE TARIFF) from the Place of Receipt or the Port of Loading, whichever is applicable, to the Port of Discharge or the Place of Delivery, whichever is applicable. One original Bill of Lading, duly endorsed, must be surrendered by the Merchant to the Carrier in exchange for the Goods or a delivery order. In accepting this Bill of Lading the Merchant expressly accepts and agrees to all its terms and conditions whether printed, stamped or written, or otherwise incorporated, notwithstanding the non-signing of this Bill of Lading by the Merchant.

IN WITNESS WHEREOF the number of original Bills of Lading stated below all of this tenor and date has been signed, one of which being accomplished the others to stand void.

Place and date of issue:

Freight payable at: | Number of original Bs/L:

90140745 L.V. 06/06

Quelle: Hapag-Lloyd AG, Hamburg

Fortsetzung der Situation auf der nächsten Seite.

Kapitel 5 — Das Außenhandelsgeschäft

3. Aufgabe

Fortsetzung

Situation

Im Gegensatz dazu werden für die Lieferungen innerhalb Europas häufig die folgenden Transportpapiere genutzt:

Abb. 2

CMR - Frachtbrief									
Send.-Nr.:			Sendungsdatum:					Seite 1 von 1	
Absender:			Frachtführer:						
Empf.:			Vorbehalte / Bemerkungen der Frachtführer:						
Notify:									
Ausliefer-Ort:			Beigefügte Dokumente:						
Übernahme-Ort: -Tag:									
Zeichen/Nr.	Anzahl	Vp	Inhalt		GGVS/ADR		Statistik-N	Gew [kg]	cbm
							Entfernung:		0 km
Frachtzahlungs-Anw.:			Anweisungen des Absenders:						
Kfz.: Nutzl. [kg]:									
Anh.: Nutzl. [kg]:									
Genehmigungs-Nr.:									
Fahrtenbuch-Nr.:									
Ausgefertigt in: am:							Gut empfangen am:		
Stempel/Unterschrift Absender			Stempel/Unterschrift Frachtführer				Stempel/Unterschrift Empfänger		

3.1

Erläutern Sie, welche Funktionen Incoterms für die Handelspartner haben.

3.2

Erläutern Sie die Incoterms EXW, FCA, FOB, CIF, CPT und DDP.

3.3

Beschreiben Sie, welche der oben aufgeführten Incoterms für die Folder GmbH am günstigsten ist, wenn sie Waren aus Asien importiert.

3.4

Erläutern Sie, welche Funktionen das abgebildete Transportdokument (Abb. 1, S. 113) für die Lieferungen aus Asien erfüllt.

3.5

Erläutern Sie die rechtliche Bedeutung, die das abgebildete Transportdokument für die Lieferungen aus Asien erfüllt.

3.6

Erläutern Sie, welche Funktionen das abgebildete Transportdokument (Abb. 2, S. 114) für die Lieferungen innerhalb Europas erfüllt.

4. Aufgabe

Situation

Sie sind als Mitarbeiter/-in im internationalen Einkauf der Folder GmbH tätig und lesen in der aktuellen Tageszeitung den Auszug aus dem folgenden Presseartikel:

> **Chinesische Laternen, die niemals brennen**
>
> Beamte des Zollamts Biberach stießen vergangene Woche beim Öffnen eines Postpaketes aus China auf acht chinesische Laternen. Da die Zöllner Zweifel an der technischen Sicherheit der Laternen hatten, zogen sie die zuständige Marktüberwachungsbehörde beim Regierungspräsidium Tübingen hinzu. Eine Überprüfung der Ware ergab, dass die Geräte nicht den Voraussetzungen nach dem Produktsicherheitsgesetz entsprachen.
>
> Neben erheblichen Sicherheitsmängeln fehlten zudem die erforderliche CE-Kennzeichnung sowie Anleitungen und Warnhinweise in deutscher Sprache. Dem Einführer steht nun frei, ob er die Laternen zurückschickt oder auf eigene Kosten vernichten lässt.
>
> . . .

Quelle: Hauptzollamt Ulm

4.1

Beschreiben Sie, welche Aufgaben die Zollverwaltung in diesem Fall wahrgenommen hat.

4.2

Erläutern Sie drei weitere Aufgaben, die die Zollverwaltung im Außenhandel wahrnimmt.

4.3

Beschreiben Sie, gegen welche Vorschriften die Handelspartner im oben dargestellten Fall verstoßen haben.

4.4

Nennen Sie drei gängige Zolldokumente, die in der Regel beim Import von Waren aus Ländern außerhalb der Europäischen Union benötigt werden.

Bildnachweis

Fotos	**Seite**
Casio Europe GmbH	105
Eiling, Andreas	87
MEV	92

Titelbild
© erikdegraaf – Fotolia.com

Notizen

Prüfung? Kein Problem!

Prüfungs- und Arbeitshilfen für die kaufmännische Ausbildung

Sicher in die Abschlussprüfung

Mit den U-Form-Prüfungstrainern halten Sie das Originalrezept für erfolgreiche Prüfungen in Ihren Händen.

Das Erfolgsrezept? Ganz einfach: Die Themengebiete der Prüfungstrainer und die Art der gestellten Fragen orientieren sich an den original IHK-Prüfungsaufgaben.

Das leistet nur U-Form:

- **Übersichtlich:** alle Prüfungsthemen in einer Mappe
- **Sicher:** Prüfungsnahe Fragestellungen
- **Ausführlich:** Erklärte Lösungen im separaten Lösungsteil
- **Komplett:** Aufgabenteil, Lösungsteil und Lösungsbogen in einem Paket

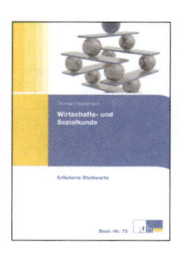

Erläuterte Stichworte Wirtschafts- und Sozialkunde
Best.-Nr. 72

- mit vielen Grafiken und Tabellen
- mit praktischem Stichwortverzeichnis
- 180 Seiten A4

16,50 €

Prüfungstrainer „Fit in Buchführung"
Best.-Nr. 870

- alle Themengebiete der Buchführung
- erläuterter Lösungsteil
- mit Großhandels- und Industriekontenrahmen
- 410 Seiten A4

25,90 €

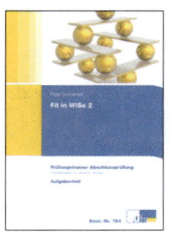

Prüfungstrainer Fit in WiSo 2
Best.-Nr. 784

- Auflage 2011
- alle Prüfungsthemen in einer Mappe
- erläuterter Lösungsteil
- 350 Seiten A4

Neu ab März

23,80 €

Erläuterung der Zeichen:

Prüfungstrainer

Bestellschein

Bitte hier Ihre Kunden-Nummer eintragen:

Absender/Stempel (genaue Versandanschrift)

U-Form-Verlag
Hermann Ullrich (GmbH & Co) KG
Cronenberger Straße 58
42651 Solingen

E-Mail

Datum/Unterschrift

<u>Bitte</u> achten Sie darauf, dass Sie <u>nur auf einem Weg bestellen</u>, um Doppellieferungen zu vermeiden.

Telefon 0212 22207-0 oder **Fax 0212 208963** oder **E-Mail: uform@u-form.de** oder **Internet: www.u-form.de**

Titel	Bestell-Nr.	Anzahl	Einzel-preis	Gesamt-preis

Preise einschließlich Mehrwertsteuer (außer bei Einstellungstests), zuzüglich Versandkostenpauschale von 5,60 €, Angebot freibleibend

☐ Eilservice 5,50 €

Summe

Zusätzlich möchte ich einen kostenlosen Prospekt zu den angekreuzten Themen:

☐ Automobilkaufmann/-frau
☐ Bankkaufmann/-frau
☐ Bürokaufmann/-frau
☐ Florist/Floristin
☐ Gastgewerbe
☐ Industriekaufmann/-frau
☐ Immobilienkaufmann/-frau

☐ IT-Berufe
☐ Kfm./Kffr. f. Bürokommunik.
☐ Kfm./Kffr. für Versicherungen und Finanzen
☐ Kfm./Kffr. im Einzelhandel Verkäufer/in
☐ Kfm./Kffr. im Groß- und Außenhandel

☐ Reiseverkehrskfm./-frau
☐ Kfm./Kffr. f. Spedition und Logistikdienstleistung
☐ Einstellungstests
☐ Kfm. Allgemein
☐ AkA/IHK Veröffentlichungen